Richard Reschika

Praxis christlicher Mystik

HERDER spektrum

Band 5851

Das Buch

Für viele bleibt das Christentum im Alltag vage: Kommt es wirklich vor allem auf den Kirchgang am Sonntag an? Andere Religionen scheinen konkreter zu sein, was die spirituelle Übung im Alltag angeht. Doch auch im Christentum findet sich eine reiche Fülle von Anleitungen für ein spirituelles Leben, das Kontemplation und aktive Lebensgestaltung verbindet. Ein Übungsweg muss nicht aus Elementen aus anderen Traditionen zusammengesucht oder neu erfunden werden: es gibt in der westlichen Tradition einen Schatz, der ausgegraben und neu entdeckt werden kann. Vor allem bei den Mystikerinnen und Mystikern findet sich ein ganz konkreter Praxisbezug: Texte, die auf dem Weg nach innen und in die Welt begleiten. Der Autor legt mit diesem Buch eine einzigartige Sammlung praxisrelevanter mystischer Texte von den Wüstenvätern bis zur Gegenwart vor. Damit ist das Buch ein wertvoller Quellenfundus für den einzelnen sowie für alle, die andere anleiten und begleiten. Dem großen Bedarf an methodischer Hilfestellung kommt die Fülle praktischer Anleitungen für einen spirituellen Weg entgegen.

Der Autor

Richard Reschika, Dr. phil., geb. 1962 in Kronstadt/Siebenbürgen (Rumänien). Studium der Germanistik, Evangelischen Theologie, Kunstgeschichte und Philosophie in Freiburg im Breisgau und Heidelberg. 1988 M. A., 1990 Promotion über die Spätlyrik Paul Celans. Freier Lektor, (Rundfunk)Autor, Herausgeber, Übersetzer, Rezensent, Vortragstätigkeit. Lebt in Freiburg im Breisgau. Zahlreiche Publikationen und Hörfunk-Essays.

Richard Reschika

Praxis christlicher Mystik

Einübungen – von den Wüstenvätern
bis zur Gegenwart

FREIBURG · BASEL · WIEN

*Dem Andenken meiner Großeltern,
Margarethe Huniade, geb. Theil, und Victor Huniade,
in Liebe und Dankbarkeit
gewidmet.*

Originalausgabe

Alle Rechte vorbehalten – Printed in Germany
© Verlag Herder Freiburg im Breisgau 2007
www.herder.de
Herstellung: fgb · freiburger graphische betriebe 2007
www.fgb.de
Umschlaggestaltung und Konzeption:
R·M·E München / Roland Eschlbeck, Liana Tuchel
Umschlagbild: © buchcover.com
ISBN 978-3-451-05851-6

INHALT

Einleitung – Christliche Mystik heute oder
Von der Wiederentdeckung der eigenen
spirituellen Tradition 7

**I. Teil Dunkles Licht – Helle Nacht:
Geschichte und Wesen der christlichen Mystik**........ 17

1. Mystische Sternstunden 18
2. Schlüsselerlebnisse, Schlüsselgedanken..................... 25

**II. Teil Christliche Mystik in der Praxis:
Kommentierte Übungen aus zwei Jahrtausenden** 33

Aufbruch zu neuen Erfahrungsräumen:
Stationen des mystischen Weges 34

1. Die Welt als Wunder sehen: Von der Mystik der offenen
   Augen und der Einübung ins Staunen 37
2. Aus der Tiefe des eigenen Brunnens trinken: Selbsterkenntnis
   und Selbstannahme als Stufen zur Gotteserkenntnis 51
3. Im langen, ruhigen Fluss des Werdens und Vergehens:
   Meditationen über Vergänglichkeit 59
4. Die Herz-Uhr des Menschen oder Von der heilenden Kraft
   des Augenblicks... 65
5. Der Pfeil der Sehnsucht: Ausrichtung auf Gott 72
6. Schonungsloser Wirklichkeitssinn oder
   Von der Logik der Demut 79
7. Vi(t)a activa: Der Pfad der Nächstenliebe: Von der
   Vereinbarkeit von Mystik und tätigem Leben 85
8. Nichts festhalten, aber sich von der schöpferischen Macht
   gehalten wissen: Gelassenheit und Vertrauen üben........... 90

9. Wie eine Schildkröte: Das Einziehen der Sinne zu Beginn
   kontemplativer Versenkung 97
10. Mit dem Körper den Geist sammeln: Atemübungen und
    Körperhaltung 102
11. Verstehen heißt vorstellen: Meditativ-imaginierende
    Gebetsmethoden 115
12. Mit den Füßen die Erde küssen: Meditatives Gehen und
    geistliches Tanzen 129
13. Gegenwärtig wie eine geweihte Ikone: Das Jesus- oder
    Herzensgebet der Ostkirche 137
14. Den Gaumen des Herzens erfreuen:
    Vom Wiederholen eines Leitwortes 145
15. Wie das ruhige Verweilen bei einem guten Freund:
    Inneres Beten 152
16. Auf die Gegenwart Gottes achten: Unablässiges Beten. 163
17. Warten und die Stille hören: Die Praxis des Schweigens 166
18. „Entwerden" und sich selbst sterben oder Von der Aufgabe
    des Egos und der Vernichtung der Selbstsucht 179
19. „Tabula rasa" – die geputzte innere Tafel: Das Leeren des
    Geistes als spiritueller Reinigungsprozess 186
20. Die ankommende Göttlichkeit: Meditation,
    Kontemplation und Eins-Erleben 195

Statt eines Schlusswortes: Der Sperling und der Ozean. Eine indische Legende 199

Anhang 200

Anmerkungen 200

Weiterführende Literatur 210

Adressen christlicher Meditationsorte in Deutschland,
Österreich und der Schweiz 217

Einleitung

Christliche Mystik heute oder Von der Wiederentdeckung der eigenen spirituellen Tradition

> *„Mensch, geh nur in dich selbst! Denn nach dem Stein der Weisen darf man nicht allererst in fremde Lande reisen."*
>
> (Angelus Silesius)

Die Menschen hungern nach Sinn, nach Ziel und Richtung des eigenen, befristeten Daseins, der oftmals angst-, sorgen- und leiderfüllten Existenz. An diesem „metaphysischen Grundbedürfnis" (Immanuel Kant) hat sich bis heute nicht viel geändert, dem dominanten naturwissenschaftlich-technischen Denken einer zusehends entzauberten Welt und dem grassierenden Materialismus einer kapitalistisch globalisierten Massen- und Konsumgesellschaft zum Trotz. Ja, es gibt viele Hinweise dafür, dass die urphilosophischen, urreligiösen Sinn- und Lebensfragen wieder Konjunktur haben, dass es die Menschen wieder nach innerer Erfahrung, nach einer neuen Einkehr (Introversion) und Hinwendung zum Wesenhaften verlangt.

Weisung für den inneren Weg, für den labyrinthischen Pilgerpfad hin zum Absoluten finden geistlich suchende Menschen heutzutage in mannigfaltigen Quellen. Bei nicht wenigen Gottsuchern ist ein neues Interesse an der abendländischen Mystik festzustellen. Seit Beginn der 1980er-Jahre gibt es im deutschsprachigen Raum eine zunehmende und seit der Jahrtausendwende sogar eine intensive Beschäftigung mit christlicher Mystik. Dies gilt nicht mehr nur in theoretisch-akademischer, sondern ebenso in konkret-lebenspraktischer Hinsicht: von der bloß theoretischen Beschäftigung zur einübenden Hinführung und schließlich zur mystischen Erfahrung selbst. Christliche Mystik erlebt eine neue Renaissance. Dies lässt sich ablesen an einer steigenden Zahl entsprechender Publikationen und am vielfältigen Seminar- und Kursangebot, oft im Rahmen eines „Klosterurlaubs" oder eines „Klosters auf Zeit". Selbst Volkshochschulen und andere weltliche Bildungseinrichtungen haben derartige Themen in ihren Programmen.

Für den Religionshistoriker Gerhard Wehr artikuliert sich in der Mystik eine Art religionsübergreifende „Ökumene des Geistes". „‚Ökumene' (von griechisch *oikuméne*, die ganze bewohnte Erde) will besagen, dass im Zeichen der Mystik ein geistiger Brückenschlag in dieser vielfältig gespaltenen Welt möglich ist – von Erfahrung zu Erfahrung. Religiöses Dogma und theologische Lehrmeinung betonen das Differenzierende, Trennende. Aber Menschen, die in der Tiefe ihres Wesens ergriffen sind von der Gegenwart des Umgreifenden, Göttlichen (gleich welcher Gestalt), die nehmen Anteil an der Gemeinschaft des Geistes und damit an dem Verbindenden. Sie werden geeint durch die ‚Große Erfahrung', mögen sie ihr Innewerden und Erleben auch in unterschiedlichster Weise benennen."[1]

Die vielgestaltigen mystischen Kulturen der Welt weisen bei genauerem Hinsehen viel Verbindendes auf, wobei man eine Tatsache nicht übersehen sollte: „Auf der Suche nach einem geistigen Zuhause können wir in unserer eigenen Kultur vielleicht am einfachsten fündig werden. Diese Tatsache wird auch immer wieder vom Dalai Lama, einer der größten religiösen und vor allem menschlichen Autoritäten, hervorgehoben."[2] Aber auch für jene Menschen, die vermeintliche spirituelle „Umwege" über andere Kulturen gegangen sind, gilt, was der amerikanische Benediktiner Laurence Freeman in *Jesus. Der Lehrer in dir* in folgende Worte kleidet: „Das Vertraute zeigt sich uns in wunderbarer Frische, so wie wir unser Zuhause wieder mehr schätzen, wenn wir von einer Reise zurückkehren."[3]

Die Verbreitung östlicher Übungswege wie Zen oder Yoga im westlichen Kulturkreis in den letzten fünfzig Jahren hat wesentlich dazu beigetragen, das reiche christliche Erbe der mystischen Tradition wieder zu entdecken. Interreligiöse Vermittler hierfür waren unter anderem Jean Gebser, Hugo Enomiya Lassalle, Heinrich Dumoulin, Karlfried Graf Dürckheim, Thich Nath Hanh, Ken Wilber und Raimundo Panikkar, der sein religiöses Suchen auf folgende Formel brachte: „Ich bin als Christ gegangen, ich habe mich als Hindu gefunden, und ich kehre als Buddhist zurück, ohne doch aufgehört zu haben, ein Christ zu sein."[4]

Dass es außerhalb des Christentums echte Erfahrungen der Gottesbegegnung gibt, hat das Zweite Vatikanische Konzil in seiner *Erklärung über das Verhältnis der Kirche zu den nichtchristlichen Religionen* gewürdigt: „Nichts von alledem, was in diesen Religionen wahr und heilig ist, wird von der katholischen Kirche verworfen. Überall werden von ihr jene Handlungs- und Lebensweisen, jene Vorschriften aufrichtig ernst genommen, die, wenngleich sie von dem, was sie selbst für wahr hält und lehrt, in vielem abweichen, doch nicht selten einen Strahl jener Wahrheit widerspiegeln, die alle Menschen erleuchtet."[5]

Ein weiterer Grund für die neu entfachte Faszination an der christlichen Mystik dürfte auch in dem wachsenden Bedürfnis moderner Menschen liegen, einen unmittelbaren authentischen Zugang zum Göttlichen zu finden, vor allem: *zu erleben*. Man wünscht sich diesen „Weg" im Sinne einer individuellen, ganzheitlichen religiösen Lebenspraxis. An einmal offenbarte, heute sprachlich fremd und abstrakt wirkende, so genannte göttliche Wahrheiten – etwa in Form des Katechismus – zu *glauben*, vermag den spirituellen Hunger kaum noch zu stillen. Statt dessen wollen Glaubenswahrheiten auf dem Weg eigener Erfahrung überprüft werden, steht die „Erfahrbarkeit des Geglaubten" (Klaus Bambauer) im Vordergrund.

So bekannte die evangelische Theologin Dorothee Sölle (1929–2002) in *Mystik und Widerstand* 1997 freimütig, dass sie ihre Kirche im Bereich der Erfahrung, das heißt der mystischen Lebenswahrnehmungen als „Stiefmutter" erlebt habe, wobei sie gleichzeitig mit Leidenschaft für eine neue Sensibilisierung für mystisches Erleben plädierte, denn: „Mystische Erfahrungen sind nicht prinzipiell andere als die in den Religionen versprochenen und gefeierten. Sie sind nicht höher oder tiefer als die in der religiösen Sprache mit ihren großen Wörtern wie Heilwerden, Befreiung, der Frieden Gottes, Nach-Hause-Kommen, Erlösung genannten. Der Unterschied ist nur, wie die Mystik mit diesen Erfahrungen umgeht; sie löst die Versprechungen anders ein, sie nimmt sie aus der Abstraktion der religiösen Lehre heraus und befreit sie zu Gefühl, Erfahrung und Gewissheit."[6]

Von Karl Rahner (1904–1984), dem wohl bedeutendsten katholischen Theologen des letzten Jahrhunderts, sind die prophetischen Worte überliefert: „Man hat schon gesagt, dass der Christ der Zukunft ein Mystiker sei oder nicht mehr sei. Wenn man unter Mystik nicht seltsame parapsychologische Phänomene versteht, sondern eine echte, aus der Mitte der Existenz kommende Erfahrung Gottes, dann ist dieser Satz sehr richtig und wird in seiner Wahrheit und seinem Gewicht in der Spiritualität der Zukunft deutlicher werden. Nach der Schrift und richtig erfasster kirchlicher Lehre kommt nämlich die letzte Glaubensüberzeugung und -entscheidung letztlich . . . aus der Erfahrung Gottes, seines Geistes, seiner Freiheit, die aus dem Innersten der menschlichen Existenz aufbricht und da wirklich erfahren werden kann . . . Geistbesitz ist nicht eine Sache, deren Gegebenheit uns nur von außen lehrhaft indoktriniert wird als eine Wirklichkeit jenseits unseres existenziellen Bewusstseins . . ., sondern wird von innen her erfahren. Der einsame Christ im schweigenden Gebet . . ., in der Nacht der Sinne und des Geistes, wie die Mystiker sagen . . ., macht die Erfahrung Gottes und seiner befreienden Gnade . . ., selbst wenn er sie nicht noch einmal interpretieren und theologisch etikettieren könnte."[7] In die gleiche Richtung zielt auch das, was der Dichterphilosoph E. M. Cioran, vielleicht der größte Skeptiker und Kulturkritiker des 20. Jahrhunderts, 1959 über die Rolle der Mystiker im Allgemeinen und ihr Spannungsverhältnis zur Kirche im Besonderen schreibt: „Die Kirche hat sie (die Mystiker) bis zur Stufe von Bettlern des Übernatürlichen erniedrigt, damit sie in peinlicher Sittsamkeit als ‚Vorbilder' dienen könnten." Und in provokanter Manier fügt er hinzu: „Gott verdankt ihnen alles: seinen Ruhm, sein Geheimnis, seine Ewigkeit."[8]

Ziel und eigentlicher Schwerpunkt des vorliegenden Buches ist es, aus dem schier unüberschaubaren zweitausendjährigen Schatz christlich-mystischer Literatur eine gewichtende Auswahl alter und neuer Texte zu präsentieren. Sie weisen ganz konkret einen Praxisbezug auf und können den Übenden auf seinem spirituellen Weg begleiten. Freilich kann es nicht ausschließlich darum gehen, ausgefeilte Methoden und Techniken für die spirituelle Praxis anzubieten. Dazu ist die europäische Mystik-Tradition viel zu disparat und uneinheitlich. Dennoch lassen sich einige Grundlegungen herausschälen, die für eine einübende geistig-geistliche Praxis hilfreich sein dürften.

In der christlichen Tradition unterschied man seit Anbeginn vier Übungswege: geistliche Lesung *(Lectio divina)*, Meditation *(Meditatio)*, Gebet *(Oratio)* und Kontemplation *(Contemplatio)*. Mit der *Lectio divina* war die Lesung der Bibel sowie geistlicher Bücher gemeint, bei der es nicht nur um ein analytisch-exegetisches Erfassen, sondern um ein intuitives Erfasst-Werden ankam. Daran schloss sich die christliche *Meditatio* an, die klassische Meditation, die in längerem Schweigen nach dem Lesen und Hören des Bibelwortes geschah und zu der das Beobachten innerer Bilder und aufsteigender Gefühle gehörte. Zur *Oratio* zählte man eine Fülle von Gebetsformen wie das Beten mit dem Leib (Gebetsgebärden), das Sprachgebet oder das liturgische Beten usw. In der *Contemplatio* hingegen sollten die Bilder, die in der Meditation ihre unangefochtene Wichtigkeit hatten, immer mehr losgelassen werden, da das Göttliche bekanntlich alle menschlichen Bilder, Vorstellungen und Worte übersteigt. Dass die vier geistlichen Übungswege unbedingt zusammengehören und sich wechselseitig befruchten, beschrieb schon der Kartäusermönch Guigo II. (gest. 1188/93) in seiner *Mönchs- oder Paradiesleiter* von 1193 mit den Worten: „Ohne Meditation wird die Lectio trocken, ohne Lesung die Meditation irrig. Das Gebet ist ohne Meditation ängstlich und die Meditation ohne das Gebet unfruchtbar. Das Ziel aber ist die Contemplatio als Übersteigen aller Sinne und allen Tuns, als Einswerden mit Gott auf dem Grund der Seele."[9] Die vierte und letzte Stufe der geistlichen Übung, also die Kontemplation, ist nach Guigo II. eine „nüchterne Trunkenheit", in der die Seele jede Sinnlichkeit übersteigt.

Im Laufe der Zeit ist dieser vierte Übungsweg, die Praxis der Kontemplation, sowohl in der katholischen wie in der evangelischen Glaubenspraxis fast in Vergessenheit geraten. Man überließ diese und ähnliche mystische Praktiken einigen Expertinnen und Experten in Klöstern, Kartausen oder Eremitagen, wobei auch wenige spirituelle „Einzelkämpfer" sich ihrer annahmen und dergestalt für ihr Fortbestehen sorgten. So praktizierten Beginen wie Mechthild von Magdeburg eine mystische Lebensform, die zwar ein religiöses Fundament hatte, jedoch ohne Ablegung der klösterlichen Gelübde, wobei die Frauen in den zahlreichen Beginenhäusern der mittelalterlichen Städte auch ihre „Meisterin" (Magistra) selbst wählten.

Auf die Frage, wie es zu dieser kollektiven Verdrängung, dieser Verarmung und Verkümmerung einer einst lebendigen Tradition kommen konnte, zählt Willigis Jäger, einer der bedeutendsten Mystik-Lehrer unserer Zeit, Gründer und Leiter des Meditationszentrums St. Benedikt in Würzburg, gleich mehrere Gründe auf: „Den Hauptgrund vermute ich in der Verwissenschaftlichung der Theologie, die von der Aufklärung bis heute anhält. Hinzu kommt die Angst der römischen Kirche vor Irrlehren – und ihre zunehmende Tendenz, alles zu zentralisieren. Thomas Keating, ein Zisterzienserabt aus den USA, macht in einem Überblick zur Geschichte der Kontemplation verschiedene Ereignisse für das Verschwinden dieser Gebetsart verantwortlich, vor allem ‚die unglückliche Neigung, die ‚Geistlichen Exerzitien' (des Ignatius) auf eine Methode diskursiven Meditierens zu verkürzen'. Weitere Faktoren kommen hinzu: die Auseinandersetzung der institutionellen Kirche mit dem Quietismus, der die Passivität im Gebet überbetonte; der Jansenismus, der eine Vorherbestimmung des Menschen lehrte; die Überbetonung von Erscheinungen und Privatoffenbarungen; die Verwechslung des wahren Wesens der Kontemplation mit Phänomenen wie Levitation, Zungenreden, Stigmata, Visionen und frömmelnder Bigotterie; die Verzeichnung der Mystik durch ihre Gleichsetzung mit einer weltfremden Askese; schließlich der zunehmende Legalismus der Römischen Kirche."[10]

Heute aber knüpfen viele Suchende wieder an diese altbewährte kontemplative Praxis an, die im Übrigen trotz nicht zu leugnender

Unterschiede auch sehr viele Gemeinsamkeiten mit östlichen spirituellen Übungen hat, etwa bestimmte Atemübungen und Körperhaltungen, wie sie im so genannten „Yoga der Ostkirche" gang und gäbe waren. So ist überliefert, dass Teresa von Avila mit ihren Schwestern schon zur Zeit der Reformation im so genannten Diamant-Sitz (Sanskrit: Vajrasana) oder Fersensitz „meditiert" hat, das heißt in jener Haltung, die der Zen-Buddhismus heutzutage wieder bekannt gemacht hat. Dabei kniet man sich hin und setzt sich auf oder zwischen die Fersen. Archetypen, also Urbilder und Symbole, tauchen nicht nur in den religiösen Lehren aller Kulturen und Zeitalter auf. Man trifft sie ebenso in Form konkreter spiritueller Praktiken an. Aus diesem Grund finden die Leserinnen und Leser in den Kommentaren zu den jeweiligen Übungen christlicher Mystik im zweiten Hauptteil dieses Buches auch gegebenenfalls erhellende Querverweise zu verblüffend ähnlichen fernöstlichen Praktiken.

Was Simone Weil in Bezug auf die Religionen der Welt sagte, trifft gleichermaßen auf die Mannigfaltigkeit mystischer Strömungen zu, in denen das Gestalt annimmt, was man als weltweit wirkende mystische Intelligenz, als *Sensus spiritualis* oder *Sensus mysticus* in einem erweiterten Wortsinn bezeichnen könnte: „Jede (Religion) ist ein unterschiedlicher Abglanz einer einzigen, in menschliche Worte unübersetzbaren Wahrheit. Man kann diese durch einen einzigen Abglanz hindurch ahnen. Besser noch ahnt man sie durch mehrere."[11] Willigis Jäger wiederum schreibt, dass fast alle spirituellen Wege für den Anfang die Sammlung auf einen Fokus empfehlen, an den das unruhige und herumstreunende Bewusstsein gebunden wird. „Meistens ist dieser Fokus der Atem – oder ein Laut, ein Wort, eine Litanei. Im Christentum kennen wir das Jesus-Gebet, im Zen verwendet man häufig das Koan Mu, im Amida-Buddhismus das Nembutsu. Die Sufis rezitieren die 99 Namen Allahs und im Yoga wird das heilige Om getönt. Es geht dabei nicht darum, über diese Worte oder Laute nachzudenken, sondern mit den rezitierten Lauten eins zu werden. Das ist die erste Grundstruktur, die man bei fast allen spirituellen Wegen findet."[12] Außerdem: „Die zweite Grundstruktur ist die Bewusstseinsentleerung: Man versucht, nichts von dem anzunehmen, was in dem an und für sich leeren Bewusstseinsraum auftaucht. Man lässt alles vorbeiziehen – wie ein Spiegel, der alles reflektiert, sich aber mit nichts identifiziert. Im Zen nennt man dieses Strukturmoment Shikantaza, in der christlichen Tradition können wir sie mit der ‚Wolke des Nichtwissens' als ‚Schau ins nackte Sein' bezeichnen und bei Johannes von Kreuz als ‚liebendes Aufmerken' oder reine Aufmerksamkeit."[13]

Wie nah sich die christliche Kontemplation und die Zen-Tradition zuweilen kommen können, offenbart auch der Bericht über eine zentrale mystische Erfahrung des Ignatius von Loyola. Pater Gonzales, einer der ersten Gefährten des Ignatius, berichtet, wie der Jesuitengründer ihm erzählte, vom Heiligen Geist das Licht zur Abfassung der *Exerzitien* empfangen zu haben: „Eines Tages wollte er seine Andacht in der Kirche von St. Paul verrichten. Unterwegs blieb er am Flussufer stehen, um dort zu beten. Da wurden plötzlich seine Augen entsiegelt: Er sah nicht mehr Bilder der Wirklichkeit, sondern diese Wirklichkeit selbst, die Kenntnis des Wesens der Dinge wurde ihm geschenkt – und das alles in solcher Klarheit, dass seine Augen übergingen und ihm die ganze Welt verwandelt erschien. Und – so sagte er mir – zöge er aufs Gewissenhafteste die Summe alles dessen, was er in einem tätigen zweiundsiebzigjährigen Leben erfahren hat, es würde doch nicht die Erfahrungen dieser einen Minute aufwiegen."[14]

Die nachstehende Auswahl erhebt keinerlei Anspruch darauf, eine Art „Kanon", eine verbindliche Richtschnur darzustellen, geschweige denn vollständig zu sein. Wie könnte sie dies auch?! Die Texte, die mitunter selbst dem Verfasser wie überraschende *trouvailles* bei seiner Suche vorkamen, verstehen sich vielmehr als bloße Anregungen und Vorschläge auf dem Weg nach innen, den jeder selbst gehen und erfahren muss und für den es keine Patentrezepte geben kann.

Worauf bewusst verzichtet wurde, sind allzu harte, zuweilen grausam-selbstquälerische Fasten- oder Bußübungen – einschließlich gewisser Praktiken langen Schlafentzugs. In vergangenen Zeiten übersteigerter Leibfeindlichkeit hatte man diese als notwendigen Teil eines asketischen Lebens betrachtet. Jedoch kommen sie uns heute nicht mehr als zeitgemäß vor. Heinrich Seuse (1295–1366) schrieb etwa in seinen *Deutsche(n) mystische(n) Schriften* unter dem Kapitel *Von der Züchtigung seines Leibes* über ein „härenes Bußkleid für den Unterkörper", „dahinein Riemen, in denen 150 spitz zugefeilte Messingnägel eingeschlagen waren, alle gegen den Leib gerichtet". Dass es jedoch bereits im Mittelalter ganz andere asketische Leitbilder gab, davon zeugt der anonyme Autor des mystischen Klassikers *Die Wolke des Nichtwissens,* dessen Maxime uns wesentlich näher sein dürfte: „Wirke eher mit weiser Kunst als mit falscher Kraftanstrengung; denn je geschickter, desto demütiger und geistiger, je gröber, desto irdischer und tierischer wirkst du!"[15]

Das Buch gliedert sich in zwei große Teile: Während der erste sich der Geschichte der christlichen Mystik von ihren Anfängen bis heute widmet, umfasst der zweite Teil eine Originalauswahl mystischer Übungstexte aus zwei Jahrtausenden Christentum. Die rund achtzig Einübungen in die christliche Mystik wurden nach zentralen Themen geordnet, kommentiert, philosophisch als auch theologisch eingeordnet und mit kurzen praktischen Hinweisen versehen. Die Übungen verstehen sich als kleine oder große Schritte auf dem Weg der Praxis mystischer Erfahrung. Sie wollen Anhaltspunkte bieten, sind Hinweise, anhand derer sich der Übende an Meistern der Mystik ausrichten kann.

Im Anmerkungsteil finden die Leserinnen und Leser schließlich Hinweise auf weiterführende Werke zum Thema „Christliche Mystik", Adressen von Klöstern und Zentren, die sich speziell der Praxis christlicher Meditation und Mystik verpflichtet haben, sowie wichtige Internet-Links zum Thema Christliche Mystik.

*„Die Überwindung aller gewöhnlichen Barrieren
zwischen dem Einzelnen und dem Absoluten
ist das große Anliegen der Mystik.
In mystischen Zuständen werden wir eins mit dem Absoluten
und uns zugleich dieser Einheit bewusst.
Dies ist die immer währende Siegesbotschaft der Mystik,
die von regionalen oder glaubensbedingten Differenzen
beinah unberührt ist."*

(William James, Die Vielfalt religiöser Erfahrung)

I. TEIL

Dunkles Licht – Helle Nacht:

Geschichte und Wesen der christlichen Mystik

1. Mystische Sternstunden

> *„Mystik ist ein Abenteuer, ein vertikales Abenteuer:*
> *sie wagt sich zur Höhe empor und*
> *bemächtigt sich einer anderen Raumgestalt."*

(E. M. Cioran)

Was Mystik im Allgemeinen und christliche Mystik im Besonderen ist, lässt sich nicht in wenigen Worten sagen. Gerhard Wehr meint: „Die Vielfalt der Erscheinungsweisen mystischer Lebenseinstellung und Frömmigkeit lässt nur andeutende, stets vorläufig bleibende Beschreibungen zu ... Sie (die Mystik) ist eher ein einigendes Band, das sich quer durch die Welt des religiösen Lebens zieht und das damit die Enge der jeweiligen Bekenntnisformeln ausweitet, ohne sie eigentlich in Frage zu stellen."[16]

Was aber bedeutet das Wort „Mystik" seinem Ursprung nach? Es leitet sich vom griechischen Adjektiv μυστικος her ab, das den Verben μυω (Augen und Mund verschließen, um eines Geheimnisses inne zu werden und es nicht auszuplaudern) und μυεω (in die Mysterien einweihen) sowie den Substantiven μυστηριον (meist als Plural: μυστηρια = die Mysterienkulte; im profanen Sinn: das Geheimnis) und μυστης (der in die Mysterien Eingeweihte) zugehört und darum so viel wie „das die Mysterien Betreffende" bedeutet. In diesem Sinn begegnet es schon im 5. Jahrhundert v. Chr. bei Aischylos, Sophokles und Herodot. „In der Neuplatonischen Philosophie und im Gnostizismus erfährt es dann, entsprechend dem neuen Verständnis der Mysterien als dunkler, die Seele zur Einung mit dem Göttlichen emporführender (Erlösungs-)Lehren einen entscheidenden Bedeutungswandel. Es bezieht sich nun nicht mehr auf den kultischen Umgang mit der Gottheit, sondern auf den in Riten, Mythen und Symbolen verborgenen und durch sie verhüllten göttlichen Seinsgrund der Welt, der nur dem zur Erkenntnis Fähigen, von der großen Menge Abgeschiedenen und sittlich Vorbereiteten zugänglich ist. Mystik ist hier also höchste Erkenntnis, mystische Rede, die symbolhaft-verhüllende und in jedem Fall inadäquate Aussage einer letzten, ins Geheimnis gehüllten Wahrheit, die, weil über das Sinnenhafte und Rationale erhaben, von ihrem Wesen her unaussprechbar ist. (...) Im Umkreis solcher Gedanken ist das Wort in der alexandrinischen Theologie (von Origines) in den christlichen Sprachgebrauch übernommen worden", fasst F. Wulf die antike Vorstellung von Mystik zusammen.[17]

Die Frage, wer unter den frühen Anhängern Jesu der *erste* christliche Mystiker gewesen sei, beantworten viele Fachleute mit dem Hinweis auf Paulus (um 10 n. Chr.-58/59). Bedeutsam geworden ist die Erzählung von der Entrückung *(raptus, ekstasis)* des Apostels „in den dritten Himmel", das Paradies: „Ich weiß, dass dieser Mensch in das Paradies entrückt wurde; ob es mit dem Leib oder ohne den Leib geschah, weiß ich nicht, nur Gott weiß es. Er hörte unsagbare Worte, die ein Mensch nicht aussprechen kann" (2 Kor 12, 1–6). Eine andere Schilderung ist das so genannte Damaskuserlebnis: die visionär-ekstatische Bekehrung oder Christusberufung des Apostels (Apg 9, 1–9). Als drittes bedeutsames Element wäre schließlich der Lobpreis der Liebe im ersten Korintherbrief (Kap. 13) zu nennen: „Wenn ich in den Sprachen der Menschen und Engel redete, / hätte aber die Liebe nicht, / wäre ich dröhnendes Erz oder eine lärmende Pauke..."

Ebenso einflussreich ist das Johannes-Evangelium mit der Logos-Spekulation im Prolog. Zu erwähnen ist außerdem die Seligpreisung derjenigen, die „Gott schauen" (Mt 5,8). Die Erzählung über den Besuch Jesu bei den Schwestern Maria und Martha (Lk 10, 38–42), in der Maria als Metapher für die *Vita contemplativa*, das mystisch-beschauliche Leben, und Martha für die *Vita activa*, das handlungsorientierte, praktische Leben, verwendet werden, ist ebenfalls ein Kernzeugnis.

Außerdem sind Elemente der jüdischen Tradition für die Entwicklung der christlichen Mystik wichtig geworden. Genannt seien hier prophetische Visionserzählungen im Rahmen apokalyptischer Offenbarung des göttlichen Willens, die Brautmetaphorik des Hohenliedes für das Gott-Mensch-Verhältnis im hellenistischen Judentum sowie der jüdisch-hellenistische Theologe Philon von Alexandria (15/10 v. Chr.-45/50 n. Chr.) und dessen Spekulationen über den göttlichen Logos: „Gott selbst ist unergründbares Geheimnis, zeigt sich aber im Logos, der der Seele in ihrem obersten Teile einwohnt und sie erleuchtet. Durch die Schau des Logos in der ‚nüchternen Trunkenheit' der Selbsterkenntnis kehrt die Seele zu Gott zurück."[18]

Die systematischen Wurzeln christlicher Mystik liegen im Neuplatonismus bei Plotin (205–270) in dessen *Enneades* sowie bei Proklos (410–485) in dessen *Theologischer Elementarlehre*. Als Dritter ist der christliche Denker Dionysius Areopagita oder Pseudo-Dionysius (5./6. Jahrhundert) zu nennen, der durch seine negative Theologie (lat. *De mystica theologia*), in deren Zentrum die Unsagbarkeit und Undarstellbarkeit Gottes steht, eine enorme Wirkungsgeschichte entfaltet hat. Mit seinen geheimnisvoll-rätselhaften, zuweilen auch feierlich-schwerfälligen Texten vermag Dionysius Areopagita selbst heute noch seine Leser zu bannen.

Die Werke von Pseudo-Dionysius wurden von dem scholastischen Denker Johannes Scotus Eriugena (810–877) aus dem Griechischen ins Lateinische übersetzt. Damit brachte Scotus Eriugena die mystische Theologie der östlichen Christenheit nach Westeuropa, wo sie sich mit der Mystik von Aurelius Augustinus (354–430) verband. Dieser schildert in seinen *Confessiones* (dt. Bekenntnisse) eine mystische Schau. In den Spekulationen über das göttliche Geheimnis der Dreifaltigkeit sowie in seinen Reflexionen über Christus als dem „inneren Lehrer" greift er die Lehre von der Einwohnung des göttlichen Wortes in der Seele auf. Tiefe eigene mystische Erfahrungen bildeten die Grundlage für die Überzeugungen des wichtigsten abendländischen Kirchenlehrers.

Die vielleicht berühmtesten Mystikerinnen und Mystiker brachten die Klöster des Mittelalters, die damaligen Bildungszentren der Zivilisation, hervor. Das gilt sowohl für die östliche Kirche (da ist zum Beispiel der Hesychast, ein Mönch vom Athos-Berg) – als auch für die westliche Kirche: etwa Bernhard von Clairvaux, Franz von Assisi oder Johannes vom Kreuz. Eines der bedeutendsten Zentren christlicher Mystik bildete im 12. Jahrhundert das Kloster Saint-Victoire bei Paris, wo der Mystiker Bonaventura unterrichtet worden war. Eine weitere zentrale Gestalt war Franz von Assisi, der unmittelbar vom Neuen Testament inspiriert war. In Holland wiederum werden Jan van Ruusbroec, der „Doktor exstaticus", mit seinem Hauptwerk *Die Zierde der geistlichen Hochzeit* sowie Gerhard Grote zu den herausragenden Mystikern gezählt. Grote war ein religiöser Reformer und gründete den Mönchsorden der „Brüder vom gewöhnlichen Leben". *Vita ambidextra*, Gott schauen und dem Nächsten helfen, lautete ihr Lebensideal.

In der deutschen Tradition ist Meister Eckhart zweifellos der Leitstern im 13. Jahrhundert, vor allem aufgrund seiner *Deutschen Predigten und Traktate*. Andere bedeutende Vertreter der Mystik – die im Übrigen keineswegs, wie häufig vermutet, eine Gegenbewegung zur Scholastik bildete, sich vielmehr von ihr beeinflussen ließ – sind die Dominikaner Johannes Tauler und Heinrich Seuse, ein Schüler Eckharts. Tauler und Seuse gehörten einer Gruppe an, die sich „Freunde Gottes" nannte und aus deren Feder wiederum die *Deutsche Theologie* stammt, die Martin Luther stark beeinflusste. Auch Thomas von Kempen, der im 15. Jahrhundert *De Imitatio Christi* (dt. Von der Nachfolge Christi), schrieb, gehört in diese Tradition. Sein Werk war das nach der Bibel meistgelesene Buch seiner Zeit.

Unter den englischen Mystikern des 14. und 15. Jahrhunderts ragen Margery Kempe sowie Richard Rolle aufgrund seiner Liebesmystik hervor. Walter Hilton wiederum war der einflussreichste Seelenführer seiner Zeit. Und Juliana von Norwich mit ihrer Christusmystik sowie der anonyme Verfasser von *The Cloud of Unknowing* (dt. Die Wolke des Nichtwissens), ein einflussreicher Traktat über das mystische Gebet und die Kontemplationspraxis, prägten die mystische Tradition auf der britischen Insel.

Viele Vertreter der Mystik waren Frauen. Man spricht von der so genannten Frauenmystik. Zu ihr gehören vornehmlich Hildegard von Bingen, Katharina von Siena, Teresa von Avila, Elisabeth von Schönau, Hadewijch van Antwerpen, Mechthild von Magdeburg, Mechthild von Hackeborn und Gertrud von Helfta. Neben diesen eher affektiv ausgerichteten Mystikerinnen gab es auch spekulative Richtungen. Marguerite Porètes mystisches Hauptwerk *Le miroir des simples âmes* (dt. Spiegel der einfachen Seelen) aus dem 14. Jahrhundert wurde zuerst vom Bischof verboten und dann öffentlich in Valenciennes verbrannt. Schließlich wurde Porète selbst als vermeintliche Häretikerin den Flammen übergeben. Eine andere große Mystikerin war Jeanne-Marie de Guyon, die im 17. Jahrhundert die mystische Lehre des Quietismus in Frankreich einführte.

Aufgrund der leidenschaftlichen Suche nach spiritueller Freiheit trug die Mystik geistig mit zum Aufkommen der Reformation bei und prägte auch nachhaltig die Zeit der Gegenreformation. So verfasste Ignatius von Loyola, der Gründer der Jesuiten, seine *Exerzitien* oder *Geistlichen Übungen*. Das erbauliche Werk *Die Praktik der Gegenwart Gottes* von Bruder Laurentius wurde zum französischen Klassiker der mystischen Literatur des 17. Jahrhunderts. Und als bekannteste deutsche protestantische Mystiker dieser Zeit sind Jacob Böhme sowie der Schlesier Kaspar von Schwenckfeld hervorzuheben. Darüber hinaus fand die Mystik Eingang in die Religiosität der Täufer und Quäker.

Nach der Zeit des Barockmystikers Angelus Silesius lässt sich eine Verlagerung der Mystik in die Philosophie beobachten. So besitzt das Denken Baruch de Spinozas ebenso mystische Elemente wie etwa dasjenige von Johann Gottlieb Fichte oder des Naturphilosophen Friedrich Wilhelm Schelling. In der neuen Welt wurde der Führer der Erweckungsbewegung, Jonathan Edwards, stark von der Mystik beeinflusst. Auch die damals im evangelischen Bereich einsetzende religiöse Erneuerung schöpfte daraus ihre Kraft. Tiefe Spuren hinterließ die Mystik im 17. Jahrhundert in England zudem in den Werken der so genannten Platoniker von Cambridge, William Law und William Blake.

Während der Aufklärung mit der Betonung von Vernunft und Kritik wurde es ruhiger um die christliche Mystik. Mit der Romantik kam sie jedoch in der Literatur wieder zum Tragen. Dort verschmolzen christliche Motive mit Naturmystik, etwa bei Novalis in den *Hymnen an die Nacht* und in den *Geistliche(n) Liedern*. Rainer Maria Rilkes *Duineser Elegien* und *Sonette an Orpheus* stehen in dieser Tradition.

Robert Musil wiederum entfaltete im 20. Jahrhundert Überlegungen zu einer „taghellen Mystik" in seinem großen Roman *Der*

Mann ohne Eigenschaften. Bereits die Herkunft des Titels, die „Eigenschaftslosigkeit", wird von Musil selbst unmissverständlich aus der mystischen Tradition abgeleitet: Die Bedeutung des Konzepts der Eigenschaftslosigkeit gilt schon bei Meister Eckhart als notwendige Voraussetzung der Einung mit Gott, der *Unio mystica*. Das Motiv des „anderen Zustands" durchzieht das gesamte Buch. In dem vielleicht mystischsten Romankapitel *Atemzüge eines Sommertags*, an dem Musil noch an seinem Todestag, am 15. April 1942 in Genf, geschrieben haben soll, schildert der Autor, wie Ulrich, der Protagonist des Romans, im Garten liegend Zeuge eines naturmystischen Schauspiels wird. „Ein geräuschloser Strom glanzlosen Blütenschnees schwebte von einer abgeblühten Baumgruppe kommend, durch den Sonnenschein; und der Atem, der ihn trug, war so sanft, dass sich kein Blatt regte. Kein Schatten fiel davon auf das Grün des Rasens, aber dies schien sich von innen zu verdunkeln wie ein Auge (...) Die Zeit stand still, ein Jahrtausend wog so leicht wie ein Öffnen und Schließen des Auges..."[19] Das gemeinhin eher mit Dunkelheit und Nacht in Zusammenhang gebrachte mystische Erleben vollzieht sich bei Musil im klarsten Mittagslicht: Ich und Welt, Reflexion und Anschauung werden eins in der durchsichtigen Fülle des Sommertags. In einem einzigen erfüllten Augenblick scheint alles Trennende und Widersprüchliche aufgehoben zu sein; Stillstand ist zugleich Bewegung und Bewegung Reglosigkeit. Die Kategorie „Zeit" hat ausgedient. Mit seiner berühmt gewordenen Formel vom geheimnisvollen „anderen Zustand" beschreibt Musil – jenseits von jedem neoromantischen Kitsch – ein „wunderbares Gefühl der Entgrenzung und Grenzenlosigkeit des Äußeren wie des Inneren, das der Liebe und der Mystik gemeinsam ist".

Vergleichbar stößt man des Öfteren auch in Marcel Prousts (1871–1922) monumentalem Romanzyklus *Auf der Suche nach der verlorenen Zeit* auf ähnliche, das Transzendente berührende Schilderungen: „Sie ließ darauf eines jener dicken ovalen Sandtörtchen holen, die man ‚Madeleine' nennt und die aussehen, als habe man als Form dafür die gefächerte Schale einer St.-Jakobs-Muschel benutzt. Gleich darauf führte ich, bedrückt durch den trüben Tag und die Aussicht auf den traurigen folgenden, einen Löffel Tee mit dem aufgeweichten kleinen Stück Madeleine darin an die Lippen. In der Sekunde nun, als dieser mit dem Kuchengeschmack gemischte Schluck Tee meinen Gaumen berührte, zuckte ich zusammen und war wie gebannt durch etwas Ungewöhnliches, das sich in mir vollzog. Ein unerhörtes Glücksgefühl, das ganz für sich allein bestand und dessen Grund mir unbekannt blieb, hatte mich durchströmt (...) Ich hatte aufgehört, mich mittelmäßig, zufallsbedingt, sterblich zu fühlen. Woher strömte diese mächtige Freude mir zu?"[20]

Ein deutliches Wiederaufleben des Interesses an christlicher, aber auch an fernöstlicher Mystik ist in der weiteren Zeitgeschichte festzustellen. Zu ihren bedeutendsten Kommentatoren zählen: der australische Baron Friedrich von Hügel, die britische Anglikanerin Evelyn Underhill, der amerikanische Quäker Rufus Jones, der anglikanische Priester William R. Inge und der deutsche Theologe und Religionsphilosoph Rudolf Otto. Ein prominenter nicht-geistlicher Kommentator war der amerikanische Psychologe und Philosoph William James, mit dem 1902 erschienenen Buch *The Varieties of Religious Experience* (dt. Die Vielfalt religiöser Erfahrung), auf das wir noch ausführlich zu sprechen kommen werden. Zu den bekanntesten christlichen Mystikern des 20. Jahrhunderts gehören zudem die Sozialphilosophin Simone Weil, der Jesuit und Paläobiologe Pierre Teilhard de Chardin, der UN-Generalsekretär Dag Hammarskjöld, der Trappist Thomas Merton und der Befreiungstheologe Pedro Casaldaliga.

2. Schlüsselerlebnisse, Schlüsselgedanken

> *„Würden die Pforten der Wahrnehmung gereinigt, erschiene den Menschen alles, wie es ist: unendlich."*
>
> (William Blake)

Der amerikanische Religionspsychologe William James hat in seinem Buch *Die Vielfalt religiöser Erfahrung. Eine Studie über die menschliche Natur* 1901/02 einen bis heute gültigen Versuch über das „Wesen der Mystik" formuliert. Demnach sind es vier Grundmerkmale, die unbedingt zu einer mystischen Erfahrung gehören – unabhängig ihres kulturell-religiösen oder konfessionellen Kontextes. Zuerst nennt er die *Unaussprechlichkeit*, ein Schlüsselbegriff aller Mystik. „Der Betroffene erklärt sofort, dass ihm der Ausdruck fehlt, dass er über den Inhalt seiner Erfahrung verbal nicht angemessen berichten kann. Daraus folgt, dass die Qualität dieses Zustands direkt erfahren werden muss; er kann anderen nicht mitgeteilt oder auf sie übertragen werden. In dieser Eigenheit ähneln mystische Zustände eher emotionellen als intellektuellen Zuständen. Niemand kann einem anderen, der ein bestimmtes Gefühl nie erfahren hat, klarmachen, worin dessen Qualität oder Wert besteht. (...) Der Mystiker stellt fest, dass die meisten von uns seiner Erfahrung eine ähnlich inkompetente Behandlung zuteil werden lassen."[21] Daraus ergibt sich auch die von Mystikern häufig vorgebrachte Klage, sie seien nicht nur verkannt und verachtet, sondern auch pathologisiert und verfolgt.

Das zweite Unterscheidungsmerkmal nennt James die *Noetische Qualität*. „Obwohl Gefühlszuständen ähnlich, sind mystische Zustände für die, die sie erfahren, anscheinend auch Erkenntniszustände. Verbunden mit diesem Zustand sind Einsichten in Tiefen der Wahrheit, die vom diskursiven Verstand nicht ausgelotet werden. Es handelt sich um Erleuchtungen, Offenbarungen, die bedeutungsvoll und wichtig erscheinen, so unartikuliert sie im Ganzen bleiben; und in der Regel haben sie einen merkwürdigen Nachgeschmack von besonderer Autorität."[22] Schließlich gibt es das Kennzeichen der *Flüchtigkeit*. „Mystische Zustände können nicht für lange Zeit aufrechterhalten werden. Mit Ausnahme weniger Beispiele scheinen eine halbe Stunde oder höchstens eine Stunde oder zwei die zeitliche Grenze zu sein, nach der sie wieder in den Alltag eintauchen. Nach dem Verblassen können sie oft nur in eingeschränkter Qualität wiedererinnert werden; wenn sie zurückkehren, werden sie jedoch sofort wiedererkannt; und mit jedem Wiederauftreten kann das Gefühl einer kontinuierlichen Entwicklung an innerem Reichtum und Bedeutung verbunden sein."[23] Das vierte Merkmal sieht James in der *Passivität*. Denn obgleich das Auftreten dieser Geistzustände durch gewisse körperliche, vor allem aber auch psychisch-mentale Übungen erleichtert beziehungsweise vorbereitet werden, hat der Mystiker dabei das untrügliche Gefühl, willenlos und von einer höheren Macht ergriffen zu sein.

William James skizziert noch weitere beachtenswerte Züge des breitgefächerten mystischen Bewusstseins: „1. Mystische Bewusstseinszustände einer bestimmten Entwicklungsstufe genießen bei den Individuen, denen sie zuteil werden, meist höchste Autorität, und das mit gutem Recht. 2. Sie stellen für Außenstehende keine Autorität dar, die diese verpflichtete, ihre Offenbarungen unkritisch anzunehmen. 3. Sie brechen mit der Autorität des nicht-mystischen oder rationalen Bewusstseins, das allein auf den Verstand und den Sinnen basiert. Sie zeigen, dass dies nur eine Art des Bewusstseins ist. Sie eröffnen die Möglichkeit einer anderen Wahrheitsordnung, der wir so lange Glauben schenken dürfen, als sie in uns eine lebhafte Resonanz auslöst."[24]

Zum ersten Punkt bemerkt James, dass die mystische Wahrheit für die Menschen, denen sie widerfährt, sich als derart evident erweisen kann, dass alle rationalen Argumente sie nicht davon abzubringen vermögen. Erinnert sei beispielsweise an eine Stelle aus der *Lebensbeschreibung* der Teresa von Avila: „Wenn aber Gott durch eine volle und wahre Vision etwas offenbart, dann prägt Er Sich Selbst dem Innersten der Seele so tief ein, dass, wenn sie hernach wieder zu sich kommt, sie in keiner Weise Zweifel hegen mag, sie seien in Gott und Gott in ihr gewesen, und die Wahrheit dieser

Überzeugung haftet so fest in ihr, dass sie doch nimmer der empfangenen Gnade vergessen könnte, auch wenn Gott hernach Jahre hindurch die nur einmal gewährte Gnade nicht mehr wiederholen würde."[25] James gibt zu bedenken, dass bei genauerem Hinsehen unsere eigenen, vermeintlich eher „rationalen" Überzeugungen letzten Endes auf ähnlichen Beweisgründen beruhen wie jene der Mystiker: „Es sind nämlich unsere Sinne, die uns von bestimmten Sachverhalten überzeugen; und mystische Erfahrungen sind für die, die sie machen, ebenso unmittelbar Tatsachenwahrnehmungen, wie es die Sinneswahrnehmungen für uns sind. Aus den Berichten geht hervor, dass sie, auch wenn sie die fünf Sinne aufheben, in ihrem erkenntnistheoretischen Wert absolut sinnenhaft sind (...) Kurz gesagt, der Mystiker ist *unangreifbar*; wir müssen ihm seine ungestörte Glaubensfreude lassen, ob es uns gefällt oder nicht."[26]

In Bezug auf den zweiten Punkt kommt James zu dem Schluss, dass Nicht-Mystiker keinerlei Verpflichtung unterliegen, mystischen Zuständen eine höhere Autorität zuzuerkennen. Trotzdem betont er – und damit kommt er zu Punkt drei seiner Ausführungen –, dass das Vorhandensein mystischer Zustände mit dem Anspruch nicht-mystischer Zustände aufräumt, die einzige und letzte Wahrheitsinstanz zu sein. Daher bleibe es immer eine offene Frage, ob mystische Zustände nicht so etwas wie „Fenster" seien, „durch die der menschliche Geist auf eine größere und umfassendere Welt" hinauszuschauen vermöchte, und zwar völlig ungeachtet der Verschiedenartigkeit dieser Ausblicke.

An diese religions-phänomenologischen Erkenntnisse William James anknüpfend und diese ergänzend, unterscheidet der Theologe Otger Steggink wiederum vier Elemente mystischer Erfahrung: 1. der *Durchbruch*; 2. der *Erfahrungskern*; 3. die *unmittelbare Einwirkung*, sowie 4. die *paradoxe Fortwirkung*. Mit dem *Durchbruch* ist jenes Bewusstsein gemeint, dass etwas Grundlegendes mit ihm geschehen ist, ein *Erleuchtungsbewusstsein* (William James): „Eine andere als die standardisierte Alltagswirklichkeit bricht in der Erfahrung durch. Das kann mit einer grundlegenden Verwirrung verbunden sein. Es kann auch in tiefster Ruhe geschehen. Und blickt man nach längerer Zeit auf sein Leben zurück, kann man wie mit einem Schock erfahren, dass man aus einer tieferen Einsicht sich selbst und die Wirklichkeit anders sieht. Sie wird immer als wunderbar erfahren. Passivität ist hierbei ein wesentliches Merkmal; *pati divina* ist der charakteristische Ausdruck Pseudo-Dionysius'. Sie widerfährt einem als Licht, Feuer, Gegenwart, Kraftgefühl, ein neues Bewusstsein."[27]

Wie den meisten Zeugnissen der Mystiker zu entnehmen ist, handelt es sich hierbei um einen *Erfahrungskern*, eine „endgültige Wirklichkeit" oder unvergleichliche Gegenwärtigkeit. So schreibt Gregor von Nazianz: „O du über alles Hinausweisender, wie anders sollte man dich nennen?" Johannes vom Kreuz: „O regste Liebesflamme, die zärtlich mich verwundet bis in der Seele Kern und tiefstes Leben." Aus solchen Erfahrungen erwächst den Mystikern ein neues Leben, das in der Regel einen langen Prozess nach sich zieht: „Zu Beginn wird der Erfahrungskern als unendlich süß und anziehend erfahren. Er macht rasend verliebt, ist Quelle von Kreativität. Der Mystiker will alles, was er tut, vom Erfahrungskern aus erleben. Nach einiger Zeit tritt meist eine Phase der Entwöhnung auf (...) In dieser Phase sprechen Mystiker von ‚dunkler Nacht', von dem ‚Wesenlosen', von einer Liebe ‚ohne Mittel'. Nach oft längerer Zeit kehrt die Freude des Anfangs in vertiefter Weise wieder. Die Seele, die sich den Erfahrungskern von innen heraus zu Eigen gemacht hat, beginnt von innen heraus zu glühen. In der Öde und Leere begann der Mystiker zu fühlen, dass der Kern der Erfahrung jetzt wirklich eins mit ihm, mit seinem Personenkern geworden ist."[28] Ein anderer Ausdruck für die „dunkle Nacht" ist die „Trockenheit". Gemeint ist damit jener Verödungszustand in der Seele des Mystikers, der oft ein vertieftes Stadium seines Verhältnisses zum Absoluten, gleichsam dessen „Inkubationsphase" ankündigt. Viele Mystiker erleben darüber hinaus im Anschluss an das überwältigende Erlebnis des Einswerdens mit dem Absoluten eine Art Depression oder Traurigkeit. Es ist so, wie etwa Teresa von Avila berichtet, als ob die Seele aus einer Erfahrung der Freiheit wieder in die Fremde muss.

Was versteht Steggink unter *unmittelbare Einwirkung*? Es geht um Umwandlung von innen her. Sie geschieht unmittelbar, denn nichts steht mehr dazwischen. Das Ganze gleicht – um eine biblische Metapher zu bemühen – einer Rede von Angesicht zu Angesicht, einer innigen Umarmung. Innen und Außen scheinen dabei ineinander zu fließen. So formuliert beispielsweise Katharina von Genua: „Ich bin eingetaucht in den Quell reiner Liebe, als befände ich mich im Meer, unter Wasser." Und Elsbeth Stagel bekennt in einem kühnen Gleichnis: „Ich schwimme in der Gottheit wie der Adler in der Luft." Gertrud von Helfta wiederum schreibt vom „ewigen Sonnenstillstand", von der „Stätte, die alle Wonnen umschließt", vom „Paradies beständiger Freuden", an dem die Seele in Wirklichkeit ihre Heimat hat.

Direktheit, Erregung und Liebe (Minne) bestimmen häufig das intime Geschehen zwischen der Person des Mystikers und dem Göttlichen, das in Bildern erotisch-sexueller Vereinigung gekleidet wird. In diesem Sinne schreibt Johannes vom Kreuz: „Nacht, zu Vermählung einend Geliebter und Geliebte, in den Geliebten wandelnd die Geliebte." Und Mechthild von Magdeburg, eine Begine, bedient sich einer poetischen Sprache über die gott-menschliche Beziehung, die auch heute geradezu tollkühn anmutet: „O Herr, minne mich gewaltig und minne mich oft und lang; je öfter du mich minnest, umso reiner werde ich; je gewaltiger du mich minnest, umso schöner werde ich; je länger du mich minnest, umso heiliger werde ich hier auf Erden."[29]

Dass körperliche Ekstase mit solcher Gotteserfahrung einherging, ist durchaus wahrscheinlich. Zwischen den religiösen und den psychisch-körperlichen Sehnsüchten lässt sich kaum trennen. Selbst der Bildhauer Gian Lorenzo Bernini (1598–1680) scheute sich nicht – inspiriert von einer autobiografischen Schilderung der heiligen Teresa von Avila –, in der 1674 vollendeten Statue der Heiligen in der römischen Kirche Santa Maria della Vittoria Lust und schmerzhafte Sehnsucht ganz körperlich zum Ausdruck zu bringen – und löste einen regelrechten Skandal aus. Der österreichische Maler Ernst Fuchs, ein Vertreter des phantastischen Realismus, nennt diese Plastik „eines der unmoralischsten erotischen Werke der europäischen Kunst"[30]. Das letzte Wort der Mystik ist Jubel, ein überschwänglicher, unerschöpflicher und beseligender Zustand jenseits des gewohnten Erfahrungshorizontes und daher auch nicht so leicht durch Begriffe und Schemata fassbar.

Als viertes Element der mystischen Erfahrung gibt es nach Otger Steggink das Phänomen der *paradoxen Fortwirkung*. Es fällt häufig auf, dass Mystiker Ausdrücke verwenden, die einander widersprechen. Meister Eckhart beispielsweise nennt das Erleben eines „ohne Art und Weise". Der Jesuit und Mystiker Jean-Joseph Surin schreibt die verwirrenden Sätze: „Sein Werk ist Verwüsten, Zerstören, Vernichten und zugleich Neu-erschaffen, Aufrichten, Erwecken. Es ist wunderbar schrecklich und wunderbar zart." Angesichts der schmerzlich empfundenen Sprachnot, des Dilemmas, seine außergewöhnlichen, letztlich gestaltlosen Erfahrungen nicht adäquat mit Hilfe des diskursiven, logisch-argumentativen Denkens benennen zu können und trotzdem darüber sprechen zu müssen, betet Teresa von Avila: „Herr, gib mir neue Wörter." In Angelus Silesius *Cherubinischem Wandersmann* hat die letzte, alles hervorbringende und sinngebende Wirklichkeit zwar viele Namen, muss aber dennoch namenlos bleiben: „Man kann den höchsten Gott mit allen Namen nennen: Man kann ihm wiederum nicht einen zuerkennen." Jacob Böhme weist auf seine „compactierte Zunge" hin. Ja, das Befürchten, „den Ganz-Anderen in die Sphäre des Profanen herabzuziehen, lässt", wie Gerda von Brockhusen resümiert, „das Wort des Mystikers verstummen. Es stirbt auf seinen Lippen im Verlangen, sich in sich selbst zurückzuziehen. Darum wird gerade das Schweigen zur Sprache der Mystik. Denn in dem in der Stille gesprochenen, nicht mehr an Laute und Formulierungen gebundenen Wort, kommt es zum Durchbruch der göttlichen Transzendenz."[31] Andererseits ist die Sprache der Mystik durch das stete Bemühen um Wortschöpfungen gekennzeichnet, das sich wohl einem *Impulsio ad scribendum*, einem Antrieb zum Schreiben, verdankt.

Was aus dieser extremen Spannung folgt, ist „beredtes" Schweigen und die Geburt der mystischen Sprache. „Wer könne je beschreiben, was er den liebenden Seelen, in denen er Wohnung genommen, zu verstehen gibt?", schreibt Johannes vom Kreuz. „Und wer wird auszudrücken vermögen, was er sie empfinden lässt? ... Gewiss niemand, selbst jene nicht, denen diese Begnadigung zuteil geworden. Denn gerade deshalb nehmen sie zu Bildern, Gleichnissen und Vergleichen ihre Zuflucht, um das, was sie empfinden, in etwa begreiflich machen zu können." Mit anderen Worten: Die Sprache der Mystiker versucht, sich mit Hilfe von Andeutungen, Symbolen, Antithesen und Paradoxa dem Unaussprechlichen zu nähern.

Man kann zuweilen den Eindruck gewinnen, dass dichterische Begabung eine Voraussetzung für die lebendige, eigentlich unsagbare Vermittlung des Geschauten und Gehörten, des Erkannten und Erlebten ist. Dergestalt ist Gott, die Übergottheit, die Überwesenheit, das Übernichts (Angelus Silesius), das Ganz-Andere, zugleich Dunkler Lichtstrahl und Helle Nacht, Nichts und Alles, groß und klein, fassbar und unfassbar. Bei Teresa von Avila lesen wir: „Es ist ein so ganz anderes Licht als es die von hier sind, so dass einem im Vergleich zur Helligkeit und zum Licht, die einem vor Augen geführt werden, die Helligkeit der Sonne, die wir sehen, so lichtlos vorkommt, dass man nachher gar nicht die Augen öffnen möchte. (...) Es ist letztlich von der Art, dass jemand mit einem noch so klaren Verstand sich sein Lebtag lang nicht vorstellen könnte, wie es ist."[32] Die Erfahrung des Lichts in der mystischen Versenkung kann als Konstante durch alle Religionen betrachtet werden. Doch die Gestaltlosigkeit und Unsagbarkeit dieser Erfahrung macht verständlich, dass die gleiche Wahrnehmung einmal als „Nacht", einmal als „Dunkel" bezeichnet wird.

Die Vision der Einheit und Ganzheit der „neuen Wirklichkeit", zu der die Mystiker erwacht sind, bleibt auch in sozialer und politischer Hinsicht nicht folgenlos: Sie reagieren auf die menschliche Gebrochenheit von Reich und Arm, Hass und Liebe, Krieg und Frieden, Unterdrückung und Freiheit. „Bruder Franz von Assisi macht sich gegen die Machtpolitik der Päpste zum ‚Werkzeug des Friedens', zum Propheten einer Kirche ohne politische Macht. Teresa von Avila, Frau und Mystikerin, durchbricht die diskriminierenden Auffassungen und Praktiken der Männerkirche und -gesellschaft des 16. Jahrhunderts gegenüber der Frau. Der Dichter-Mystiker Johannes vom Kreuz zeigt sein Kämpfertum auf eine zurückhaltende, fast stoische Weise in seiner ‚dunklen Nacht des Widerstands', einem Zeugnis religiöser Integrität und Treue zu einem kontemplativen Lebensideal, gegen die Angriffe und Intrigen der Vertreter der etablierten Ordnung."[33]

Was bei aller Verschiedenheit des Verhaltens der Mystiker zudem ausschlaggebend ist, ist tiefe Demut, das Bewusstsein, aus der Quelle der mystischen Erfahrung gleichsam „gratis" schöpfen zu können. In diesem Sinne gibt Jan van Ruusbroec folgende treffende Profilskizze des Mystikers: „Der Mensch, der in Gemeinschaft mit Gott und allem, was ist, lebt, besitzt einen reichen, milden Grund, der im Reichtum Gottes festgegründet ist. Deshalb spürt er das Bedürfnis, unaufhörlich in alle auszuströmen, die ihn brauchen, denn sein Reichtum besteht in der lebendigen Quelle des Heiligen Geistes, die man nie leerschöpfen kann. Er ist ein lebendiges Wesen und williges Werkzeug Gottes, mit dem Gott ausführt, was er will und wie er es will."[34]

Vor dem Hintegrund der soeben geschilderten Versuche, sich dem Wesen der Mystik anzunähern, dürfte zugleich deutlich geworden sein, dass sich jedwede Art einer wissenschaftlichen Systematisierung der Erkenntnisse verbietet. Wie E. M. Cioran in seinem Essay über *De(n) Umgang mit den Mystikern* aus seinem Band *Dasein als Versuchung* (1956) festhält, ist die „Besessenheit vom System", diese Gelehrten-Untugend schlechthin, gerade im Hinblick auf das Studium der Mystiker und ihre Aussagen von vornherein zum Scheitern verurteilt: „Der Mystiker erlebt seine Ekstasen und Lethargien niemals in den Grenzen einer Definition: nicht den Forderungen des Denkens wünscht er gerecht zu werden, sondern denen seiner Erlebnisse. Mehr noch als der Dichter legt er Wert auf das eigene Erlebnis, weil es ihn mit Gott in Berührung bringt. Kein Erschauern gleicht einem andern, keines ließe sich willkürlich wiederholen: die gleiche Vokabel enthält in der Tat eine Vielzahl von divergenten Erfahrungen (...) So gesehen, verfälscht der Mystiker seine Erfahrung, indem er sie ausdrückt, beinahe ebensosehr wie der Gelehrte die Mystik, indem er sie kommentiert."[35]

II. TEIL

Christliche Mystik in der Praxis:

Kommentierte Übungen aus zwei Jahrtausenden

Aufbruch zu neuen Erfahrungsräumen: Stationen des mystischen Weges

> *„Denn wie es im Himmel viele Wohnungen gibt,*
> *so gibt es auch viele Wege dahin."*

(Teresa von Avila)

Im Christentum gehört das Wort „Übung" zu den Grundbegriffen geistlichen Lebens. Sein Bedeutungsspektrum reicht von dem griechischen Wort *Askesis* (= Übung) und dem lateinischen Wort *Exercitium* – häufiger noch in der Mehrzahl *Exercitia spiritualia* (= geistliche Übungen) gebraucht, etwa bei Ignatius von Loyola – über die *Übung* bei den Mystikern Seuse, Tauler oder Gerhard Teerstegen, bis hin zur philosophischen *Einübung ins Christentum* bei Sören Kierkegaard. Mit *Übung* ist zunächst das Ganze des bewusst beschrittenen spirituellen Wegs gemeint. Auf diesem inneren Weg gliedert sich dann die Übung in verschiedene Einzelübungen auf. Einen interessanten Aspekt offenbart in diesem Zusammenhang das lateinische Wort *Exercitium*, das sich von *ex arce ire,* aus der Burg hinausgehen, ableitet und dergestalt einen Aufbruch aus gewohnter, dicht abgeschotteter Umgebung hin zu neuen offenen Erfahrungsräumen andeutet.

Wie bei jeder Reise ist auch bei der Reise in die innere Welt der erste Schritt, nämlich der Schritt in die Stille und in die Sammlung, der schwierigste überhaupt. Über die Notwendigkeit einer Selbstbesinnung schreibt der Zisterziensermönch Bernhard von Clairvaux (1090–1153): „Denk daran und schenke dich – ich will nicht sagen immer, ja nicht einmal oft, aber wenigstens dann und wann – dir selbst. Wenn schon die vielen einen Vorteil an dir haben, so sollst du es doch einmal zwischendrin oder wenigstens nach den andern. Einstweilen soll die Mahnung genügen: Du sollst dich nicht immer und nie ganz der äußeren Tätigkeit widmen, sondern ein Quäntchen deiner Zeit und deines Herzens für die Selbstbesinnung zurückhalten."[36] Dieser besonnen-maßvolle Rat, der neben der Vita activa auch der Vita contemplativa zu ihrem Recht verhelfen möchte, hat auch nach tausend Jahren nichts von seiner Gültigkeit eingebüßt. Im Gegenteil: Vor dem Hintergrund zunehmender Beschleunigung und Hektik im Berufsleben der modernen Menschen ist er aktueller denn je!

In die gleiche Richtung zielt auch das, was eine anonym gebliebene flämische Mystikerin des 16. Jahrhunderts über die Praxis spiritueller Übungen sagt. So betont sie in ihrer lehrhaften Schrift *Die evangelische Perle*, die in den Niederlanden, Deutschland und Frankreich bis ins 18. Jahrhundert weitergewirkt hat: „Wenn ... jemand ... nicht stetig üben kann, so sorge er doch dafür, dass er wenigstens dreimal am Tag übe, nämlich morgens, mittags und abends; damit der allmächtige Gott sein erster und sein letzter Gedanke sei, und er auch mittags sein Herz zu ihm wende ... Eines ist ganz vonnöten, das ist die Abgeschiedenheit. Wenn etwa jemand seinen Fleiß in den äußerlichen Geschäften angewendet hat, dann soll er sein Herz von ihnen abwenden, alles in Gott werfen und seiner väterlichen Vorsehung ohne Sorge oder Verwirrung anbefehlen, und nicht mehr daran denken. Sondern er soll mit lieblichem Herzen seinen Herrn anbeten, der in seinem Geist gegenwärtig ist. Denn keiner wird je den wahren Frieden erhalten, bis er dahin gelangt, wo er von Ewigkeit unerschaffen gewesen ist, das ist: in seinem Gott."[37]

Der Benediktiner Emmanuel Jungclausen, ein erfahrener Begleiter auf dem modernen mystischen Weg, empfiehlt als vorbereitende Gründübung:

> „Zumindest für den Anfänger ist ein möglichst geräuscharmer Raum unerlässlich. (...) In diesem Raum gilt es, zur Ruhe zu kommen und gleichzeitig ganz wach und aufmerksam zu sein. Das Zur-Ruhe-Kommen beginnt mit dem Erspüren des In-sich-selber-Ruhens, und zwar vom Leibe her. (...) Versuchen wir also auf einem Stuhl, in einer Kirchenbank, im Chorgestühl, auf dem Boden, auf einem Meditationsbänkchen so zu sitzen, dass eine aufrechte, freie Haltung möglich ist. (...) Sich nach hinten rückwärts anlehnen sollte man nur, wenn dabei eine aufrechte Haltung möglich bleibt. Die Hände legt man locker auf die

Oberschenkel oder aber zusammen beziehungsweise ineinander. Der Blick geht nach unten ins Leere, oder die Augen werden ganz leicht geschlossen. Dann lässt man sich auf den Atem ein. Man folgt – ohne jede Anstrengung – ganz ruhig seinem Kommen und Gehen und lauscht dabei intensiv auf die Stille. Sie ist, wie die Luft für unseren Leib, das Lebenselixier für unser Meditieren: Auf die Stille lauschen, sie gleichsam ein- und ausatmen, das ist der grundlegende Schritt in die innere Welt, die Grundübung, die man so lange durchführt, bis man meint, auf diese Weise einigermaßen zur Ruhe gekommen zu sein."[38]

Alle Übenden der mystischen und mönchischen Traditionen stimmen darin überein, dass sie die gleichen Vorbereitungen empfehlen. Sie betonen die Bedeutung der Stille, des Zur-Ruhe-Kommens, die innere Sammlung, bestimmte Körperhaltungen sowie die Atem- und Gedankenkontrolle.

1. Die Welt als Wunder sehen: Von der Mystik der offenen Augen und der Einübung ins Staunen

„Ein spiritueller Mensch staunt jeden Tag neu, als wäre es der erste Lebenstag."

(Pierre Stutz)

Die elementare Fähigkeit des Menschen, über die Unermesslichkeit des Universums mit seinen zahllos funkelnden Galaxien und Sonnensystemen, aber auch über die eigene Existenz zu staunen, veranlasste seit jeher nicht nur Philosophen, sondern auch Theologen und Mystiker dazu, diesem Phänomen besondere Beachtung zu schenken. Dass Staunen und Erschrecken, Entsetzen oder Furcht – im Sinne eines *Tremendums*, eines schauervollen Moments, angesichts des Numinosen, der unbegreiflichen Macht des Göttlichen (Rudolf Otto) – eng beieinander liegen, zeigt auch ein Blick in die Etymologie: Während ursprünglich das deutsche Wort „staunen" im Sinne von „starren, vor schrecken erstaunen, zittern und alle kräffte sincken lassen" (Grimm) gebraucht wurde, versteht man heute darunter: „mit großer Verwunderung wahrnehmen, sich beeindruckt zeigen und Bewunderung ausdrücken" (Duden).

Für die griechische Philosophie stellte das Staunen *(thaumazein)* nicht weniger als die Quelle allen Denkens dar. Bei Platon (427 v. Chr.-347) lesen wir: Das Auge hat uns „des Anblicks der Sterne, der Sonne und des Himmelsgewölbes teilhaftig werden lassen". Dieser Anblick hat uns „den Trieb zur Untersuchung des Alls gegeben. Daraus ist uns die Philosophie erwachsen, das größte Gut, das dem sterblichen Geschlecht von den Göttern verliehen ward". Aristoteles (384/3 v. Chr.-322/1) dachte genauso: „Denn die Verwunderung ist es, was die Menschen zum Philosophieren trieb." Im Wundern werden sich die Menschen des Nichtwissens bewusst, wobei sie das Wissen aber um des Wissens selber willen suchen, und nicht etwa „zu irgendeinem gemeinen Bedarf". In diesem Sinne formulierte auch der mittelalterliche Theologe Thomas von Aquin (1225/6–1274): „Staunen ist eine Sehnsucht nach Wissen."

Im 20. Jahrhundert stellte der Sprachphilosoph Ludwig Wittgenstein (1889–1951) fest: „In der Einzigkeit meines Lebens zeigt sich Unaussprechliches. Dies zeigt sich, es ist das Mystische. Nicht *wie* die Welt ist, ist das Mystische, sondern *dass* sie ist . . . Das Gefühl der Welt als begrenztes Ganzes ist das Mystische." Dasein ist mystisch! Und im Anschluss daran fand Martin Heidegger (1889–1976) das Wesen des Mystischen im Staunen über das Wunder, dass es „überhaupt Seiendes und nicht vielmehr nichts" gibt.

Schon für den „Vater der christlichen Mystik", Gregor von Nyssa (331/40–395), steht fest, dass man Gott besser durch Staunen als durch Denken erkennen könne. Bis in unsere Zeit hinein ist diese Art des anderen Sehens ein wesentliches Element spiritueller Erfahrung. Der schwedische Politiker Dag Hammarskjöld (1905–1961), der in den 50er-Jahren das öffentliche Amt des Generalsekretärs der Vereinten Nationen bekleidete, notierte in seinem Tagebuch *Vägmärken* (dt. Zeichen am Weg): „Gott stirbt nicht an dem Tag, an dem wir nicht länger an eine persönliche Gottheit glauben, aber wir sterben an dem Tag, an dem das Leben für uns nicht länger von dem stets wiedergeschenkten Glanz des Wunders durchstrahlt wird, von Lichtquellen jenseits aller Vernunft."[39] In die gleiche Richtung zielt auch ein Ausspruch des Physik-Nobelpreisträgers Albert Einstein (1879–1955): „Das tiefste und erhabenste Gefühl, dessen wir fähig sind, ist das Erlebnis des Mystischen. Aus ihm allein keimt wahre Wissenschaft. Wem dieses Gefühl fremd ist, wer sich nicht mehr wundern und in Ehrfurcht verlieren kann, der ist seelisch bereits tot."[40]

Bei ihrem Versuch, „Stationen des mystischen Weges für heutige Reisende" ausfindig zu machen, erkennt die Theologin Dorothee Sölle (1929–2003) im Staunen sogar den allerersten Schritt: „Nichts ist selbstverständlich! Und am wenigsten die Schönheit. Der erste Schritt des mystischen Weges ist eine via positiva. (. . .) Ohne dieses überwältigte Staunen angesichts dessen, was uns in Natur und in den Befreiungserfahrungen der Geschichte begegnet, ohne die erfahrene Schönheit, die auch auf einer verkehrsreichen Straße, in einer blauweißen Hausnummer sichtbar werden kann, gibt es keinen mystischen Weg, der zur Einigung führen kann. Staunen heißt, wie Gott nach dem sechsten Tag die Welt wahrnehmen und neu und zum erstenmal sagen können: ‚Und siehe, es war alles sehr gut'! (...) Die Seele braucht das Staunen, das immer wieder erneute Freiwerden von Gewohnheiten, Sichtweisen, Überzeugungen, die sich wie Fettschichten, die unberührbar und unempfindlich machen, um uns lagern. Dass wir ein Berührtwerden vom Geist des Lebens brauchen, dass ohne Staunen, ohne Begeisterung nichts Neues beginnen kann, scheint vergessen. (...) Das bedeutet für den Anfang der Reise, dass wir den Weg nicht als Suchende beginnen, sondern als Gefundene; die erfahrene Güte ist uns allemal voraus. (...) Diese Fähigkeit der ‚Verwunderung' stellt ein Einverständnis mit unserem Hier-Sein, Heute-Sein, Jetzt-Sein her. ‚Hiersein ist herrlich.' (Rilke) Sie impliziert, wie jede Form der Ekstase, eine Selbstvergessenheit, die uns aus der normalen Selbstvergessenheit und aus der ihr korrespondierenden Trivialität herauszaubert."[41]

Vom Staunen ist es nunmehr nur noch ein kleiner Schritt zum Loben, zum Verherrlichen, Preisen und Bekennen. Odo Lang hebt vor allem vier Aspekte hervor: das kontemplative Element, den Dialogcharakter sowie die Dimensionen der Liebe und Freude: „Es gehört zur Urerkenntnis des religiösen Menschen, dass Gott gelobt werden muss, und zwar nicht einmal, sondern immer (...) Loben ist Homologie, Bekenntnis der Größe und Liebe Gottes und damit synonym mit Leben." Das Lob Gottes sei charakteristisch für das tägliche Leben der Gläubigen, insbesondere für das *kontemplative* Leben. „Das ganze Leben soll eine einzige heilige Liturgie sein. Denn das Lob ist existenzieller Ausdruck des Lebens und wird vom Geistgeschöpf Mensch in Worte gefasst." Gott rufe ins Dasein, eröffne so einen *Dialog*. „Deshalb ist das Leben des Menschen selber die lobende Antwort auf Gottes Schöpfungs- und Heilshandeln." Loben hat wesentlich auch mit *Liebe* zu tun. Sie ist die reine, erfüllte Hingabe an Gott, die sich in Lobpreis und Dank ausspricht. „Der Liebende ist seinshaft der Hymnus, der den Schöpfer preist. So befreit das Lob den Menschen aus dem Kreisen um das eigene Ich." Beten ist Lobgebet. „Loben ist auch Ausdruck der *Freude*. Der liebende Mensch hat an Gott seine Freude."[42]

Der Sonnengesang von Franz von Assisi

Einer der berühmtesten und zugleich wirkungsmächtigsten Texte christlicher Spiritualität, in denen das Staunen über die Wunder der Schöpfung zu höchstem mystischen und zugleich literarischen Ausdruck gelangt, stammt von Giovanni Francesco Bernardone, besser bekannt unter dem Namen Franz von Assisi (1181/82–1226). Gemeint ist der *Sonnengesang* oder *Cantico di frate Sole*, auch *Laudes creaturarum* genannt: eine Hymne an Gott im Blick auf sein grandioses Schöpfungswerk und zugleich ein überschwängliches Lob des Kosmos, der Elemente, der Erde, des Menschen und der Liebe.

Obwohl der Zeitpunkt und die Art der Entstehung des Sonnengesangs bis heute nie ganz geklärt werden konnten, geht man davon aus, dass Franz von Assisi ihn in den düsteren Wintermonaten 1224/25 verfasst hat, als er selbst von schwerer Krankheit geplagt und von inneren Bedrängnissen gequält wurde. In einer verklärten Nacht soll er jedoch von Gott die Zusicherung des ewigen Lebens erhalten haben, woraufhin der Sonnengesang niedergeschrieben wurde. Emmanuel Jungclausen schlägt in seinen *Geistlichen Übungen* folgende (leicht gekürzte) Übung zur „Erfahrung der Fülle" vor:

ÜBUNG:

„Die Übung beginnt mit einem Sich-Hineinspüren in die innere Struktur des Liedes (evtl. durch langsames, halblautes Rezitieren). Der innere Rhythmus ist in den Strophen 1–7 bestimmt vom Lobpreis für die erfahrene Fülle. Diese offenbart sich als Licht, Leben und Güte; letztere auch im Sinne von Nützlichkeit. Ausgangspunkt dieses Lobpreises ist die Sonne. (In den romanischen Sprachen wird die Sonne männlich verstanden, umgekehrt ist der Mond weiblich.) . . . Im Still-Dasitzen lassen wir vor unserem inneren Auge die Dinge und Geschehnisse unseres Lebens erscheinen, die wir beständig als Bereicherung und Erfüllung empfinden: Beruf, bestimmte Situationen, Menschen. Dabei versuchen wir, möglichst klar zu bestimmen, warum wir diese Dinge und Geschehnisse als Bereicherung empfinden, genauso wie es Franz mit den einzelnen Kreaturen tut."[43]

Sonnengesang
„Du höchster, allmächtiger, guter Herr,
dein ist Lobpreis und Ruhm,
Ehre und jeglicher Segen.
Dir allein, Höchster, gebühren sie.
Und keiner der Menschen ist wert,
dich im Munde zu führen.

Sei gelobt, mein Herr,
mit all deinen Kreaturen.
Sonderlich mit der hohen Frau,
unserer Schwester Sonne,
die den Tag macht und mit der du uns leuchtest.
Schön und strahlend im mächtigen Glanz,
ist sie dein Sinnbild, du Höchster!

Sei gelobt, mein Herr,
durch Bruder Mond und die Sterne.
Du hast sie am Himmel geformt
klar, kostbar und schön.

Sei gelobt, mein Herr,
durch Bruder Wind, durch Luft und Gewölk,
durch heitres und jegliches Wetter.
Alle Kreatur belebst du durch sie!

Sei gelobt, mein Herr,
durch Schwester Wasser.
Sie ist so nützlich, gering, köstlich und keusch.

Sei gelobt, mein Herr,
durch Bruder Feuer.
Durch ihn erhellst du die Nacht,
schön ist er, heiter und kraftvoll und stark.

Sei gelobt, mein Herr,
durch unsere Schwester Mutter Erde.

Sie ernährt und versorgt uns
und zeitigt allerlei Früchte,
farbige Blumen und Gras.

Sei gelobt, mein Herr,
durch die, so verzeihen in deiner Liebe,
die Krankheit tragen und Trübsal.
Selig, die da dulden in Frieden.
Von dir, du Höchster, empfangen sie die Krone.

Sei gelobt, mein Herr,
durch unseren Bruder, den Leibestod.
Kein Lebender kann ihm entrinnen.
Weh denen, die sterben in Todessünden.
Selig, die sterben,
geborgen in deinem heiligsten Willen!
Der zweite Tod vermag nichts wider sie.

Lobet und preist meinen Herrn,
danket und dient ihm in großer Demut!"

Zweck und Ziel der Übung (auch bei den folgenden Vorschlägen):
Den Blick des Menschen wieder auf die Wunder der Natur zu lenken, ihn in Verbindung mit der Schöpfung bringen und darüber staunen.

Zeit und Ort:
Jederzeit und überall anwendbar, an einem speziellen Meditationsplatz, vor allem aber auch in der Natur.

Franz von Assisis Sonnengesang ist ein kontemplativ-mystisches Lied par excellence, verfasst von einem Mann, der sich über das Leid in der Welt voll bewusst war, es wie kaum ein anderer selbst an Leib und Seele erfahren musste: Nach Verlassen seiner reichen Familie arbeitete Franz von Assisi in der Pflege von Aussätzigen. Seit 1209 schlossen sich ihm einige wenige Gefährten an, mit denen er den Bettelorden der „Minderen Brüder" schuf. Ein Name, der ihnen vor Augen hielt, dass sie geringer sein sollten als alle anderen – gemäß dem Jesuswort: „Was ihr dem Geringsten unter meinen Brüdern getan habt, das habt ihr mir getan." Später gründete Clara Sciffi (Clara von Assisi) eine Schwesterngemeinschaft und danach einen dritten Orden und insofern den zweiten (weiblichen) Franziskaner-Orden, die Klarissen.

Luis de Granadas Schöpfungshymne

Zur Einübung ins Staunen über die Schönheit und Pracht der Schöpfungswerke eignet sich gleichermaßen ein von dem spanischen Dominikaner und Mystiker Luis de Granada (1504–1588) überlieferter Text. Auch hier lassen sich die Zeilen langsam und halblaut rezitieren. Im Anschluss daran kann man den eigenen Empfindungen nachspüren:

ÜBUNG:

„Wenn uns schon hienieden, im Lande der Toten, die Schönheit und Pracht der Schöpfungswerke mit Staunen und Bewunderung erfüllt: um wie viel herrlicher werden sie dann dort, in der Heimat der ewig Lebenden sein! Wohin wir auch in dieser sichtbaren Welt unsere Blicke wenden mögen, überall bietet sich uns nur Schönes in höchster Mannigfaltigkeit dar. Wie herrlich wölbt sich über unserem Haupte der Himmel! Wie prachtvoll glänzt die Sonne! Wie schimmern so hell der Mond und die Sterne! Und die Erde, die uns trägt, wie schön ist sie! Wie erstaunlich ist die Mannigfaltigkeit der Pflanzen, die sie schmücken! Wie groß die Zahl der Tiere von tausenderlei Gestalten und Farben, die sich auf ihr regen! Wie stimmt es uns zu sanfter Wonne, wenn wir die mit reichen Saaten bedeckten Fluren, die blumenreichen Wiesen, die grünbegrenzten Berge und Hügel, die schattigen Täler, die sprudelnden Quellen, die sich dahinschlängelnden Bäche und Flüsse betrachten! Und wie erhaben und Staunen erregend ist der Anblick der unabsehbaren Fläche des Meeres, das zahllose Wunder in sich fasst! Welche Pracht, wenn Teiche, Seen und Meere gleich ungeheuren Spiegeln uns das Bild des azurblauen Himmels wiedergeben! Wie hehr ist eine heitere Sternennacht! Und was soll ich von all den Schätzen sagen, welche die Erde in ihrem Schoße birgt! Von den reichen Adern reinen Goldes, Silbers und anderer kostbaren Metalle, von all jenen in herrlicher Farbenpracht glänzenden Steinen? Und wer wird nicht von Bewunderung und Entzücken hingerissen, wenn er das in tausenderlei Abwechslungen prangende Farbenspiel der Vögel, Schmetterlinge und Blumen erblickt!"[44]

Luis de Granadas Werke (*Memorial de la vida christiana*, dt. Handbuch christlichen Lebens, 1561, und *Introducción del símbolo de la fe*, dt. Einführung ins Glaubensbekenntnis, 1583) gehörten in Spanien und in anderen katholischen Ländern zu den meist gelesenen Anleitungen einer mystischen Frömmigkeit im 16. Jahrhundert. Sie wurden von der Inquisition zeitweilig verboten, weil sie des so genannten Illuminismus verdächtig waren, einer häretischen Bewegung, die eine personalisierte Frömmigkeit im zurückgezogenen erleuchteten Gebet und eine intensive Bibellektüre betonte.

Die *Hymne an die Materie* und das göttliche Milieu von Pierre Teilhard de Chardin

Unter den Mystikern des 20. Jahrhunderts, die die Wunder der Naturschöpfungen für den Glauben deuteten, gebührt dem französischen Jesuiten, Geologen und Paläontologen Pierre Teilhard de Chardin (1881–1955) ein besonderer Platz. Er unternahm zahlreiche Expeditionen nach Afrika und Asien, gilt als Mitentdecker des „Sinanthropus Pekinensis". Zeitlebens hielt er unbeirrt am tiefen Sinn und der Zielgerichtetheit der Evolution fest, die sich nach seiner Vorstellung von der „Geosphäre" über die „Biosphäre" hin zur „Noosphäre" (Geistsphäre) entwickelt, wobei der auferstandene Christus als Alpha (Schöpfung in Christus) und Omega (Vollendung des Kosmos) den Punkt bildet, auf den alles zustrebt.

Teilhard de Chardins besonderes Anliegen bestand in der Einheit von Glauben und Wissen, was seinen Reflex auch in seinen Werken findet, die sich in naturwissenschaftlich-philosophische Arbeiten (z.B. *Le phénomène humain*, dt. Der Mensch im Kosmos) und in mystischen Schriften (etwa *Le milieu divin*, dt. Das göttliche Milieu) gliedern lassen. Über das Auftreten jener Phänomene, die Teilhard „das göttliche Milieu", die Seinsfreude und die „Diaphanie Gottes" nennt, lesen wir bei ihm: „Eines Tages wird sich der Mensch bewusst, dass er für eine gewisse Wahrnehmung des überall verbreiteten Göttlichen empfänglich geworden ist. Fragt ihn. Wann hat dieser Zustand für ihn begonnen? Er vermöchte es nicht zu sagen. Alles, was er weiß, ist, dass ein neuer Geist sein Leben durchzogen hat. (. . .) Wie jedes Vermögen (je reicher es ist) entsteht der Sinn für das All ungestaltet und unklar. Es widerfährt den Menschen, wie Kindern, die zum erstenmal die Augen öffnen, dass sie die Wirklichkeit, die sie hinter den Dingen geahnt haben, an den falschen Platz verweisen. (. . .) Die Wahrnehmung der göttlichen Allgegenwart ist wesentlich ein Schauen, ein Kosten, d.h. eine Art Intuition, die sich auf gewisse höhere Eigenschaften der Dinge erstreckt. (. . .) Die Anziehung Gottes erfahren, für den Zauber, die Konsistenz und die endgültige Einheit des Seins empfänglich sein, ist die höchste und zugleich die vollständigste unserer ‚Passivitäten des Wachsens'."[45] Diese Themen tauchen bereits in einem frühen, 1919 veröffentlichten Gedicht auf, das den Titel *Hymne an die Materie* trägt – ein Paradebeispiel einer Mystik der offenen Augen.

ÜBUNG:

„Ich segne dich, Materie, und grüße dich, nicht
so, wie dich die hohen Herren der Wissenschaft
und die Tugendprediger verkürzt oder entstellt
beschreiben – eine Zusammenhäufung, so sagen
sie, brutaler Kräfte oder niedriger Neigungen –,
sondern so, wie du mir heute erscheinst, in
deiner Totalität und in deiner Wahrheit.

Du schlägst und du verbindest – du widerstehst
und du beugst dich – du stürzest um und du
baust auf – du verkettest und du befreist – Saft
unserer Seelen, Hand Gottes, Fleisch Christi,
Materie, ich segne dich.

Ich grüße dich, mit schöpferischer Kraft
geladenes, göttliches Milieu, vom Geist bewegter
Ozean, von dem inkarnierten Wort gekneteter
und beseelter Ton.
Trage mich dorthin empor, Materie, durch das
Bemühen, die Trennung und den Tod – trage
mich dorthin, wo es endlich möglich sein wird,
das Universum keusch zu umarmen!"[46]

Es ist nicht übertrieben, wenn man behauptet, dass im abendländischen Raum der Moderne niemand das religiöse Verhältnis zur Welt so kühn zum Ausdruck gebracht hat wie Pierre Teilhard de Chardin. Der soeben zitierte (Übungs-)Text findet sich in der Schrift über *Die geistige Potenz der Materie* und ist nicht nur Zeugnis einer tiefen „Kosmos-Frömmigkeit", sondern auch der Versuch, eine Brücke zwischen abendländischer und fernöstlicher Religiosität zu schlagen, Tradition und Moderne miteinander zu verbinden.

Singendes Blau von Hans Arp als mystische Himmelsmeditation

Eine höchst poetische Einübung ins Staunen und in ein (natur-) mystisches Erleben der Welt stellt auch ein zwischen 1946 und 1948 verfasstes Gedicht des Elsässers Hans (Jean) Arp (1886–1966) dar. In seinem Gedicht *Singendes Blau* widmet sich der der Deutschen Mystik, aber auch den Kunstströmungen des Dadaismus und des Surrealismus nahe stehende Dichter, Maler und Bildhauer der Spiritualität der „typisch himmlischen Farbe" (Wassilij Kandinsky): Blau – die tiefste und am wenigsten materielle Farbe, das Medium der Wahrheit, das Reinheitssymbol, die Transparenz der komprimierten Leere in Luft, Wasser, Kristall und Diamant. Blau – die kühle, beruhigend wirkende Farbe der Ferne, die Farbe des Göttlichen, der Wahrheit und, im Sinne des Festhaltens an der Wahrheit sowie in Bezug auf das festgefügte Firmament des Himmels, die Farbe der Treue und Ehrlichkeit. Blau – die Farbe der Kontemplation, des inneren Friedens, der Gelassenheit und Weisheit.

Der Theologe und Mystik-Kenner Josef Sudbrack merkt dazu treffend an: „Arps Gedicht ist ein Kronzeuge für die Exaktheit der künstlerischen Aussagen, die nicht in der ‚begrifflichen' Schärfe der Wissenschaft (auch der theologischen) ‚begriffen', wohl aber – und recht genau – in ästhetischer Empathie zu realisieren sind. Jede ‚Erklärung' des Gedichts kann nur eine ‚Wittgensteinsche' Leiter sein, die hinführt zur Poesie der Erfahrung, dann aber wegzustoßen ist, um der Erfahrung selbst Platz zu machen. Diese aber ist Licht, ist Klang, ist Duft, ist Schweben, ist Spielen, ist Lachen, ist Echo, ist Sternen- und Blumen-Welt . . . Meditieren kann man das Gedicht, aber nicht be-,greifen'."[47] Sudbrack empfiehlt, dieses Gedicht einfachhin lesend zu genießen und die darin beschriebene Erfahrung zu „schmecken" und zu „riechen", führe das Verbum *sapere* = schmecken doch zum Substantiv *sapientia* = Weisheit!

ÜBUNG:

„Singendes Blau // Duftendes Licht / sanft wie ein sprießender Garten / quillt durch mich. / Es sprüht. / Es duftet. / Ich schreite / leicht und schnell / über lichte ländergroße Blumenblätter. // Die Erde und der Himmel / durchdringen sich. / Das Blau blüht / verblüht / blüht wieder auf. / Duftendes tönendes Licht / durchleuchtet mich / Ich ruhe / vom Licht gewiegt / in der duftenden tönenden / farbig funkelnden Quelle. // Bebende Lichtkronen / sinken um mich nieder / steigen um mich empor. / Sie klingen / wenn sie mich berühren. / Mein Narzissenkleid zerfällt. // Mein Herz / schweift über die Wiese der Sterne / zwischen unzähligen Sternen. / Unter mir blüht es blauer und blauer. // Duftende tönende farbig funkelnde Welten / durchziehen die unendliche Tiefe und Höhe. / Ich ruhe inmitten / spielender schwebender Lichtkränze. / Sie steigen und sinken durch mich. / Ich ruhe überschwänglich / heiter und licht / in der unendlichen Quelle. // Kaum spüre ich noch die Erde. / Der Boden wird blauer und blauer. / Mein Schritt wird leichter und leichter. / Bald schwebe ich. / Singende Sterne wandern mit mir. // Ich fühle die tiefe Höhe / und die hohe Tiefe / über mir und unter mir / mich gewaltig durchdringen. / Licht steigt und

> sinkt durch mich. / Heiter und zart / ruhe ich auf der Erde. // Es klingt / es rauscht / es hallt / es widerhallt / es sprüht / es duftet / und wird andächtig singendes Blau. // Das Blau verblüht zu Licht. // Ich höre / flüstern / klingen / summen / kichern. / Es tönt jetzt schillernd. / Zersplitterndes blendendes Licht. / Zarte Sterne / schlagen Wurzeln in mir. // Zarte Ewigkeiten / schlagen Wurzeln in mir. / Endlich endlich/ darf ich die Zeit vertun / Weilchen um Weilchen / Unendlichkeiten lang / Saumseligkeiten von duftendem Klingen / zwischen überschwänglichen / inneren Sternen / in der unendlich lichten Quelle. // Blumenwolken / Wolkenblumen. / Töne spiegeln sich / ins Unendliche wider. / Blaue Erinnerungen. / Zwischen Höhe und Tiefe / Duft und Bläue / plätschern die gleichen Quellen / an denen ich als Kind träumte."[48]

Für Josef Sudbrack ist das Staunen, wie es hier in eine poetische Form gefasst wurde, aufs Engste mit Meditation und Gebet verbunden. In der Fähigkeit, staunen zu können, erkennt er einen „Grundzug des meditativen Daseins", denn: „Wer staunt, bleibt offen. Und wer im Meditieren staunt, ist auf dem Weg ins Gebet . . . Beten ist ein einziges Staunen darüber, dass Gott so groß ist und in seiner Größe sich dem Menschen, sich mir zuneigt."[49]

Dass die Erfahrung des Staunens über die Existenz der Welt wie des eigenen Daseins in gewissen Augenblicken sich selbst bei Skeptikern und Agnostikern zum mystisch-ekstatischen Erleuchtungserlebnis zu steigern vermag, darüber legt der Dramatiker Eugène Ionesco (1909–1994), einer der Hauptvertreter des absurden Theaters (*Die Nashörner*), Zeugnis ab: „Ich mag in dieser Welt tun, was immer ich will, sie umstürzen, verwandeln, mir einbilden, sie zu verwandeln, sie mir jedenfalls dienstbar zu machen, ich mag auf andere Planeten wandern, es ist immer ‚das', und was ist dieses ‚das'? Nichts geht über das Staunen, dass es ‚das' ist, dass es *ist*, und dass ich da bin. Gelänge es mir, sämtliche Türen zu öffnen, so bliebe doch immer noch die Tür des Staunens, die sich nicht öffnen lässt. (. . .) Was bedeutet es hier zu sein, was bedeutet sein, und warum immer und ewig das Sein: Warum dieses Sein? Plötzlich der schwache Schimmer einer unsinnigen Hoffnung: man hat uns das Leben geschenkt, ‚man' kann es uns nicht wieder nehmen." Er beschreibt ein Jugenderlebnis: „Ich war ungefähr 18, als ich mich in einer kleinen Provinzstadt aufhielt. Es war ein herrlicher Tag, so gegen Mittag. Ein Junitag, Anfang Juni. Ich schlenderte an den niedrigen, ganz weißen Häusern der kleinen Stadt entlang. Was dann geschah, war gänzlich unerwartet. Eine urplötzliche Verwandlung der Stadt. Alles wurde gleichzeitig zutiefst wirklich und zutiefst unwirklich . . . Die Häuser wurden noch weißer und sehr sauber. Etwas ganz Neues, Jungfräuliches kam in dieses Licht, die Welt erschien mir wie unbekannt und doch seit Ewigkeiten bekannt. Eine Welt, die das Licht auflöste und wieder neu schuf. Überschäumende Freude stieg in mir auf, heiß und leuchtend auch sie, es war da eine absolute Gegenwart. Ich sagte mir, dies sei die ‚Wahrheit', ohne diese Wahrheit definieren zu können. Hätte ich versucht, sie zu definieren, hätte sie sich fraglos verflüchtigt. Ich sagte mir auch, da dieses Ereignis eingetreten war, da ich dies durchlebt hatte, da ich alles wusste und zugleich nicht wusste, was ich wusste, würde ich nie mehr unglücklich sein, denn ich erfuhr, dass man nicht stirbt. Ich brauchte nur noch an diese Augenblicke zu denken, um jede künftige Sorge und Angst zu besiegen. Ich hatte die Offenbarung des Wesentlichen erlebt, alles Übrige war unwesentlich."[50] Im Anschluss zitiert Ionesco jemanden, der ihm bestätigte, dass es sich um ein „Satori"-Erlebnis gehandelt hat. Im Zen-Buddhismus bezeichnet man damit die Erleuchtung.

Dergestalt vermag gerade das Staunen über vermeintlich Selbstverständliches dem Menschen gleichsam einen Vorgeschmack dessen zu vermitteln, was Mystikern im „anderen Zustand" (Robert Musil) widerfährt: die absolut gewisse, weil selbst, am eigenen Leib, an der eigenen Seele verspürte Gegenwart Gottes in ausnahmslos allen Dingen. Viele Menschen haben in ihrem Leben bereits die eine oder andere (kleine) mystische Erfahrung gemacht und tragen sie mit sich herum, ohne sie anderen mitzuteilen.

Ein früherer Studienkollege vertraute dem Verfasser ein Erlebnis an, das dieser im Alter von dreiundzwanzig Jahren gemacht hatte: „Ich befand mich auf dem Nachhauseweg. Meine Stimmung konnte zu jenem Zeitpunkt als neutral und entspannt bezeichnet werden, das heißt, es plagten mich weder irgendwelche Sorgen, noch hatte ich besonderen Grund zur Euphorie. Gedankenverloren ging ich einfach meines Weges, der mich zuerst über eine Brücke und dann durch einen Park führte, als sich mir schlagartig, sozusagen aus heiterem Himmel, die Welt in einem anderen Licht, in einem anderen Ton, in einem anderen Duft, kurzum in einem anderen Bezug offenbarte. Plötzlich gewann alles an immenser Lebendigkeit, an Präsenz, an Fülle und Bedeutung – einschließlich meiner selbst. Nichts trennte mich mehr von meiner Umgebung. Ich und Welt, Innen und Außen erreichten eine nie zuvor gekannte Kongruenz. Ich erlebte mich als notwendigen, gleichberechtigten Teil eines harmonischen unendlichen Ganzen. Und gleichzeitig war ich selbst dieses transparente Ganze. Ein unbeschreibliches Gefühl der Leichtigkeit, der Unbekümmertheit, der Daseinsfreude, des Jubels und der Gewissheit, der nicht mehr hinterfragbaren Evidenz breitete sich aus. Alles schien mit mir an einer großen Feier, einem würdevollen, gleichsam in Zeitlupe stattfindenden Tanz teilzunehmen. Alles schien „Ja" zu sagen. Ja! Ja! Ja! Alles war in diesen Augenblicken an seinem absolut richtigen Platz, alles geschah zu seinem absolut richtigen Zeitpunkt, im tiefen gegenseitigen Einverständnis, aus freien Stücken und doch ohne jeden Zweifel zwingend. Alles folgte einer höheren Logik, alles hatte seine Richtigkeit und Berechtigung, sogar der betrunkene Bettler im Park. Mitleid oder Hilfe waren nicht von Nöten. Denn es gab nunmehr weder Gut noch Böse, alle moralischen Kategorien waren auf unerklärliche Weise hinfällig. Hätte mir zu diesem Zeitpunkt jemand meinen unmittelbar bevorstehenden Tod verkündet, ich hätte keinerlei Angst verspürt, hätte ihn vielleicht nur zustimmend angelächelt und ein ‚Na und?' von mir gegeben. Alles war so, wie es gerade war, vollkommen und von nicht zu überbietender Schönheit und Erhabenheit. Es gab nichts mehr zu verändern, nichts mehr zu verbessern und nichts mehr zu wollen. Es gab keine Fragen mehr. Dieser von wechselnder Intensität geprägte Bewusstseinszustand dauerte mehrere Tage an, bevor er sich genauso schnell wieder verflüchtigte, wie er aufgetreten war. Er sollte bislang nicht wiederkehren. Was bleibt, ist eine blasse Erinnerung daran, die sich nur sehr schwer, unzulänglich mit Worten beschreiben lässt, die aber in Krisenzeiten eine tröstliche Wirkung entfaltet. Hatte ich einen Blick ins Paradies geworfen? War es eine Art mystisches Einheits-Erlebnis? Wer wüsste es mit Bestimmtheit zu sagen?"[51]

2. Aus der Tiefe des eigenen Brunnens trinken: Selbsterkenntnis und Selbstannahme als Stufen zur Gotteserkenntnis

„Noverim me, noverim te."
*„Lernte ich doch mich kennen,
lernte ich Dich kennen."*

(Augustinus)

Bei dem Wort „Selbsterkenntnis" klingt immer die ursprüngliche Aufforderung *Gnothi seauton* (= erkenne dich selbst) mit, die in der Antike beim Orakel von Delphi zu lesen war und das Denken von Sokrates, Platon, den Stoikern und Neoplatonikern mitgeprägt hat. Selbsterkenntnis ist aber auch ein zentrales Moment christlicher Mystik. Das überrascht umso mehr, als viele mystische Zeugnisse ganz auf Gott ausgerichtet zu sein scheinen. Obendrein sprechen diese häufig von der Aufgabe, vom „Lassen" des Selbst, des Egos und seiner sich stets erneuernden Wünsche und Begierden. Doch fast alle christlichen Mystiker betonen die Selbsterkenntnis mit solchem Nachdruck, als ob sie sie, ähnlich wie Augustinus, der Gotterkenntnis gleichsetzen würden: „Ein Mensch muss zuerst zu sich selbst zurückfinden, zu seinem Selbst, als wäre es eine Treppe, auf der er zu Gott aufsteigen kann."[52] Selbst- und Gotteserkenntnis bilden für sie zwei Pole ein und derselben Erfahrung, wobei die Selbsterkenntnis nicht nur am Anfang des Weges zur *Unio mystica* steht, sondern den Mystiker – um mit Teresa von Avila zu sprechen – bis in die innersten „Gemächer der Seelenburg" begleitet.

Wie wichtig Selbsterkenntnis für die Gotteserkenntnis ist, streichen bereits die ersten Mönchsväter heraus. So lesen wir bei Klemens von Alexandria (140/50–216/17 v. Chr.), der den Menschen in Stufen von der Selbsterkenntnis zur Gotteserkenntnis aufsteigen lässt: „Es ist also . . . die wichtigste von allen Erkenntnissen, sich selbst zu erkennen; denn wenn sich jemand selbst erkennt, dann wird er Gott erkennen."[53] Und Evagrius Ponticus (345–399), der bedeutende Mönchsschriftstellern und Philosoph: „Willst du Gott erkennen, so lerne dich vorher selbst kennen."[54] In die gleiche Richtung zielt auch Nilus der Asket (gest. ca. 430), ein Mönch und Seelenführer, der den Ratschlag erteilt: „Vor allem erkenne dich selbst. Denn nichts ist schwieriger, als sich selbst zu erkennen, nichts mühevoller, nichts verlangt mehr Arbeit. Doch wenn du dich selbst erkannt hast, dann wirst du auch Gott erkennen können."[55] Als Mittel der Selbsterkenntnis diente vor allem das Gebet: Es war Quelle der Selbsterkenntnis und ein Heilmittel für all die Wunden, die wir heute mit psychologischen Techniken zu heilen versuchen. „Im Gebet erkennt der Mensch alle seine Fehlhaltungen und Krankheiten, und betend erfährt er seine Heilung. Der Beter ist nicht bloß fromm, sondern er wird durch das Gebet auch ein reifer, gesunder, weiser, ein heiler Mensch, ein Mensch, von dem wir heute sagen würden, er hat zu sich selbst gefunden, er ist mit sich identisch geworden, er hat sich selbst verwirklicht."[56]

Auch in der fernöstlichen Spiritualität spielt die Suche nach dem Selbst eine wesentliche Rolle. Über Ramana Maharishi (1879–1950), einer der größten indischen religiösen Persönlichkeiten schreibt Henri Le Saux (1910–1973), der in Südindien den christlichen Ashram Shantivanam gründete: „Jedem, der ihn aufsuchte und ihn aufrichtig fragte, was er tun solle, um spirituell voranzuschreiten, empfahl Sri Ramana generell die Übung des *ko-'ham*, d.h. sich innerlich zu fragen: Wer (bin) ich? Das ist es, was er *atma-vicarana* nannte, die ‚Forschung nach dem *atman*', also die Suche und das Streben nach dem innersten Selbst, jenseits aller seiner äußeren Erscheinungsformen."[57] Nach hinduistischem Verständnis ist *Atman* das wirkliche, unsterbliche Selbst des Einzelnen, das als absolutes Bewusstsein identisch ist mit *Brahman*, dem ewigen, unvergänglichen Absoluten. „Tat Tvam Asi" (Sanskrit = Das bist du), lautet von daher auch einer der bekanntesten und berühmtesten Lehrsätze der Vedanta-Philosophie, der den Schüler die letzte Wahrheit übermittelt: Das Absolute ist mit dir wesensgleich!

Intuitive Selbsterkenntnis auf dem mystischen Weg nach Richard von Sankt Viktor

Selbsterkenntnis ist auch Voraussetzung für die mystische, ekstatische Erfahrung Gottes. So heißt es bei Richard von Sankt Viktor (gest. 1173): „Das Erste ist, dass du das Unsichtbare deines Geistes erkennst, bevor du fähig werden kannst zur Erkenntnis des Unsichtbaren Gottes. Andernfalls, wenn du dich nicht selbst erkennen kannst, wie willst du die Stirn haben, zu erfassen, was über dir ist? ... Als bedeutendsten und wichtigsten Spiegel zum Schauen Gottes findet der vernunft-begabte Geist ohne Zweifel sich selbst vor. Wenn nämlich das Unsichtbare Gottes durch das, was geschaffen ist, erkennbar geschaut wird, wo, frage ich dann, werden die Erkenntnisspuren deutlicher angezeigt als in seinem Ebenbild? Der Mensch ist nach seiner Seele als Gottes Ebenbild geschaffen."[58] In seinem Hauptwerk *Beniamin maior,* einer Abhandlung über die zu Gott aufsteigende Seele, schildert Richard das harmonische Zusammenwirken von Einsicht und Vernunft. Ganz im Sinne philosophisch-theologischer Überlieferung beginnt er mit einer Würdigung der religiös-sittlichen Selbsterkenntnis. Danach führt der Weg immer tiefer in das Reich des Geistigen hinein.

ÜBUNG:

„Das Erste in dieser Betrachtung ist, dass du zu dir selbst zurückkehrst, in dein Herz eingehst und deinen Geist schätzen lernst. Erwäge, was du bist, was du warst, was du sein solltest und was du sein könntest. Was du warst von Natur, was du noch bist durch die Schuld, was du sein solltest durch eigenes Mühen, was du mehr sein könntest durch die Gnade. Lerne auch aus deinem Geiste erkennen, was du an andern Geistern schätzen musst! Das ist die Tür, die Stufe, hier ist der Eingang, dies der Aufstieg, hierdurch tritt man in das Innere ein. (...) Durch diese Übung wächst des Goldes Menge, mehrt sich das Wissen, nimmt die Weisheit zu. Durch diese Übung wird des Herzens Auge gereinigt, wer sich selbst nicht kennt. Es weiß nicht, wie tief zu seinen Füßen die weltliche Herrlichkeit liegt, wer die Würde seiner Seinslage nicht bedenkt. Vollends unwissend, weiß nicht, was vom Engelgeist, was vom göttlichen Geist zu denken ist, wer seinen eigenen Geist nicht zuvor kennt."[59]

Zweck und Ziel der Übung:
Kritische Selbsterforschung, Erkenntnis seiner verborgenen Möglichkeiten und der künftigen Entwicklung, als Vorstufe zur Erkenntnis des Absoluten.

Zeit und Ort (auch bei den weiteren Übungen):
Individuell festgelegter Zeitrahmen, ruhiger Ort, am besten der gewohnte Meditationsplatz.

Richard von Sankt Viktor macht noch auf eine andere Wechselbeziehung aufmerksam: dass die Liebe des Menschen zu Gott und Gottes Liebe zu seinen Geschöpfen sich gegenseitig bedingen (vgl. *De Statu interioris hominis*, dt. Der Zustand des inneren Menschen). Die Liebe ist Urheberin, Triebkraft und Grund des Strebens der Seele zu Gott.

Selbsterkenntnis nach Bernhard von Clairvaux

Bernhard von Clairvaux (1090–1153) war Abt der Zisterzienser, einem Reformorden des benediktinischen Mönchtums. Sein Beiname lautete *Doctor mellifluus*, was so viel wie *honigfließender Lehrer* heißt. Aus burgundischem Adel kommend, wurde er 1112 zunächst Mönch in Citeaux und gründete nur drei Jahre später das Kloster Clairvaux. Er prägte den Orden der Zisterzienser nachhaltig und hatte als Prediger und Politiker europaweiten Einfluss. Ausgangspunkt seiner geistlichen Anweisungen bildet eine berühmte Stelle aus dem Matthäus-Evangelium: „Was nützt es einem Menschen, wenn er die ganze Welt gewinnt, dabei aber sein Leben einbüßt?" (16,26).

ÜBUNG:

„Fange damit an, dass Du über Dich selbst nachdenkst, damit Du Dich nicht selbstvergessen nach anderem ausstreckst. Was nützt es Dir, wenn Du die ganze Welt gewinnst und einzig Dich verlierst? Denn wärest Du auch weise, so würde Dir doch etwas zur Weisheit fehlen, solange Du Dich nicht selbst in der Hand hast. Wie viel Dir fehlen würde? Meiner Ansicht nach alles. Du könntest alle Geheimnisse kennen, Du könntest die Weiten der Erde kennen, die Höhen des Himmels, die Tiefen des Meeres. Wenn Du Dich selbst nicht kennen würdest, glichst Du jemandem, der ein Gebäude ohne Fundament aufrichtet; der eine Ruine, kein Bauwerk aufstellt. Alles, was Du außerhalb Deiner selbst aufbaust, wird wie ein Staubhaufen sein, der jedem Wind preisgegeben ist. Keiner ist so weise, der nicht über sich selbst Bescheid weiß. Ein Weiser muss zunächst in Weisheit sich selbst kennen und als Erster aus seinem eigenen Brunnen Wasser trinken. Fang also damit an, über Dich selbst nachzudenken, und nicht nur dies: lass Dein Nachdenken auch bei Dir selbst zum Abschluss kommen. Wohin Deine Gedanken auch schweifen mögen, rufe sie zu Dir selbst zurück, und Du erntest Früchte des Heils. Sei Du für Dich der erste und der letzte Gegenstand des Nachdenkens."[60]

Zweck und Ziel der Übung:
Konzentriertes Nachdenken, Erkenntnis des eigenen Wesens als Bedingung für die Erlangung von Weisheit.

Johannes Tauler: Beobachte dich selbst!

Auch in der Mystik des Straßburger Dominikaners und Predigers Johannes Tauler (um 1300–1361) bildet die Selbsterkenntnis (*Besich dich selber!* – Beobachte dich selbst!) die unabdingbare Basis für den persönlichen Heilsweg. Die Selbstbeobachtung soll alle Lebensbereiche und Schichten des Menschen einbeziehen und schrittweise verwandeln. Selbsterkenntnis ist asketisches Prinzip. Askese, also Verzicht, Maßhalten, Almosen geben bilden für Tauler den Weg zu Gott.

Tauler, der Mystiker der Lebensnähe, verlangt in seinen *Predigten* eine ebenso schonungslose wie beharrliche Selbstwahrnehmung und -beobachtung, die mithelfen sollen, einen inneren Reinigungs- und Läuterungsprozess in Gang zu bringen. Dazu gehört auch Selbstkontrolle, damit eine heilsame Einsicht in die eigenen Unzulänglichkeiten möglich wird. Beim Äußeren beginnend, soll der Mensch nach und nach zum Inneren, Innersten gelangen, das heißt, er soll – so weit wie möglich – in den eigenen „Grund" absteigen. Von größter Wichtigkeit ist hierbei die Anerkennung der eigenen Geschöpflichkeit, aber auch der eigenen Abhängigkeit und Nichtigkeit. Paradoxerweise führt gerade die Erkenntnis der eigenen Kreatürlichkeit und Nichtigkeit, der unsagbaren Differenz angesichts der göttlichen Unendlichkeit und Seinsfülle zu echter Demut und Gelassenheit – zu einem Zustand, in dem sich der Mensch für das Göttliche öffnen und sich letzten Endes mit ihm zu vereinen vermag.

ÜBUNG:

„(Der Mensch) soll mit allen seinen Kräften sein ganzes Tun lenken und unmittelbar in Gott hineinführen. Dann redet der Mensch keine Lüge. (...) Der Mensch muss auch mit allem Fleiß sich seines Grundes annehmen, denn er lebt sonst verkehrt und betrügt sich selbst. (...) Achte beständig auf dich selbst und wache über deine Worte und dein Benehmen nach außen! (...) Lass dich auf dein Nichtsein fallen und ergreife dein Nichtsein und halte dich daran und sonst an nichts weiter. (...) Wo Gott in der ihm eigenen Weise wirken soll und will, braucht er dazu nichts als das Nichts. (...) Je klarer und unverhüllter und unverhohlener die Nichtübereinstimmung erkannt wird, umso tiefer und innerlicher wird die Übereinstimmung hervorgebracht und damit erreicht."[61]

Zweck und Ziel der Übung:
Selbsterkenntnis und Selbstannahme, das heißt auch Akzeptanz der eigenen Nichtigkeit vor Gott. Wahrheitsgetreue Beobachtung und genaue Prüfung der individuellen Handlungen und deren verborgener Motivationen. Selbstkontrolle.

Der mystische Mensch wäre nach Tauler demnach gleichsam eine „Nichtigkeit, die sich geliebt weiß" (August Brunner). Die Erkenntnis der eigenen Nichtigkeit stellt einerseits die Bedingung für die Anerkennung des Schöpfers dar, andererseits aber auch die Kehrseite der Erfahrung Gottes als der ewigen, unveränderlichen Liebe. Der Mystiker erfährt paradoxerweise beides zugleich: Das Wissen um die eigene Nichtigkeit korrespondiert mit der Liebe Gottes!

Selbstannahme nach Klemens Tilmann

Wie heutzutage Selbsterkenntnis zur Selbstannahme werden kann, dazu empfahl der geistliche Schriftsteller und Meditationslehrer Klemens Tilmann (1904 – 1984) das so genannte „innere Gebet" (vgl. Kapitel 15 *Wie das ruhige Verweilen bei einem guten Freund: Inneres Beten*). Die Übung umfasst drei Schritte, die es nacheinander zu gehen gilt: von der Konfrontation mit den positiven wie negativen Seiten des eigenen Wesens über die bejahende Selbstannahme und Versöhnung mit sich selbst hin zum Vertrauen auf Gott und seine Liebe.

ÜBUNG:

„1. Ich konfrontiere mich mit den Fakten meines eigenen Wesens, der eigenen Geschichte, des gegenwärtigen Zustands. Was darin unerwünscht, aber wirklich unabänderlich ist, damit finde ich mich ab. Gott gibt es mir. Als Aufgabe zur Bewältigung, zum Reifen daran. Ich nehme es von ihm an, bereitwillig. Ich gebe mich seinem Willen hin. – So wird Ruhe und Friede.
2. Ich beginne mein ganzes Wesen mit seinen Höhen und Tiefen zu bejahen. Ich freunde mich damit an. Sage gleichsam: Wir beide müssen zusammen leben. Wir wollen gut zusammenhalten. Wir wollen das Beste aus uns machen. Wir wollen eine vollkommene Einheit werden ...
3. Ich nehme mich als gegeben von Gott an. Von dir! Ich komme ja aus deiner Liebe. Auch wenn ich nicht alles verstehe. Du gibst dich mir. Ich bin mir geschenkt. Als vielfältige Gabe ... Als viel-

fältige Aufgabe ... Ich gebe mich deiner liebenden Absicht hin. Ich will so, wie ich bin, deinen Auftrag erfüllen, dein Werkzeug sein. Ich nehme mich an im Vertrauen auf deine Mitwirkung. Geduldig, demütig, mutig, mit einem tiefen, frohen Ja. Wenn ich mich annehme, nehme ich dich an, deine Absicht, deine Liebe. Mit deiner Liebe kann ich völlig eins werden. Ein tiefes, befreiendes Ja zu mir strömt aus meinem Inneren zu dir hinüber."[62]

Zweck und Ziel der Übung:
Selbstannahme und Daseinsbejahung, also auch bedingungslose Akzeptanz des Unerwünschten, Unabänderlichen als von Gott gewollt und aufgetragen.

Die Selbstannahme ist für alle Menschen von größter Bedeutung. Denn nur wer sich selbst möglichst realitätsnah erkannt und angenommen hat, wird in der Lage sein, andere Menschen so zu akzeptieren, wie sie sind, und diese mithin nicht nur zu tolerieren, sondern auch lieben zu können.

3. Im langen, ruhigen Fluss des Werdens und Vergehens: Meditationen über Vergänglichkeit

„Du siehst, wohin du siehst,
nur Eitelkeit auf Erden.
Was dieser heute baut,
reißt jener morgen ein:
Wo itzund Städte stehn,
wird eine Wiese sein,
Auf der ein Schäferskind
Wird spielen mit den Herden."

(Andreas Gryphius)

Die Vergänglichkeit gehört zum geschöpflichen Sein. Der Mensch ist sich seiner selbst und damit auch der eigenen Sterblichkeit bewusst: Wir sind *mitten im Leben vom Tod umfangen*, wie Martin Luther einen Wechselgesang des 11. Jahrhunderts übersetzt. Stets bedroht das Nichts im Sinne eines Ausbleibens wirklicher Geltung und Dauer unser Leben. „Staub bist du, zum Staub musst du zurück" (Gen 3,19), lautet die alttestamentliche Bestimmung des Menschen, der versucht hatte, sich eigenmächtig Unvergänglichkeit zu verschaffen (Gen 3,4). Ein Wesenszug, um den auch die Psalmen wissen: „Ein Hauch nur ist jeder Mensch" (Ps 39,6). Von dieser Erkenntnis ausgehend, fleht der Beter um Einsicht: „Unsere Tage zu zählen, lehre uns! Dann gewinnen wir ein weises Herz" (Ps 90,12).

Im Anschluss an jüdisches Denken betont auch das Neue Testament wiederholt das Transitorische der Welt und des menschlichen Lebens. Im Gleichnis vom törichten, von falscher Selbstsicherheit erfüllten Bauern (Lk 12, 16–21) etwa wird die kurze Lebensspanne des Menschen seinem überzogenen Besitzstreben gegenübergestellt: „Du Narr! Noch in dieser Nacht wird man dein Leben von dir zurückfordern." Dergestalt verleiht die Vergänglichkeit des Menschen den Entscheidungssituationen des Lebens Einmaligkeit und Unaufschiebbarkeit: „Bedenkt die gegenwärtige Zeit: Die Stunde ist gekommen, aufzustehen vom Schlaf. Denn jetzt ist das Heil uns näher als zu der Zeit, da wir gläubig wurden", schreibt Paulus (Röm 13,11). Mit dem geschärften Blick für jegliche Unwiederbringlichkeit ist die werbende Einladung verbunden, diese Grenzerfahrung auf das Wort Jesu Christi zu überwinden: „Himmel und Erde werden vergehen, aber meine Worte werden nicht vergehen." (Mk 13,31) Vor allem den Werken der Liebe gilt die Verheißung, dass sie nicht schwinden.

Bei allem Ernst wird die biblische Erfahrung der Vergänglichkeit mit der erlösenden Gewissheit verbunden, dass die geschöpfliche Grundbestimmung im Vertrauen auf die Ewigkeit Gottes, die „kommende Welt", und gemäß dem Neuen Testament in der Nachfolge Jesu Christi aufgebrochen wird: „Ich bin überzeugt, dass die Leiden der gegenwärtigen Zeit nichts bedeuten im Vergleich zu der Herrlichkeit, die an uns offenbar werden soll" (Röm, 8,18).

Die Vergänglichkeit aller Dinge und Wesen spielt auch in anderen Religionen eine zentrale Rolle. Dass nichts von Dauer, sondern alles im Fluss von Werden und Vergehen (Sanskrit: *Anitya* = Unbeständigkeit) begriffen ist, bildet im Hinduismus ein Wesensmerkmal der *Maya* (Sanskrit: Täuschung, Illusion, Schein), deren einzige Beständigkeit im Wandel liegt. Im Buddhismus sind Vergänglichkeit und Unbeständigkeit (Pali: *Anicca*) eine Eigenschaft allen bedingten Seins. Unbeständigkeit ist die Grundlage des Lebens, ohne die Dasein schlechterdings nicht möglich wäre. Zugleich gibt es ohne das Erkennen von Vergänglichkeit und Unbeständigkeit keinen Eintritt in den überweltlichen Pfad der Erlösung.

Thomas a Kempis: Denke an den Tod!

Der Augustinerchorherr Thomas von Kempen (1379–1471) hatte mit der *Imitatio Christi* (Nachfolge Christi) das nach der Bibel am häufigsten gedruckte und gelesene Erbauungsbuch der Christen überhaupt vorgelegt: ein in mehr als neunzig Sprachen übersetzter Klassiker der Meditation, der auch nach rund fünfhundert Jahren seine Leserinnen und Leser zu faszinieren versteht: „Die Tatsache, dass (die Nachfolge Christi) in diesem Jahrhundert bei so verschiedenen Persönlichkeiten wie Johannes XXIII. und Dag Hammarskjöld sowie nicht zuletzt in Kreisen der außerkirchlichen religiösen Jugendbewegung neu zu Ehren kam, unterstreicht die Raum und Zeit überwindende Wirkung der Devotio moderna. Josef Sudbrack erblickt in ihr eine ‚gelebte Existenztheologie'."[63] Thomas war der wohl bekannteste Vertreter der *Devotio moderna*, einer religiösen Erneuerungsbewegung, die auf persönliche innerliche Christusfrömmigkeit zielte. Der auch das Ordenswesen der Zeit generell beeinflussenden Devotio moderna ging es um praktische und persönliche Frömmigkeit, um Betonung von Erfahrung und Affekt, also genau um jene Momente, die für die mystische Praxis von besonderer Bedeutung sind.

ÜBUNG:

„Sterblicher, denk ans Sterben! Schnell und schneller als du glaubst, wird es mit dir hinieden geschehen sein. Sieh also zu, wie es um dich steht. Denn heute noch ist der Mensch, und morgen schon ist er nicht mehr, und ist er einmal aus den Augen der Menschen, so ist er auch schnell aus ihrem Gedächtnis entschwunden. Und so mancher, der gestorben war, wurde schneller vergessen, als seine Leiche beerdigt ward. Alles, was du denkst und tust, alles soll so gedacht und getan werden, als wenn du heute noch sterben müsstest. Wenn du heute nicht bereit bist, wie willst du es morgen sein. Der morgige Tag ist ein ungewisser Tag, und wer verbürgt dir, dass du ihn noch erleben wirst? Sei immer bereit und lebe so, dass dich der Tod nie unvorbereitet finden kann, denn oft kommt er zu einer Stunde, da er nicht erwartet wird! So lerne denn jetzt so zu leben, dass die Todesstunde dir mehr Freude als Schrecken bringt. Lerne jetzt der Welt abzusterben und alles Vergängliche zu verschmähen, damit du alsdann, frei von allen Banden, zu Christus heimgehen kannst. Oh, du einfältiger Tor! Was schmeichelst du dir mit der Hoffnung, lange in dieser Welt zu leben, da du auch nicht mit einem einzigen Tag sicher rechnen kannst. Wie viele haben sich mit falscher Hoffnung betrogen und mussten zu einer Stunde, da sie es nicht erwartet hatten, aus dieser Welt scheiden. So sterben alle dahin, und das Leben des Menschen geht wie ein Schatten vorüber."[64]

Zweck und Ziel der Übung (auch bei den folgenden):
Bewusstwerdung der eigenen Vergänglichkeit, Vorbereitung auf den „Tag X", Überwindung der Angst vor dem Tod, Ausrichtung auf Gott und das Ewige Leben.

Zeit und Ort:
Jederzeit nach Belieben und überall, aber auch zur speziell festgelegten Meditationszeit, am gewohnten Ort.

Einige Forscher nehmen an, dass große Teile der *Nachfolge Christi* aus der Feder des Bußpredigers Gerhard Groote (1340–1384) stammen könnten, der in Holland die „Devotio moderna" begründet hat.

Johannes vom Kreuz / Teresa von Avila: „Gott nur genügt"

Nach Teresa von Avilas Tod im Jahre 1582 fand man in ihrem Brevier ein kleines Gedicht, das mit den Worten „Sólo Dios basta – Gott nur genügt" endet. Seitdem hielt man es für eine Dichtung der großen spanischen Mystikerin, zumal es in ihrer Handschrift geschrieben war. Doch mittlerweile machten spanische Karmeliten eine Entdeckung, die darauf schließen lässt, dass die Verse mit hoher Wahrscheinlichkeit aus der Feder von Johannes vom Kreuz (1542–1591) stammen. Es ist nämlich anzunehmen, dass Fray Juan de la Cruz zur Zeit, da er als Beichtvater und Spiritual der Karmelitinnen im Menschwerdungskloster in Avila weilte, diese Zeilen seiner geistlichen Gefährtin geschenkt hat: ganz seiner Gewohnheit entsprechend, den Schwestern kleine Zettel mit Gedanken zur Meditation zu überreichen. Dafür sprechen, wie der Karmelit Reinhard Körner ausführt, nicht nur der im spanischen Original poetisch vollendete Stil und der geistliche Grundgedanke, sondern die für Johannes vom Kreuz typische Wortwahl, zumal „nada – nichts" und „el Todo – alles, das Ganze" häufig wiederkehrende Grundworte seiner Schriften bilden. Schließlich durchzieht das „sólo Dios" wörtlich und gedanklich sein gesamtes Werk.

Die Erkenntnis, dass „Gott nur genügt", nur genügen *kann*, erweist sich in vielerlei Hinsicht als zutreffend, in besonderem Maße jedoch angesichts der Vergänglichkeit der Welt.

ÜBUNG:

„Nichts soll dich verstören,
nichts dich erschrecken,
alles vergeht,

Gott ändert sich nicht.
Geduld
erlangt alles;

wer Gott hat,
dem fehlt nichts.
Gott nur genügt."

Diesen Text kann man aber nicht erklären. „Er erschließt sich erst, wenn man es wie Teresa macht: wenn man mit ihm lebt. Für sie wurden diese Zeilen im Brevier zu einem Leitwort, zu einer Art Rezept des Therapeuten Juan de la Cruz gerade auch für die schweren Stunden und die dunklen Nächte ihres Lebens. Sie hat sich damit Mut gemacht, hat sich daran in Erinnerung gerufen, woher sie die Kraft bekommt, ihren Weg zu suchen und zu gehen. Fray Juan hatte ihr Worte geschenkt, die ihr sagten, was man gerade dann vergessen hat, wenn man es braucht: dass Gott da ist, auch wenn er mir fern zu sein scheint; dass er den Weg weiß, wo ich keinen mehr sehe; dass er Atem hat, wo mir der Atem ausgeht; dass er der Meister ist, ich der hörende und lernende Schüler; dass die Welt, selbst wenn sie aus den Angeln fiele, niemals aus seinen Händen fallen kann."[65]

Simone Weil: Zwischen Zeit und Ewigkeit

„Memento mori!" – „Gedenke, dass du sterben musst!", ist eine Mahnung, die auch für moderne Mystiker nichts von ihrer spirituellen Sprengkraft, aber auch Heilkraft eingebüßt hat. Simone Weil

(1909–1943) kam immer wieder auf die Bereiche Zeit, Sein und Schein, auf Leere, Tod und Ewigkeit zu sprechen. Die folgenden Sätze entstammen verschiedenen Schriften der französischen Philosophin und anarchistischen Mystikerin, deren eigenes dramatisches Leben nur vierunddreißig Jahre währte. Die Aphorismen verstehen sich hier als Textmeditationen, die einzeln oder gesamt meditiert werden können.

ÜBUNG:

„Die Betrachtung der Zeit ist der Schlüssel für das menschliche Leben."
„Der Lauf der Zeit entreißt den Schein gewaltsam dem Sein und das Sein dem Schein."
„Die Gewalt der Zeit zerreißt die Seele; durch den Riss tritt die Ewigkeit ein."
„Die Ewigkeit befindet sich am Ende einer unendlichen Zeit. Schmerz, Müdigkeit, Hunger geben der Zeit die Farbe des Unendlichen."
„Die Zeit ist das Warten Gottes, der um unsere Liebe bettelt."
„Die Wahrheit lieben bedeutet, die Leere zu ertragen und in der Folge den Tod anzunehmen. Ohne ein Sich-Losreißen kann man die Wahrheit nicht mit der ganzen Seele lieben."
„Wir können uns die Existenz nur in der Zeit vorstellen, und folglich gibt es, was uns betrifft, keinen Unterschied zwischen Auslöschung und ewigem Leben, außer im Licht. Eine Auslöschung, die Licht ist, ist das ewige Leben."[66]

Dass der Vergänglichkeit auch ohne jeden mystisch-religiösen Sinnhorizont etwas Janusköpfiges, etwas Zweigesichtiges – und damit nicht nur Leidvolles, sondern ebenso Hoffnungsvolles, Linderndes, ja Erlösendes – anhaftet, darauf macht die Schriftstellerin Maria von Ebner-Eschenbach (1830–1916) aufmerksam: „Der Gedanke an die Vergänglichkeit aller Dinge ist ein Quell unendlichen Leids und ein Quell unendlichen Trostes."

4. Die Herz-Uhr des Menschen oder Von der heilenden Kraft des Augenblicks

„Nur durch die Fülle des gegenwärtigen Augenblicks vermag die Seele wahrhaft genährt, gereinigt, bereichert und geheiligt zu werden."

(Jean-Pierre de Caussade)

Augenblick, Blick der Augen, Blick der Seele, Blick der Ewigkeit ... Der Augenblick bezeichnet nicht nur ein „Zeitmaß" – die zeitliche Begrenzung (im Mittelhochdeutschen der *ougenblic*) –, das mehr qualitativ als quantitativ bestimmt ist. Es ist auch die einzige dem Menschen, auf Abruf zugemessene Zeit, die ihm wirklich verfügbar ist und die er zu ver-antworten hat. Da sich im jeweiligen Augenblick die Situation des „Jetzt" und „Heute" meldet, wird er zum Forum von Entscheidungen, zum Spielfeld des Lebens. Er kann ebenso vertan, vertrödelt wie missbraucht werden. Für Christen kann jeder Augenblick auf dem Pilgerweg durch die Zeit zur Stunde des Heils werden (vgl. Ps 95,7 f; Lk 19, 5.9; 23,43). „Mein Leben ist ein Nu, ein Stundenrinnen, / ein flüchtiger Augenblick, des Flugs Beute, / ich hab, o Herr, auf Erden Dich zu minnen, nur dieses Heute"[67], dichtete die heilige Therese von Lisieux (1873–1897) in Vorahnung ihres allzu kurzen Lebens.

An die christlichen Aussagen über die herausragende Bedeutung des gegenwärtigen Augenblicks knüpften auch abendländische Philosophen an. So reflektiert Blaise Pascal (1623–1662) die fatale menschliche Torheit, entweder in der Vergangenheit oder in der Zukunft, aber nie wirklich in der Gegenwart zu leben: „Wer seine Gedanken prüft, wird sie alle mit der Vergangenheit und der Zukunft beschäftigt finden. Kaum denken wir je an die Gegenwart, und denken wir an sie, so nur, um hier das Licht anzuzünden, über das wir in Zukunft verfügen wollen. Niemals ist die Gegenwart Ziel, Vergangenheit und Gegenwart sind Mittel, die Zukunft allein ist unser Ziel. So leben wir nie, sondern hoffen zu leben, und so ist es unvermeidlich, dass wir in der Bereitschaft, glücklich zu sein, es niemals sind."[68]

Bei dem christlichen Existenzialisten Sören Kierkegaard (1813–1855) bezeichnet der Augenblick die Einheit von Zeit und Ewigkeit. Diesem Gedanken liegt dabei der Glaube zugrunde, dass Gott zu einem bestimmten historischen Zeitpunkt Mensch geworden ist und somit das in die Zeit eingebrochene Ewige das beliebige Jetzt zum einmalig erfüllten Augenblick verwandelt. In existenzieller Hinsicht bedeutet dies, dass der Mensch sich in der Zeit für sein ewiges Selbst entscheiden muss. Für den Existenzphilosophen Karl Jaspers (1883–1969) wiederum stellt der Augenblick einen Aspekt der Geschichtlichkeit der Existenz dar und wird ebenfalls wie bei Kierkegaard als Einheit von Zeit und Ewigkeit begriffen. Existenz heißt für Jaspers das Zusichkommen des Selbst als ein Gegenwärtigwerden von Zeitlosem in der Zeit.

Auch die christliche Mystik spricht von der heilenden, (ver)wandelnden Kraft des „göttlichen Augenblicks", des „stillen Nun" (Gerhard Tersteegen). Jean-Pierre de Caussade (1675–1751) nennt diese Erfahrung „Sakrament des Augenblicks", liegt das Leben doch einzig im gegenwärtigen Moment, ist Gott einzig darin erfahrbar. Daher heißt es, immer wieder zum Augenblick zurückzufinden, eins mit jenem zu werden, was man gerade tut, um nicht nur dem Leben, sondern auch Gott am nächsten zu sein. In die gleiche Richtung zielt auch das, was Simone Weil einmal mit den Worten formuliert: „Der Mensch entgeht den Gesetzen dieser Welt nur für die Dauer eines Blitzes. Augenblicke des Innehaltens, der Betrachtung, der reinen Intuition, der geistigen Leere, des Annehmens innerer Leere. Durch diesen Augenblick ist er des Übernatürlichen fähig."[69] Für die christlichen Mystiker Meister Eckhart, Jean-Pierre de Caussade und in neuerer Zeit Richard Rohr spielte die bewusste Erfahrung des Augenblicks, der Gegenwart als wichtigster „Zeit-Ekstase" (Martin Heidegger) eine herausragende Rolle.

Mit Meister Eckhart Gott im Augenblick erfahren

Wie viele Philosophen und Theologen wurde auch der vielleicht größte deutsche Mystiker Meister Eckhart (1260–1328) nicht müde, in seinen Predigten und Traktaten die Bedeutung des bewusst wahrgenommenen gegenwärtigen Augenblicks für die Erkenntnis des Ewig-Göttlichen zu betonen: eine Erfahrung des Absoluten in ausnahmslos allen Dingen, seien diese auch noch so profan oder banal.

ÜBUNG:

„So sollen auch wir in allen Dingen bewusst nach unserem Herrn ausschauen. Dazu gehört notwendig Fleiß, und man muss sich's alles kosten lassen, was man nur mit Sinnen und Kräften zu leisten vermag; dann wird's recht mit den Leuten, und sie ergreifen Gott in allen Dingen gleich, und sie finden von Gott gleich viel in allen Dingen. (...) Wer Gott recht in Wahrheit hat, der hat ihn an allen Stätten und auf der Straße und bei allen Leuten ebenso gut wie in der Kirche oder in der Einöde oder in der Zelle (...) Ein solcher Mensch trägt Gott in allen seinen Werken und an allen Stätten, und alle Werke dieses Menschen wirkt Gott allein. (...) Ein Mensch gehe übers Feld und spreche sein Gebet und erkenne Gott, oder er sei in der Kirche und erkenne Gott: erkennt er darum Gott mehr, weil er an einer ruhigen Stätte weilt, so kommt das von seiner Unzulänglichkeit her, nicht aber von Gottes wegen; denn Gott ist gleichermaßen in allen Dingen und an allen Stätten und ist bereit, sich in gleicher Weise zu geben, soweit es an ihm liegt; und der nur erkennt Gott recht, der ihn als gleich erkennt."[70]

Zweck und Ziel der Übung (auch bei der folgenden):
Die bewusste Erfahrung des Augenblicks an ausnahmslos allen Orten als Tor zur Erkenntnis Gottes und seiner Allgegenwart.

Zeit und Ort:
Jederzeit nach Belieben und überall, aber auch zur speziell festgelegten Meditationszeit, am gewohnten Ort.

Aufgrund seines kühnen Forschergeistes, seiner klar und kompromisslos formulierten Einsichten in allerhöchste spirituelle Höhen gilt Meister Eckhart – vor allem aus der Sicht Asiens – als ein

„Buddha des Westens". Dieser trat mit achtzehn Jahren in den Predigerorden der Dominikaner ein und wurde Prior des Erfurter Klosters. Nach mehrmaligen Aufenthalten an der Pariser Universität wurde er 1314 Prior des Straßburger Dominikanerklosters und später in Köln Leiter des Ordensstudiums. 1326 eröffnete der Kölner Erzbischof ein Inquisitionsverfahren gegen ihn wegen Verbreitung angeblich „glaubensgefährdender" Schriften.

Jean-Pierre de Caussade oder
Von der Ewigkeit im Augenblick

Der bewusst gelebte und bejahte gegenwärtige Augenblick ist wie ein Spalt zur Ewigkeit. Davon spricht auch der französische Jesuit Jean-Pierre de Caussade (1675–1751). Eine Auswahl seiner Notizen sollte erst 1867, mehr als hundert Jahre nach seinem Tod publiziert werden. Das Buch *L'Abandon à la Providence divine* (dt. Von der Hingabe an die göttliche Vorsehung), fand unverzüglich eine breite Leserschaft. Darin rückt der mystisch-asketische Schriftsteller, der vor allem von Ignatius von Loyola und Johannes vom Kreuz beeinflusst wurde, die „vollkommene Auslieferung an Gott" und seine Vorsehung wieder ins Zentrum der französischen Spiritualität, wobei er die besondere Qualität des momentanen Augenblicks, sein geradezu unerschöpfliches mystisches Potenzial, herausstreicht und zum ständigen Meditationsgegenstand erklärt.

ÜBUNG:

„Wenn wir in jedem Augenblick die Offenbarung des göttlichen Willens zu erkennen verstünden, dann würden wir darin alles finden, was unser Herz begehrt. (. . .) Wenn dir das Geheimnis gegeben ist, ihn in jedem Augenblick und in allen Dingen zu finden, dann hast du das Kostbarste von allem, worauf dein Begehren sich richten könnte. (. . .) Es gibt nicht einen Augenblick, wo ich euch nicht alles finden lassen könnte, was ihr begehren mögt. Der gegenwärtige Augenblick ist stets voll unendlicher Schätze; er enthält mehr, als ihr fassen könnt. (. . .) Jeder Augenblick ist ein Zufriedensein mit Gott allein im Innern des Herzens und zugleich eine vorbehaltlose Hingabe an alles Geschaffene, das überhaupt möglich ist, oder vielmehr an das nach der Weisung Gottes Geschaffene und Erfahrbare. (...) Der gegenwärtige Augenblick gleicht ... einer Wüste, in der die einfache Seele nur Gott allein sieht, sich Seiner freuend und nur mit dem beschäftigt, was Er von ihr will ... Die Seele ist aktiv in allem, was die Pflicht des gegenwärtigen Augenblicks vorschreibt, aber passiv und hingegeben in allem übrigen, wobei sie von dem Ihrigen nichts hinzufügt als die in Frieden vollzogene Erwartung der göttlichen Bewegung. (...) Jeder Augenblick verpflichtet uns zu einer bestimmten Tugend; die Seele, die sich hingegeben hat, ist dieser Verpflichtung treu. (...) In der Hingabe gibt es nur eine Regel: den gegenwärtigen Augenblick. In diesem Zustand ist die Seele leicht wie eine Feder, flüssig wie das Wasser und einfach wie ein Kind: Sie ist beweglich wie eine Kugel, um alle Einwirkungen der Gnade entgegenzunehmen und ihnen zu folgen."[71]

Dass der Augenblick wie bei kaum einem anderen Mystiker eine wichtige Rolle spielt, bringt Romano Guardini in seiner Einleitung zur deutschen Textauswahl auf den Punkt: „Sein (de Caussades) Denken ist ganz vom Begriff der Situation bestimmt, sofern diese den Verdichtungspunkt der lebendigen Führung Gottes darstellt."[72] In die Geschichte der christlichen Mystik, speziell der Jesuitenmystik, ist Jean-Pierre de Caussade als ein „Mystiker innerer Prüfungen und dunkler Nächte" (Gerda von Brockhusen) eingegangen.

Richard Rohr und das *Gebet, ganz präsent zu sein*

Auch in jüngster Zeit verweisen Lehrmeister einer zeitgemäßen christlichen Spiritualität auf die Kraft der bewussten, achtsamen Augenblickserfahrung. Zu ihnen gehört der 1943 in Kansas/USA geborene Franziskaner Richard Rohr. Um „einen ruhigen Punkt in der sich drehenden Welt" (T. S. Eliot) zu finden, empfiehlt Rohr die Kontemplation des Augenblicks als besonders geeigneten Weg zur Erfahrung des Absoluten, und zwar jenseits jeder Ideologie. Der hier abgedruckte Anfang des *Gebets, ganz präsent zu sein* lässt sich laut sprechen oder schweigend meditieren.

ÜBUNG:

„Hilf uns, ganz im Jetzt gegenwärtig zu sein. Das ist das Einzige, was wir haben, und immer darin sprichst du, Gott, zu uns. Dieses Jetzt nimmt alles auf, verwirft nichts und kann daher auch dich, Gott, aufnehmen. Hilf uns, an dem Ort ganz präsent zu sein, vor dem wir am meisten Angst haben, weil er sich immer so leer und so langweilig und so ungenügend anfühlt. Hilf uns, ein wenig Raum zu finden, den wir nicht sofort wieder mit unseren eigenen Einfällen und Vorstellungen ausfüllen. Hilf uns, einen Raum zu finden, in dem du als der Gott der Liebe dich uns Hungrigen und Leeren zeigen kannst. Hilf uns, nicht uns selbst im Weg zu stehen, damit Platz für dich wird. Guter Gott, wir glauben, dass du uns nah bist. Deine Anwesenheit schenkt uns Hoffnung. Wir danken dir für jeden Tag unseres Lebens."[73]

Zweck und Ziel der Übung:
Gebet um die bewusste Erfahrung des Augenblicks an ausnahmslos allen Orten als Offenbarung göttlicher Allgegenwart und Gnade.

Im Zusammenhang mit der besonderen Erfahrung des Augenblicks steht fernerhin die mystische Erfahrung der Zeit im Allgemeinen, denn der Mystiker scheint in einer anderen Dauer als der gewöhnliche Mensch zu leben, wie August Brunner herausstreicht: „Rein zeitlich mag eine mystische Erfahrung sehr kurz sein; sie wird, und mit Recht, dennoch als lange dauernd erlebt, weil sie sich auf einer Ebene vollzieht, die, wie die Selbstgleichheit des Subjekts zeigt, nicht in der gleichen Weise dem Vergehen ausgeliefert ist wie das Verströmen des biologischen Lebens. Im Vergleich zu diesem steht die geistige Dauer gleichsam still."[74]

Die aus der Meditation erwachsene Erkenntnis, dass dem gegenwärtigen Augenblick eine besondere Energie innewohnt, macht sich die fernöstliche Spiritualität von Anfang an zunutze. So sind von Buddha folgende Worte überliefert: „Es gibt nur einen Zeitpunkt, an dem es wichtig ist zu erwachen. Dieser Zeitpunkt ist jetzt." An diese Grundeinsicht knüpft heute auch der vietnamesische Zen-Meister Thich Nhat Hanh (geb. 1926) an, wenn er schreibt: „Unser wahres Zuhause ist der gegenwärtige Augenblick. Wenn wir wirklich im gegenwärtigen Augenblick leben, verschwinden unsere Sorgen und Nöte, und wir entdecken das Leben mit all seinen Wundern."[75] In seinen Schriften weist Thich Nhat Hanh wiederholt auf die weisen Worte seines großen Lehrers Buddha hin, demzufolge das wirkliche Leben – sowohl im profanen wie im sakralen Sinne (!) – im achtsamen Umgang mit dem Hier und Jetzt gefunden werden kann. Wieso? Der gegenwärtige Augenblick ist das Einzige, was wir tatsächlich haben und worauf wir konkret Einfluss nehmen können, denn die Vergangenheit ist bereits entschwunden und die Zukunft noch nicht gekommen.

Dass die Kraft der Gegenwart, das Jetzt eine Art Leitfaden zum spirituellen Erwachen sein kann, darauf hat in jüngster Zeit Eckhart Tolle aufmerksam gemacht. Für den deutschstämmigen, in Kanada lebenden Autor und Lehrer stellt der achtsam gelebte Moment den eigentlichen Schlüssel zur spirituellen Dimension und letztlich zur Erleuchtung dar. Im Anschluss an den christlichen Mystiker Meister Eckhart, der in der Zeit das größte „Hindernis auf dem Weg zu Gott" sah, heißt es bei Tolle: „Die ewige Gegenwart ist der Raum, in dem sich dein gesamtes Leben abspielt, die einzige Kraft, die beständig ist. Leben ist Jetzt. Es gab weder eine Zeit, wo dein Leben *nicht* Jetzt war, noch wird es jemals so sein ... Das Jetzt ist das Einzige, was dich über die Grenzen deines Verstandes tragen kann. Es ist der einzige Zugang zum zeitlosen und formlosen Reich des Seins."[76] Worauf also warten? Der rechte Augenblick, der rechte Zeitpunkt ist immer jetzt!

5. Der Pfeil der Sehnsucht: Ausrichtung auf Gott

*„Wo ich gehe – du / Wo ich stehe – du /
Nur du, wieder du, immer du. /
Du, du du."*

(Martin Buber)

So wie bei Plotin (205–270), dem Begründer des Neuplatonismus, „der Segen der Seele in der Ausrichtung auf Gott liegt", betonen ausnahmslos alle Mystiker die Wichtigkeit der Konzentration des Menschen und die Bündelung all seiner (Seelen-)Kräfte auf Gott. Ein Mensch, der sich von der „Unruhe zu Gott" hin, von einer Himmelssehnsucht erfüllt weiß und den Weg des Mystikers beschreitet, sollte gleichsam Gott allein zu seinem Kompass machen und sich mithin möglichst wenig von seiner geistlichen Reiseroute abbringen lassen. Meister Eckhart rät: „Richte dein Gemüt allzeit auf ein heilsames Schauen: Trage Gott allzeit in deinem Herzen als den einzigen Gegenstand, von dem deine Augen nicht mehr wanken! Was es sonst an Übungen gibt, richte immer auf dieses eine Ziel, und habe ihrer nur so viel, als sie dich dazu zu fördern vermögen; so erreichst du den Gipfel der Vollkommenheit."[77] Und Heinrich Seuse empfiehlt: „Richte deinen Sinn jederzeit auf ein verborgenes Gottanschauen, indem du mich (die Weisheit bzw. Christus) zu allen Zeiten als Gegenstand deiner Betrachtung vor Augen habest."[78] Damit erinnert Seuse an die unablässige Gegenwart des göttlichen Geistes, von dem der Mensch auch dann umgeben ist, wenn er vom profanen Leben in Anspruch genommen wird.

Die chinesische Philosophie des Taoismus gebraucht dafür den Ausdruck: „Das Eine bewahren". Gemeint ist die Sammlung des Geistes, das Richten der Aufmerksamkeit auf das höchste Eine, um schließlich mit ihm zu verschmelzen. Dabei wurde das höchste Eine auch als Gott personifiziert. Friedrich Nietzsche hat im *Zarathustra* das Verlangen und dessen Ausrichtung nach dem Ganz-Anderen besonders anschaulich beschrieben: „Ich liebe die großen Verachtenden, weil sie die großen Verehrenden sind und Pfeile der Sehnsucht nach dem andern Ufer."⁷⁹

Bonaventura und die Lenkung der Seele auf dem Weg mystischer Erleuchtung

Wie man sich selbst in seinem Leben, Tag für Tag, Stunde um Stunde, am besten auf Gott hin ausrichtet, schildert in besonders eindringlicher Art der mittelalterliche Theologe Bonaventura (um 1217–1274).

> ÜBUNG:
>
> „Vor allem anderen tut dir not, meine Seele, dass du zur höchsten Erhabenheit, Güte und Heiligkeit dich erhebest, im Gedanken an Gott, den Höchsten und Besten, – und dass du mit gewissester Zuversicht glaubst, mit tiefschauendem Blick des Geistes, voll Bewunderung, durchdringst ... Wende darauf die Augen des Geistes dem Gesetze Gottes zu, welches gebietet, dass du dem Allerhöchsten ein Herz voller Demut entgegenbringst, dem Allergütigsten ein Herz voll liebender Andacht, dem Allerheiligsten ein Herz, das sich selbst als Opfer weiht. Ein Herz voller Demut sollst du dem Höchsten entgegenbringen durch Ehrfurcht in der Gesinnung, durch Gehorsam in der Tat, durch Ehrerbietung in Wort und Zeichen, so dass du gemäß der apostolischen Vorschrift und Lehre alles zur Ehre Gottes tust. – Ein Herz voll liebender Andacht sollst du dem Gütigen entgegenbringen durch Bestürmung mit glühenden Gebeten, durch Abstattung vielfältigen Dankes, so dass deine Seele beständig zu Gott durch die Wüste emporsteigt, wie eine Säule Rauches aus den Gewürzen der Myrrhe und des Weihrauchs."⁸⁰
>
> *Zweck und Ziel der Übung:*
> Ausrichtung und Aufstieg der Seele zu Gott: durch stetes Denken an ihn, durch Glaubenszuversicht, durch Demut, Andacht und Ehrfurcht, durch Gebet und Dank.

Zeit und Ort (auch bei den folgenden):
Jederzeit nach Belieben und überall, aber auch zur festgelegten Meditationszeit, am gewohnten Ort.

Bonaventura, der „Doctor Seraphicus", wurde in Bagnoregio, südlich von Orvieto, als Sohn eines Arztes geboren und trat während seines Studiums in Paris um 1243 in den Franziskanerorden ein. Es heißt, er solle als Kind durch das persönliche Eingreifen des Franziskus von einer schweren Krankheit geheilt worden sein. Nach über 20jähriger akademischer Laufbahn, zeitweise an der Seite seines Dominikanerfreundes Thomas von Aquin, mit dem er gegen die Universität von Paris kämpfte, die den Predigermönchen und den Franziskanern, also den Bettelorden, das Recht bestreiten wollte, „Lehrstühle" zu gründen und gleichzeitig zu betteln und zu dozieren, wurde er 1257 zum Generalminister des Ordens gewählt. Er versuchte, zwischen dessen auseinander strebenden Flügeln zu vermitteln. 1260 fasste er die seit dem Tode Franz von Assisis erlassenen Vorschriften in eine neue Regel zusammen und schrieb ein Jahr später eine neue, offizielle Legende des Heiligen *(Legenda maior et minor)*. 1273 wurde Bonaventura zum Kardinalbischof von Albano ernannt. Er starb während des zweiten Konzils von Lyon, an dessen Vorbereitung und Durchführung er wesentlichen Anteil hatte.

Bonaventuras mystische Lehre gipfelt in der Erklärung, dass „dreifach die Wege des Geistes nach innen sind, gemäß dem Vorbild der heiligen Dreifaltigkeit: Zuerst müssen wir den Weg der Reinigung beschreiten. Erst danach dürfen wir auf Erleuchtung und die Auserwählten auch auf die Vereinigung mit Gott hoffen".

Unter Hinweis auf Dionysius Areopagita rät Bonaventura: „Verlasse die Sinne und die Tätigkeiten des Verstandes, das Sichtbare und Unsichtbare, jedes Nichtseiende und Seiende, und so führe, soweit das möglich ist, als Nichtwissender alles zur Einheit dessen zurück, der über jedem Wesen und aller Wissenschaft ist . . . Willst du aber wissen, wie das geschieht, dann frage die Gnade, nicht die Wissenschaft; die Sehnsucht, nicht den Verstand; das Seufzen des Gebets, nicht das forschende Lesen; den Bräutigam, nicht den Lehrer; Gott, nicht den Menschen; die Dunkelheit, nicht die Helle; nicht das

Licht, sondern jenes Feuer, das ganz und gar entflammt und durch mystische Salbung und brennende Liebe in Gott umgestaltet."[81]

Mechthild von Hackeborn: Mit allen Sinnen zu Gott

Dass man sich mit dem achtsamen Einsatz seiner fünf Körpersinne – Sehen, Hören, Riechen, Schmecken und Tasten – auf Gott auszurichten vermag, indem man beispielsweise stets und überall der erhabenen Schönheit und Weisheit seiner Schöpfung gewahr wird, lässt sich bei der großen deutschen Mystikerin Mechthild von Hackeborn (1241–1298/99) nachlesen. Sie legt Gott Worte in den Mund, die an die menschliche Seele gerichtet sind:

ÜBUNG:

„Suche mich mit deinen fünf Sinnen und mache es wie ein Gastfreund, der beim Nahen eines sehr geliebten Freundes aus Fenster und Türen Ausschau hält, ob er wohl schon irgendwo des Ersehnten ansichtig werde. So soll die treue Seele in ihren fünf Sinnen, die ihre Fenster sind, mich immerdar suchen. Erblickt sie etwas Schönes und Liebliches, denke sie, wie schön und liebenswert und gut derjenige ist, der dies gemacht hat, und so lenke sie schnurstracks zu ihm, der alles erschuf. Hört sie eine süße Melodie oder sonst etwas, das sie begeistert, denke sie: ach, wie überlieb wird die Stimme dessen sein, der dich einst rufen wird, aus dem jede Anmut und jeder Wohlklang der Stimme ausging ... Und so suche sie auch in allem, was sie selber redet, die Ehre Gottes und das Heil des Nächsten ... Und also soll sie ihn in allen Dingen so lange suchen, bis sie etwas Leises verspürt von der Süßigkeit Gottes. Mit dem Geruch und Getast halte sie es gleicherweise ... Und an welcher Kreatur sie immer sich ergötze, stets behalte sie Gottes Wonnen im Gedächtnis, der all dies Schöne, Erfreuliche und Bezaubernde uns dazu erschuf, dass er alle zur Erkenntnis und zur Liebe seines Gutseins heranlocke und hinbewege."[82]

Zweck und Ziel der Übung:
Ausrichtung auf Gott und Erkenntnis der Schönheit seiner Schöpfung mit den fünf Sinnen oder „Seelenfenster".

Mechthild von Hackeborn war seit 1248 Schülerin im berühmten Kloster Helfta (Eisleben/Sachsen-Anhalt), dem ihre Schwester Gertrud von Hackeborn als Äbtissin vorstand. Ab 1292 teilte sie mündlich ihre mystischen Erfahrungen mit, die dann von zwei Ordensfrauen, eine davon vermutlich Gertrud die Große (1256–1302/03) von Helfta, aufgeschrieben worden sind. Zusammen mit dieser sowie mit Mechthild von Magdeburg (um 1207– um 1282) gehört sie zu jenen Frauen, deren Schriften als Höhepunkt deutscher Frauenmystik gelten.

Sich auf Gott ausrichten mit Nikolaus von Flüe

Wie man sich mithilfe eines kurzen und einfachen Meditationsgebets, das einem Mantra nahe kommt, ganz auf Gott ausrichtet, zeigt der Schweizer Eremit Nikolaus von Flüe (1417–1487), der in der Tradition der durch Meister Eckhart, Johannes Tauler und Heinrich Seuse gekennzeichneten Deutschen Mystik steht. Dieses für seine „Ganzhingabe" typische Gebet hat Nikolaus während seiner zwanzigjährigen Einsiedlerphase verfasst, nachdem er 1467 Frau und zehn Kinder zurückgelassen hatte und im Ranft, unweit seines Bergbauernhofes auf dem Flüeli bei Sachseln (Kanton Obwalden) ein asketisches Leben führte, den viele als Ratgeber aufsuchten. „Bruder Klaus", wie er volkstümlich genannt wurde, vermittelte auch dank seiner moralischen Autorität oft in schwierigen Streitfällen.

ÜBUNG:

„O Herr, nimm von mir,
Was mich wendet von dir.
O Herr, gib auch mir,
Das mich kehret zu dir.
O Herr, nimm mich mir,
Und gib mich ganz zu eigen dir."[83]

Zweck und Ziel der Übung:
Vollständige Ausrichtung auf Gott, Meditationsgebet, das zur „Ganzhingabe" führen will.

Sein Herz zu Gott erheben: der anonyme Autor der *Wolke des Nichtwissens*

Die folgende Übung zur inneren Ausrichtung auf Gott entstammt einem Werk mit dem ebenso geheimnisvollen wie poetischen Titel *Cloud of Unknowing* (dt. Die Wolke des Nichtwissens). Dabei handelt es sich um eine von einem unbekannten englischen Seelenführer verfasste Anleitung für in der Kontemplation Fortgeschrittene. Das Werk ist an einen jungen Übenden adressiert, der die Stufe der Läuterung bereits überwunden hatte. Es gilt als das erste volkssprachliche Zeugnis der westlichen Mystik überhaupt.

ÜBUNG:

„Erhebe dein Herz zu Gott mit einer demütigen Regung der Liebe; meine Gott selbst und keine Seiner Eigenschaften. Empfinde einen Widerwillen davor, an irgendetwas außer an Ihn zu denken, auf dass nichts in deinem Verstande und in deinem Willen wirke als allein Er selbst ... Kein anderes Werk reinigt dich selbst so sehr und macht dich so lauter wie dieses. Dabei ist es von allen das leichteste und am schnellsten zu vollbringende Werk, wenn durch Gnade in der Seele ein spürbares Verlangen entsteht ... Gib also nicht auf, sondern gib dir solange Mühe damit, bis du Verlangen danach empfindest. Denn zu Beginn deiner Übung bemerkst du nichts als eine Finsternis, sozusagen eine Wolke des Nichtwissens, genau weißt du nicht, was das ist, außer dass du in deinem Willen ein von allem entblößtes Verlangen nach Gott spürst. Du magst dich bemühen wie du willst, dennoch bleiben diese Dunkelheit und diese Wolke zwischen dir und deinem Gott und hindern dich, Ihn mit dem Lichte deiner geistigen Verstandeskraft in deiner Vernunft deutlich zu erkennen oder in seliger Liebe in deinem Herzen zu spüren. Mache dich deshalb bereit, in dieser Dunkelheit solange wie möglich zu verweilen und immerfort nach dem, den du liebst, zu rufen; denn wenn du Ihn je fühlen oder sehen können wirst, sofern dies hienieden möglich ist, so kann dies doch immer nur in jener Wolke und Dunkelheit geschehen. Wenn du dich indes eifrig in diesem Werk bemühst, so wie ich es dir rate, glaube ich wohl, dass Gott in Seiner Gnade dir diese erwähnte Schau gewährt."[84]

Zweck und Ziel der Übung:
Ausrichtung auf Gott, „Kultivierung" des Verlangens nach dem Absoluten, Schulung von Beharrlichkeit und Ausdauer, vor allem während „dunkler" Lebensphasen.

Von der Wolke des Nichtwissens sind insgesamt achtzehn Manuskripte überliefert, das älteste aus dem 15. Jahrhundert. Vom 1944 erstmals gedruckten mittelenglischen Text liegen Übersetzungen ins Deutsche, Französische und Japanische vor. Durch letztere wurde auch ein fruchtbarer interreligiöser Dialog mit dem Buddhismus eröffnet.

6. Schonungsloser Wirklichkeitssinn oder Von der Logik der Demut

> *„Nichts ist der wahren Demut näher als der Verstand.*
> *Wegen seines eigenen Verstandes stolz und selbstgefällig zu sein,*
> *ist in dem Augenblick, wo man ihn wirklich arbeiten lässt, unmöglich."*
>
> (Simone Weil)

Während die Demut dem Denken der Antike mit wenigen Ausnahmen – Plato, Sokrates und Marc Aurel – kaum zu Eigen war und meistens nur im negativen Sinne Erwähnung fand (griech. *tapeinoes* = Niedrigkeit), stellt sie für das Juden- wie für das Christentum eine Tugend, ja zuweilen sogar den Urgrund aller Tugend dar. Demut bildet nicht weniger als die Grundhaltung des Menschen, der seine seinsmäßige, existenzielle Abhängigkeit von Gott er- und anerkennt. Sie bedeutet, dem Willen Gottes zu gehorchen, vor Gott recht zu leben.

Der Demutsbegriff des Neuen Testaments ist von der Person Jesu geprägt, von seiner eschatologischen Predigt („Das Reich Gottes ist nahe") und seinem Verhältnis zu Gott, dem Vater, das durch selbstlose Liebe bis in den Tod, absoluten, freiwilligen Gehorsam und Wissen um die unauflösbare Verbindung mit dem Vater bestimmt ist. Demut ist auch Fernsein von (geistlicher) Selbstüberhebung oder Hybris, die von vielen Meistern des spirituellen Lebens als Mutter aller Sünde angesehen wird. August Brunner schreibt: „Demut ist darum eine grundlegende Haltung der christlichen Mystiker. Ein wahrer Mystiker wird nicht zum Stolz versucht. Zu klar hat er vor Augen, was er durch sich selbst wäre: nichts. Nur Pseudomystiker bilden sich auf ihre Erfahrungen etwas ein. Der echte Mystiker hingegen weiß anschaulich, dass er keine Ansprüche erheben kann. Er will immer und überall das, was Gott will, mag dieser Wille für ihn auch Schweres bedeuten."[85] Demut könnte man in diesem Sinne auch als anbetende Anerkennung der Geschöpflichkeit ansehen.

Demut vor Gott schließt desgleichen asketische Praktiken wie das Geringachten – nicht das *Ver*achten – der eigenen Person mit ein. Gedanken, die im Demutsverständnis des Mönchtums und der Mystik eine wichtige Rolle spielen sollten: Für Aurelius Augustinus ist Christus „fundamentum et doctor humilitas" (Grundlage und Lehrer der Demut). Das Niederringen des Stolzes und das Erkämpfen wahrer Demut sind eine Lebensaufgabe. Demut bildet die Vorstufe wahrer Gottesliebe und -furcht. Die Mönchsväter sahen in der Demut die wirksamste Waffe gegen das Böse. Für Benedikt von Nursia (480–555/60), den Papst Gregor der Große den „Vater des abendländischen Mönchtums" nannte, ist Gehorsam „ohne Verzug" die höchste Stufe der Demut. In der Ausgabe der Benediktregel von 1990 heißt es: „Demütig wird der Mensch, der im Laufe seines Lebens Schritt für Schritt von sich frei wird und Gott immer mehr Raum gewährt. Er vertraut ganz auf Gottes Barmherzigkeit. Benedikt zeichnet im 7. Kapitel seiner Regel diesen Weg im Bild der Leiter. Die Demut führt zu jener Liebe, die alle Furcht vertreibt."[86] Eine Demutsauffassung, die das ganze Mittelalter prägte und durch Bernhard von Claivaux' Schrift *De gradibus humilitatis et superbiae* (dt. Von den Stufen der Demut und des Hochmuts) eine entscheidende Akzentuierung erfuhr. Demut wird nun zur unabdingbaren Voraussetzung des Wirkens Gottes am Menschen durch die Gnade sowie für die mystische Gottesschau. Dieses Demutsideal wurde weiter verbreitet, besonders unter Laienchristen, wozu Thomas von Kempens Schrift *Nachfolge Christi* einmal mehr entscheidend beitrug.

Der anonyme Autor des Mystik-Klassikers *Die Wolke des Nichtwissens* (vgl. voriges Kapitel) versucht das Wesen der Demut mit folgenden Worten zu erfassen: „Demut an sich ist nichts anderes als eine schonungslose Erkenntnis und Erfahrung des eigenen Selbst in seiner Beschaffenheit. Denn wer wirklich erkennt und erfährt, wie er ist, müsste gewiss auch wirklich demütig sein. Zwei Gründe gibt es für diese Demut: der eine ist die schmutzige Erbärmlichkeit und Hinfälligkeit des Menschen ... Der andere Grund ist die überströmende Liebe und Erhabenheit des göttlichen Seins, bei dessen Betrachtung die ganze Natur erbebt, die

Gelehrten sich als Narren entlarven und alle Engel und Heiligen geblendet werden."[87]

Nachdem der Demutsbegriff im Zeitalter der Aufklärung Ende des 18. Jahrhunderts zur „Bescheidenheit" verflachte und Friedrich Nietzsche in seinem *Antichrist* die Demut sogar als „gefährliches, verleumderisches Ideal" diffamierte, hat im 20. Jahrhundert der Philosoph Max Scheler (1874–1928) ihr wieder Bedeutung verschafft. In der Schrift *Zur Rehabilitierung der Tugend* 1923 plädiert der Begründer der modernen philosophischen Anthropologie für eine Ehrfurcht mit der Demut als „innerem Nachvollzug des in Christus sichtbar gewordenen Göttlichen, das freiwillig aus göttlicher Höhe sich zum Diener aller erniedrigt".

Dennoch: Das Wort „Demut" hat keinen allzu guten Klang. Wird es doch meistens lediglich mit kopfloser Unterwürfigkeit und katzbuckelnder Servilität gleichgesetzt. Umso wichtiger erscheint der Hinweis auf die positive Dimension dieser spirituellen Haltung. Echte Demut meint ein zweifaches „Wandeln in Wahrheit" (Teresa von Avila): zum einen ehrlich, wahrhaftig sein. Zum anderen das, was der Karmelitermönch Ulrich Dobhan als „existenzielle Wahrheit" bezeichnet: „Diese existenzielle Wahrheit ist einmal das *Geschaffensein* des Menschen aus Erde, womit seine Vergänglichkeit, seine Begrenztheit in jeder Hinsicht, seine Relativität gemeint ist... Als ein aus Erde gemachtes Lebewesen ist der Mensch letztendlich ein Nichts, als ein von Gott geschaffenes Lebewesen steht ihm die Unendlichkeit und Vollkommenheit Gottes offen. Sich dieser Tatsache bewusst zu sein, ein aus Erde (lat. *Humus*) von Gott geschaffenes Lebewesen zu sein und entsprechend zu leben, das ist letztendlich Demut (lat. *Humilitas*)... Demütig zu sein heißt, sich immer wieder als den, der man ist, mit seinen Licht- und Schattenseiten anzunehmen, ja zu sich zu sagen und nicht ständig in einer vielleicht durchaus gut gemeinten Illusion über sich selbst zu leben." Und Dobhan sagt über die Auswirkungen einer solchen Demut, dass Fromm-Sein in dieser Perspektive dann „nicht eine besondere, neben dem alltäglichen Leben bestehende Haltung oder Dimension (ist), sondern in erster Linie ein der existenziellen Wahrheit des Menschen entsprechendes Leben"[88].

Demut als Fundament geistlichen Strebens nach Bernhard von Clairvaux

In seinen ausgedehnten Reflexionen über das Phänomen der religiösen, insbesondere aber auch der mystischen Erfahrung kommt Bernhard von Clairvaux immer wieder auf die Notwendigkeit einer realistischen Selbsteinschätzung und angemessenen Bescheidenheit, auf eine demütige Lebenshaltung zu sprechen.

ÜBUNG:

„Die Seele muss vor allem zunächst einmal über sich selbst Bescheid wissen. Das ist sowohl um des Erfolgs als auch um des sinnvollen Vorgehens willen notwendig. Um des sinnvollen Vorgehens willen: denn was uns zuallererst einmal vorgegeben ist, sind wir selbst. Um des Erfolgs willen: denn ein solches Wissen bläht nicht auf, sondern stellt den Menschen bescheiden auf den Boden, und das ist die beste Grundlage für das Bauwerk, das man hochziehen will. Nur auf dem soliden Fundament der nüchternen Einschätzung seiner selbst kann ein geistliches Gebäude überhaupt stehen bleiben. Es gibt kaum etwas Wirksameres und Entsprechenderes, um der Seele diese rechte Demut beizubringen, als dass sie sich einfach im Licht der Wahrheit sieht. Die Voraussetzung dafür ist, dass sie sich nichts vormacht und keinen Betrug im Sinne hat, sondern sich ganz nüchtern selbst in den Blick nimmt und sich nicht von sich ablenken lässt."[89]

Zweck und Ziel der Übung:
Realistische Selbsteinschätzung und angemessene Bescheidenheit, sprich eine demütige Lebenshaltung als Grundlage spirituellen Wachsens.

Zeit und Ort (auch in der folgenden):
Jederzeit nach Belieben und überall, aber auch zur speziell festgelegten Meditationszeit, am gewohnten Ort.

Eng verwandt mit der Demut ist die Bescheidenheit. In der Bibel begegnet man den bescheidenen Menschen vor allem in Gestalt des sanften Weisen. Er führt vor Augen, dass Bescheidenheit eine zutiefst spirituelle Gabe ist. Im Umfeld der Bescheidenheit finden sich Begriffe wie Friedfertigkeit, Geduld, Verträglichkeit, Lauterkeit, Rechtschaffenheit, Freundlichkeit, Langmut sowie Güte und Milde. Kurzum, ein im Empfang des Geistes gründender bewusster Verzicht auf Machtmissbrauch, eine am Modell Gottes selbst orientierte Verhaltensweise, die sich die auf dem mystischen Pfad Wandelnden zu Eigen machen sollten.

Demut als Lebenshaltung des Berufenen nach Dag Hammarskjöld

Eine besonders eindrückliche Meditation über Demut, die ins Gebet mündet, findet sich bei dem schwedischen Politiker und Mystiker Dag Hammarskjöld (1905–1961). In einem gewohnt stilisierten, fast chiffrierten Aphorismus, dessen Sinngehalt sich erst bei wiederholter Lektüre und Reflexion erschließt, hebt Hammarskjöld die Bedeutung wahrer Demut für eine (mystische) Lebenshaltung im Gleichgewicht hervor.

ÜBUNG:

„Demut ist im gleichen Grad der Gegensatz zur Selbstdemütigung wie zur Selbstüberhebung. Demut heißt *sich nicht vergleichen*. In seiner Wirklichkeit ruhend ist das Ich weder besser noch schlechter, weder größer noch kleiner als anderes oder andere. Es *ist* – nichts, aber gleichzeitig eins mit allem. In diesem Sinne ist Demut völlige Selbstvernichtung. In der Selbstvernichtung der Demut nichts zu sein und doch in der Kraft der Aufgaben ganz *ihr* Gewicht und *ihre* Autorität zu verkörpern, ist die Lebenshaltung des Berufenen. Vor Menschen, Werk, Gedicht und Kunst geben, was das Ich dabei vermittelt, und, einfach und frei, entgegennehmen, was ihm zukommt an Kraft der inneren Identität. Lob und Tadel, die Winde von Erfolg und Misserfolg, blasen spurlos über dieses Leben hinweg und ohne sein Gleichgewicht zu erschüttern. Dazu hilf mir, Herr."[90]

Zweck und Ziel der Übung:
Die Entwicklung einer ausbalancierten Lebenshaltung angesichts der Erkenntnis eigener Nichtigkeit, aber auch der Verbundenheit mit allem Großen.

Dag Hjalmar Agne Carl Hammarskjöld – so sein vollständiger Name – war von 1953 bis zu seinem Tod 1961 Generalsekretär der Vereinten Nationen und – wir wissen es aus seinen persönlichen Schriften – ein Übender eines im christlichen Sinn demütigen Menschen. Dass damit aber alles andere als ein passives Gehorsamsverhalten gemeint war, davon zeugt seine politische Unabhängigkeit. Hammarskjöld (norwegisch für „Schmiedehammer") ist bis heute der einzige Uno-Chef geblieben, der sich einem Veto im Uno-Sicherheitsrat aus Gewissensgründen entzog: Seinen Vorschlag der Gründung einer Blauhelmtruppe in der Suezkrise legte er 1956 direkt der Vollversammlung vor! Bereits bei seiner ersten Pressekonferenz als Generalsekretär machte er deutlich, dass er an der Spitze des noch jungen Staatenbundes weder dem Westen noch dem Osten einseitig dienen und die Interessen der Entwicklungsländer nicht vernachlässigen wollte.

Die Kraft, auch in politisch heiklen Situationen seinen Überzeugungen zu folgen, fand der nach seinem Tod mit dem Friedensnobelpreis Geehrte im Humanismus und vor allem im Christentum: „Die beiden Ideale, welche die Welt meiner Kindheit beherrschen, sind mir, in völliger Harmonie und den Forderungen unserer heutigen Welt angepasst, in der Ethik Albert Schweitzers entgegengetreten", so Hammarskjöld in einer Radiosendung.

7. Vi(t)a activa: Der Pfad der Nächstenliebe: Von der Vereinbarkeit von Mystik und tätigem Leben

„Jene Liebe ist wahr und lauter und kommt aus einem reinen Herzen und einem guten Gewissen und ungeheuchelten Glauben, mit der wir das Wohl des Nächsten lieben wie unser eigenes."

(Bernhard von Clairvaux)

Wer glaubt, dass der mystische Weg in einem Rückzug in den sprichwörtlichen Elfenbeinturm, in einer gleichsam verinnerlichten Frömmigkeit ohne jedwede praktische Bedeutung besteht, oder dass sich die Erfahrung der Spiritualität bloß auf eine privatistisch-caritativ gedachte Nächstenliebe reduziert, der verkennt eine grundlegende Einsicht, die der Moraltheologe Bernhard Fraling herausstreicht: „Vom Neuen Testament an zeigt sich bei allen bedeutenden Vertretern christlicher Mystik die Überzeugung, dass die Einigung mit Gott den Menschen auch in ein neues Verhältnis zu seiner Umwelt setzt, das ihn befähigt, ‚Gott in allen Dingen zu finden' (Ignatius von Loyola). In der liebenden Begegnung mit Gott bekommt der Mensch – und das ist ein durchgängiges Echtheitskriterium – eine neue Befähigung, die Menschen zu lieben. Gerade hier knüpft christliche Mystik an das an, was Jesus vorgelebt hat. Es gibt in der Zuwendung die Priorität für die, denen sich Jesu Liebe insbesondere zugewandt hat, für die Geringen, die Armen, die Übervorteilten. Nicht selten haben hier Aktivitäten christlicher Mystiker ihre Auswirkung in der Politik gehabt."[91] Mystiker fühlen sich mit der ganzen Menschheit, ja mit der ganzen Kreatur verbunden. Viele von ihnen haben in das kirchliche und politische Leben ihrer Zeit eingegriffen.

Die meisten christlichen Mystikerinnen und Mystiker lehren, dass aus der Via (Weg) beziehungsweise Vita (Leben) contemplativa der Einsatz für die Welt folgt (vgl. den Grundsatz „Ora et labora", „Bete und arbeite" aus der Benediktregel). Sie fordern „eine Einheit von Kontemplation, dem mystischen Weg der Erkenntnis, und Praxis, dem Handeln in der Nachfolge dessen, was sie erkannt haben: die Liebe Gottes – oder besser: in der Nachfolge dessen, den sie erkannt haben und dem sie begegnet sind: dem Mensch gewordenen Gott"[92]. Meister Eckhart betont den Vorzug der Nächstenliebe, der *Agape*, vor allen geistlichen und mystischen Verzückungen. Jacob Böhme (1575–1624) wiederum lehnt den äußeren Rückzug aus der Welt ab, fordert aber zugleich ein im Willen sich vollziehendes Freiwerden von ihr. Eine Haltung, wie sie auch Dorothee Sölle vertritt: Mystik macht auch dort, wo sie sich extrem individualistisch gibt, der Gemeinschaft fähig. „Sie muss und will heraus aus der Privatisierung der Freude, des Glücks, des Einsseins mit Gott. Der Tanz der Gottesliebe kann nicht allein getanzt werden. Er bringt Menschen zusammen. Die Gemeinschaft Gottes . . ." bringt Menschen heraus aus der als harmlos angesehenen ‚rein religiösen' Betätigung."[93] Und über das Verhältnis von Vita contemplativa und Vita activa lesen wir bei der protestantischen Theologin: „Die ‚Hinreise', die in Meditation und Versenkung angetreten wird, ist die Hilfe der Religion auf dem Weg der Menschen zu ihrer Identität. Christlicher Glaube akzentuiert die ‚Rückreise' in die Welt und ihre Verantwortung. Aber er braucht eine tiefere Vergewisserung als die, die wir im Handeln erlangen: eben die ‚Hinreise'."[94] Anders formuliert, es geht um ein wechselseitiges Verhältnis von mystischer Theorie und Praxis: Meditation und Versenkung bilden die Voraussetzung für ein effektives praktisches (politisches!) Handeln in der Welt. Andererseits kann die Praxis als Anstoß, Herausforderung und Widerstand auf den Weg mystischen Erkennens zurückwirken.

Lichtvolle Nächstenliebe nach Wilhelm von Saint-Thierry

Wilhelm von Saint-Thierry (1070/75–1148), erst Benediktinermönch, dann Zisterzienser, enger Freund Bernhard von Clairvaux', ist für die Geschichte der Mystik in zweifacher Hinsicht bedeutsam: Erstens als Biograf Bernhards und zweitens durch seine das gefühlsmäßige Erleben einschließende Glaubenslehre. Erleuchtet durch den Glauben, kann der Mensch, so Wilhelm von Saint-Thierrys Überzeugung, Gott in der Kontemplation begreifen. Wesentlich ist dabei allein die Gottesliebe. Wer die Liebe Gottes erkennt, kann darauf antworten und sich so mit ihm vereinigen. Die Theologin Johanna Lanczkowski verdeutlicht dies so: „Wilhelm von Saint-Thierry negiert mithin die Trennung von mystischer und theologischer Erkenntnis: Der von Liebe zu Gott erfüllte Mensch wird in der Kontemplation des Gefühls der Anwesenheit Gottes teilhaftig; die so erlangte Gotteserfahrung ... ist bleibend."[95] Im Mittelpunkt von Wilhelms Gedanken steht die Vorstellung, dass jede Liebe immer schon eingebunden ist in ein in sie übersteigendes und es transzendierendes Liebeswerben Gottes.

ÜBUNG:

„Wenn wir irgendein Geschöpf so lieben, dass wir es nicht in Beziehung zu Dir bringen, sondern *in sich* genießen wollen, bleibt unsere Liebe nicht wirklich *Liebe*, sondern wird zur ichbezogenen Begehrlichkeit, zur sinnlichen Begierde oder zu etwas Ähnlichem. Sie verliert nicht nur ihre Freiheit, sondern auch den Glanz ihres Namens ... Darin besteht im Grunde jede seiner (des Menschen) Sünden: dass er auf verkehrte Weise genießt und auf verkehrte Weise gebraucht. Er liebt dann irgendetwas oder einen Menschen oder sich selbst ohne Bezug zu Dir, sondern will die Dinge, die Menschen und sich selbst an sich genießen. Der Mensch soll sich des anderen Menschen und seiner selbst erfreuen, aber in Dir. Dich aber, Du Leben aller Leben und Gut aller Güter, soll er in Dir und in sich genießen. Das ist die lebendige und lichtvolle Liebe. Sie ist frei von der Verderblichkeit und macht von ihr frei. Je reiner sie ist, desto süßer ist sie in der Erfahrung, je stärker, desto beständiger in der Wirkung."[96]

Zweck und Ziel der Übung:
Die Praxis wahrer Nächstenliebe als Liebe, die über das Objekt der Liebe stets hinauszugehen und sich ihres transzendenten Bezugs bewusst zu werden versucht.

> *Zeit und Ort (auch bei der folgenden):*
> Jederzeit nach Belieben und überall, aber auch in Form der Selbstreflexion speziell zur festgelegten Meditationszeit, am gewohnten Ort.

Was Wilhelm von Saint-Thierry über die Nächstenliebe im Sinne der Agape sagt, ist für die erotische Liebe zwischen Mann und Frau bedeutsam. Einen anderen wirklich lieben heißt doch nichts anderes, als ihn ganz zu bejahen. Jemanden aber ganz zu bejahen, ihm also unbedingte Bedeutung zuzuerkennen, kann letzten Endes nur, wer den anderen – jenseits egoistischer Triebbefriedigung – „in Gott bejaht". Der russische Philosoph Vladimir Solov'ev (1853–1900) wird diesen Gedanken aufgreifen und in *Der Sinn der Liebe* 1896 entfalten.

Johannes Tauler: Gott im Nächsten lieben

Auf die Erkenntnis, dass Gottes- und Nächstenliebe nicht nur aufs engste miteinander verbunden sind, sondern wechselseitig einander bedingen, weist auch Johannes Tauler (um 1300–1361) hin, der aufgrund seiner regen Predigertätigkeit und seiner Betonung der Orthopraxie als so genannter „Lebemeister" der Mystik gilt. Tauler, Dominikaner in Straßburg, formuliert bildhaft, eindringlich und ermutigend. Die folgenden Zeilen sind als immer währende Übung gedacht.

> ÜBUNG:
>
> „Die wahre göttliche Liebe, die sollst du in deinem Inneren haben, die sollst du erkennen und wahrnehmen an der Liebe, die du nach außen zu deinem Nächsten hast; denn nicht eher liebst du Gott, als bis du findest, dass du deinen Nächsten liebst, wie geschrieben steht: ‚Wie kannst du Gott lieben, den du nicht siehst, solange du deinen Bruder, den du siehst, nicht liebst?' Daran hängen alle Gebote und das Gesetz."[97]

> *Zweck und Ziel der Übung:*
> Die Praxis wahrer Nächstenliebe als untrüglicher Spiegel und genauer „Gradmesser" der eigenen Liebe zu Gott.

Die Liebe zu Gott fängt bei der Liebe zum Mitmenschen an. Liebe zu Gott setzt Nächstenliebe voraus. Das die Via activa und die Via meditativa zusammengehören und letzten Endes ein gemeinsames Ziel verfolgen, hat im 14. Jahrhundert der Franziskanemönch Rudolf von Biberach in seinem Hauptwerk *Die sieben Wege zu Gott* (De septem itineribus aeternitatis) auf den Punkt gebracht: „Obgleich das schauende und das tätige Leben einen ungleichen Weg nehmen, gehen sie doch zu dem gleichen Vaterland. Das tätige Leben nimmt einen mühevollen Verlauf, das schauende Leben hat ewige Freude, die ihm in Ewigkeit nicht genommen wird. In der Schau empfängt man das Reich, im tätigen Leben erwirbt man das Reich ... Wer gute Werke vollbringt, was tut er anderes, als dass er mit seinen geistlichen Füßen zur Ewigkeit geht?"[98]

8. Nichts festhalten, aber sich von der schöpferischen Macht gehalten wissen: Gelassenheit und Vertrauen üben

> *„Alle Unordnung des inneren*
> *und des äußeren Menschen*
> *wird geordnet in der Gelassenheit,*
> *in der man sich lässt*
> *und Gott überlässt."*
>
> (Meister Eckhart)

Der Mensch muss lassen, um gelassen zu werden. Das deutsche Wort „Gelassenheit" wird – wohlgemerkt (!) – zuerst im Zusammenhang mit mystischen Erfahrungen gebraucht. Obzwar die entsprechende Grundhaltung mit den griechischen Idealen der *Apatheia* (Leidenschaftslosigkeit) beziehungsweise *Ataraxia* oder *Tranquillitas animae* (Unerschütterlichkeit und Seelenruhe, die sich durch nichts aus dem Gleichgewicht bringen lässt) in der Philosophenschule der Stoiker verwandt ist, kann sie nicht völlig damit identifiziert werden. Gelassenheit besteht nicht nur in der Abwesenheit von Leidenschaft, sondern bezieht sich vielmehr auf die innerste Mitte des Menschen, wo er sich von Gott gehalten weiß. Sie ist frei von ängstlicher Sorge, weil sie sich im Glauben völlig auf den hin verlassen hat, der tragender Grund unseres Daseins ist. Der Mystiker weiß sich gerade im Nicht-Festhalten, im Loslassen paradoxerweise gehalten. An Stelle der lauernden Daseinsangst tritt eine bislang ungekannte Sicherheit und Beruhigung: „Das sich Getragenwissen in seiner Unmittelbarkeit und leuchtenden Klarheit bewirkt eine Ruhe und eine Erfüllung, die weit über das hinausgeht, was die zeitweilige Ausschaltung der Sorge schon gewähren kann. In seinem Eigentlichsten erfährt sich der Mensch so gesichert, dass er darüber das sich sorgende Bekümmern um sich selbst vergisst, ohne dass darum sein ungegenständliches Wissen um sich selbst verschwände. Zugleich bleibt dieser Grund der menschlichen Willkür entzogen."[99]

Eine sich aufdrängende Parallele zur abendländischen Gelassenheit stellt der in der chinesischen Philosophie des Taoismus gebrauchte Terminus *Wu-wei* („Nicht-Tun") dar. Dieser bezeichnet die Haltung des Nicht-Eingreifens in den natürlichen Lauf der Dinge. Im *Tao Te King* sieht Laotse es als freies Handeln, ohne Begierde und Gerichtetheit, das den Heiligen charakterisiert. Auch im Buddhismus findet sich eine der Gelassenheit ähnliche Haltung: die „Losigkeit". Gemeint ist das Ledig- oder Bloßsein im Sinne eines Nicht-Anhaftens. Der entsprechende Sanskrit- oder Pali-Begriff *Upadana* unterscheidet vier Arten: sinnliches Anhaften, Anhaften an Meinungen, an Regeln und Riten sowie an den Persönlichkeitsglauben.

In der deutschen Mystik steht Gelassenheit für die Befreiung des Menschen vom Ich und vom Unfrieden schaffenden Eigenwillen, für die Ent-werdung, in der die Seele „leer" wird für die Geburt Gottes in ihr. „Befreie dich von allem, was nicht wesenhaft ist, was dich gefangen nehmen, was dir Bedrängnis bringen kann"[100], lautet der Rat Heinrich Seuses im 22. Kapitel seines Weisheitsbuches. Und im *Büchlein von der Wahrheit* beantwortet der Mystiker die Frage nach der rechten Gelassenheit mit dem Hinweis, in dreifacher Weise sein inneres Selbst in den Blick zu nehmen: Zuerst muss der Beter auf die Nichtigkeit seines Ich schauen und bedenken, dass er selbst und das Wesen der Dinge nichtig ist, „weggeströmt und ausgeschlossen" von der einzig wirkenden Kraft. „Sodann sollte der Mensch (in sein eigenes Ich blickend) nicht übersehen, dass bei derselben höchsten Versenkung (in Gott) noch sein eigenes Selbst sich stets seinem eigenen, wirkenden Sein gleich bleibt, sobald es aus der Versunkenheit in Gott zur Welt zurückkehrt und da nicht ganz und gar vernichtet wird. Und schließlich: Dass der Mensch sich entäußere und freien Willens verzichte auf sein Ich in allem, worin er sich je betätigte im Hinblick auf seine eigene Geschöpflichkeit, in unfreier Vielfalt entgegen der göttlichen Wahrheit, in Lieb oder Leid, im Tun oder Lassen, so dass er, ohne nach etwas anderem zu schauen, mit aller Kraft sich in Gott verliere, sich in unwiderruflicher Weise seines Selbst entäußere..."[101]

Die „Gelassenheit", wie sie die Mystiker des 14. Jahrhunderts verstanden, kann heute zum Beispiel mit Geduld, Selbstverleugnung, Gehorsam, Verträglichkeit, Nachgiebigkeit, Selbstbeherrschung, Beherrschung der Begierden und Gottergebenheit wiedergegeben werden. Sie steht somit im Gegensatz zur „Eigenschaft", zur Betonung des eigenen Ichs und der Selbstheit. Mit den im Zen-Geist geschriebenen paradoxen Worten des amerikanischen Dichters Robert Lax: O*pportunity / knocks / but / once // Wait till / it will go away."* – „Die Gelegenheit klopft nur einmal an. Warte, bis sie vorübergeht." (Übers. vom Autor, R. R.)

Gelassenheit als Alltagsübung nach Meister Eckhart

In Meister Eckharts mystischen Schriften ist Gelassenheit ein Schlüsselbegriff. Es ist ein verheißungsvolles wie oft missverstandenes Wort, wie Karin Johne, Theologin und erfahrene Meditations-Leiterin, betont: „Gelassenheit im Sinne der christlichen Mystiker ist alles andere als ein einfaches Laufenlassen der Dinge. Es ist kein Sich-zur-Ruhe-Setzen, weil alles schon irgendwie von allein wird. Im Gegenteil: Gelassenheit im Sinne Meister Eckeharts ist die *höchste Aufgabe, die ein Mensch überhaupt angreifen kann.* Gelassenheit ist für ihn kein Zustand, den ich einmal erreichen und dann erreicht haben könnte, sondern es ist *ein Weg mit einer einzigartigen inneren Dynamik.* Es gibt hier kein anderes Ziel, als auf dem Weg zu bleiben. Mit der Übung der Gelassenheit kommt der Mensch in diesem Leben an kein Ende: ,*Du musst wissen, dass sich noch nie ein Mensch in diesem Leben so weitgehend gelassen hat, dass er nicht gefunden hätte, er müsse sich noch mehr lassen.*' Die Dynamik des Weges selbst ist die Erfüllung."[102] Von Johne stammt auch folgende Übung, die sie im Geiste Meister Eckharts in ihren Seminaren vorschlägt.

ÜBUNG:

„Mit dem Schritt, den ich gehe, verliert das, was ich zurücklasse, an Gewicht und Bedeutung – wenn ich beim Weitergehen das Zurückbleibende wirklich loslasse. Dabei geht es sowohl um ein freiwilliges Mich-Lösen von einer bestimmten Sache oder einem

Menschen – als auch um die Vollendung dieser Ansätze, wo Gott eingreift: Eines Tages wird er mir das nehmen, woran ich mein Herz in falscher Weise gehängt habe. Mir scheint es sogar zu sein, als ob jedes freiwillige Loslassen – wo immer es auch geschieht – vor Gott wie eine ‚Bereitschaftserklärung' angesehen wird, mir von ihm – wenn es Not tut – auch das nehmen zu lassen, was freiwillig zu lassen über meine Kräfte ginge. Und das alles vollzieht sich mitten im Alltag. Für den Menschen, der sich im Blick auf den *einen* Gott selbst um immer größere Einheit bemüht, kann es letztlich auch keine Trennung mehr geben zwischen ‚profanem Alltagsleben' und ‚geistlichem Leben'."[103]

Zweck und Ziel der Übung:
Gelassenheit praktizieren im Sinne des Sich-selbst-Loslassens, im Sinne des Loslassens von anderen Menschen, Dingen und Vorstellungen sowie im Sinne einer totalen Öffnung für Gott.

Zeit und Ort (auch in der folgenden):
Jederzeit und nach Belieben, nicht nur zur festgelegten Meditationszeit, am gewohnten Ort, sondern auch und gerade im Alltagsleben.

Gelassenheit im Sinne Meister Eckharts bedeutet: sich selbst loslassen, um sich mehr und mehr Gott zu überlassen; Einzelne loslassen, um mehr und mehr des Ganzen teilhaftig zu werden; sich öffnen, um sich mehr und mehr von Gott selbst beschenken zu lassen.

Gelassenheit üben mit Jeanne de Chantal

Anweisungen zur Gelassenheit finden sich bei fast allen Mystikerinnen und Mystikern. Besonders eindrücklich sind die Briefe von Jeanne de Chantal (1572–1641), die den Orden der Heimsuchung gründete, unter anderem an Vinzenz von Paul oder Franz von Sales. Sie legte in ihrer spirituellen Praxis besondere Aufmerksamkeit auf Selbstvergessenheit, Demut und Indifferenz: nichts festhalten oder erzwingen; alle Umstände und Ergebnisse Gott anvertrauen; sich ganz Gott überlassen. So schrieb sie an Noël Brulart, einen überbeschäftigten Priester, der voller Pläne und Vorhaben war und den man heute als *workaholic* bezeichnen würde, folgende Zeilen:

ÜBUNG:

„Machen Sie sich über all das keine Sorgen und versuchen Sie, mitten in diesem Kleinkrieg der Zerstreuungen ruhig zu bleiben ... Widmen Sie die vorgesehene Zeit in Ruhe und Frieden dem Gebet, verharren Sie mit Nichtstun in der Gegenwart Gottes und seien Sie einfach damit zufrieden, da zu sein, ohne den Wunsch, seine Gegenwart zu spüren oder ein bestimmtes Gebet zu verrichten, es sei denn, es kommt Ihnen ganz zwanglos. Sitzen Sie einfach da, in innerer und äußerer Ruhe und Ehrfurcht, mit der Überzeugung, dass diese Geduld ein kraftvolles Gebet vor Gott ist ... Kurz gesagt: Wenn man ohnmächtig, unnütz und einfach blank vor Gott und dabei – weil er es fügt – ausgetrocknet und unfruchtbar ist, sollte man damit genauso zufrieden sein, wie wenn man vor Leben sprüht und seine Gegenwart in Leichtigkeit und Andacht genießt. Bei unserem Einssein mit Gott kommt alles darauf an, mit beiden Weisen zufrieden zu sein."[104]

Zweck und Ziel der Übung:
Das Bewahren von Ruhe und Geduld im Bewusstsein der Gegenwart Gottes, auch und gerade in Krisenzeiten.

Zeit und Ort (auch bei den folgenden):
Jederzeit und nach Belieben, nicht nur zur festgelegten Meditationszeit, am gewohnten Ort, sondern vor allem im Alltagsleben.

Die von Chantal betonte Geduld spielt im Christentum eine wesentliche Rolle und meint – verkürzt gesagt – das Standhalten des Glaubens angesichts bedrohlicher Lebenssituationen. Geduld ist Standhaftigkeit, „Darunterbleiben" (griech. *Hypomené*), die als eine „Frucht des Geistes" (Gal 5, 22) erfahren wird. Paulus schreibt im

Römerbrief: „Wir wissen: Bedrängnis bewirkt Geduld, Geduld aber Bewährung, Bewährung Hoffnung" (5,3 f).

Loslassen-Lernen nach Dorothee Sölle

Die evangelische Theologin Dorothee Sölle unterscheidet drei Stadien des Sich-selber-Verlassens: „Das *erste* besteht darin, ‚diese' oft auch ‚Fleisch' genannte Welt zu lassen. Der Mensch soll das Hängen am Eigentum, die Sorge für das Fortkommen, das Hängen am Leib, an der Gesundheit und Bequemlichkeit, an der Arbeit und ihren Früchten und an den Lüsten ‚lassen'. Heute werden in spiritueller Erfahrung die wichtigsten kulturellen Werte der Gegenwart, wie Ausbildung und Karriere, Besitz und Konsum, Gesundheit und Bequemlichkeit, negiert. Dieses Lassen bedroht zugleich das Ich als den Agenten der immanenten Werte. Das *zweite* Stadium der Gelassenheit besteht darin, dass ich ohne Sorge von mir selber weggehen kann. Ich muss mich nicht festhalten, weder an den Dingen noch an den eigenen Gefühlen, zumal den depressiven ... Ich kann mich verlassen bedeutet auch, ich kann sterben. So gelange ich vom Leben in eine Art Tod. (...) Die höchste Form, des Lassens, die *dritte*, lässt nicht nur die Welt und das Ich, sondern auch ‚Gott', den überkommenen, offenbarten, Heil versprechenden ‚Gott' im Sinne der negativen Theologie. ‚Darum bitte ich Gott, dass er mich quitt mache Gottes' (Meister Eckhart). Das Verlangen nach dem Absoluten hat sich in den Religionen auf vielfältige Weise – sprachlich, sozial, mythisch, ritual – vermittelt, d. h. aber zugleich, es hat sich begrenzt und verendlicht. (...) Die Gelassenheit, die auch Gott lässt, zerbricht diese Begrenzung."[105]
Für Sölle gehört das Sich-selber-Verlassen nach dem Staunen zum bedeutsamen Teil mystischer Wanderung. Stellten das Staunen über die Schöpfung und das Loben Gottes den ersten Anstoß der Reise dar, so bilden das Loslassen falscher Wünsche und Bedürfnisse sowie das „Vermissen Gottes" die andere unvermeidbare Station. Um Unnötiges, der spirituellen Transformation unseres Wesens im Wege Stehendes aufgeben oder überwinden zu können, schlägt sie Folgendes vor:

ÜBUNG:

„Das Loslassen-Lernen beginnt mit einfachen Fragen: Was nehme ich wahr? Was lasse ich nicht an mich heran? Was berührt mich? Was wähle ich aus? Wir brauchen ein Stück ‚Entbildung‘ oder Befreiung, ehe wir, um mit Seuse zu sprechen, in Christus gebildet oder transformiert werden können ... Je mehr wir uns auf das Loslassen der falschen Wünsche und Bedürfnisse einlassen, je mehr wir dem Staunen in unserem Alltag Raum geben, desto mehr nähern wir uns dem an, was die alte Mystik ‚Abgeschiedenheit‘ nannte: ein gelebtes Abschiednehmen von Gewohnheiten und Selbstverständlichkeiten unserer Kultur.[106]

Zweck und Ziel der Übung:
Loslassen falscher Wünsche, Bedürfnisse und Gewohnheiten, um Raum für Neues zu schaffen.

Mit der „Abgeschiedenheit" wird jene äußere (räumliche), aber auch innere (seelische) Distanz thematisiert, die der Mystiker zur kreatürlichen Wirklichkeit hat. Als zentraler Begriff der Dominikanermystik erfuhr die Abgeschiedenheit sodann bei Meister Eckhart seine genauere Bestimmung: „Wer ungetrübt und lauter sein will, der muss eines haben: Abgeschiedenheit. Viele Lehrer rühmen die Liebe als das Höchste. (...) Ich aber stelle die Abgeschiedenheit noch über die Liebe. (...) Jedes Wesen ist gern an seiner natürlichen, ihm eigenen Stätte. Gottes natürliche, eigenste Stätte ist Einheit und Lauterkeit; und die beruhen auf Abgeschiedenheit. Darum kann Gott nicht umhin, einem abgeschiedenen Herzen sich selbst zu geben. (...) Abgeschiedenheit steht dem bloßen Nichts so nahe, dass es nichts gibt, was fein genug wäre, um in ihr Raum zu finden, außer Gott: der ist so einfach und fein, dass Er in einem abgeschiedenen Herzen wohl Platz findet."[107] Im Weiteren stellt Eckhart die Abgeschiedenheit auch über Demut und Barmherzigkeit.

9. Wie eine Schildkröte: Das Einziehen der Sinne zu Beginn kontemplativer Versenkung

„Wir träumen von Reisen durch das Weltall:
ist denn das Weltall nicht in uns?
Die Tiefen unseres Geistes kennen wir nicht.
– Nach innen geht der geheimnisvolle Weg.
In uns, oder nirgends ist die Ewigkeit mit ihren Welten,
die Vergangenheit und Zukunft."

(Novalis)

Der Vorgang spiritueller Versenkung im Sinne eines unmittelbaren Erfahrens der eigenen Seelentiefe, des eigenen Wesens und in der Folge auch des Absoluten gehört zu den menschlichen Grunderfahrungen. Was zeichnet diese aus? Der Weg nach innen geht in den vielfältigen mystischen Strömungen der Welt einher mit einer zeitweiligen Unterbrechung der Sinnestätigkeit, einer Aufhebung der Sinnesqualitäten während der Meditation oder Kontemplation, wie es ja bereits die Etymologie des Wortes *Mystik* – „Augen und Mund verschließen" – nahe legt. Der Übende schafft einen Rückzug aus den Dingen, einen vorübergehenden „Weltentzug", und richtet sich auf die Innenwelt aus. Die Sinneswahrnehmungen hören – im Idealfall – ganz auf, ohne dass jedoch das Bewusstsein bei seinem Rückzug ins „Weltlose", dem „Weltüberstieg", schwinden würde.

Es gilt, die Sinne gleichsam „einzuziehen", um sich in sein eigenes Wesen oder in das Göttliche zu vertiefen. Als anschauliches Symbol für diese Form der Konzentration wählte man in Indien die Schildkröte. Sie ist traditionell das Symbol der Weisheit, Geschicklichkeit und Macht. Weil sie sich vollständig in ihr Gehäuse zurückzieht, macht sie gerade anschaulich, dass an die Stelle der äußeren Welt die Innenschau tritt.

Mit Meister Eckhart die Kräfte nach Hause holen

Dass der Dominikaner Meister Eckhart, einer der größten Mystiker Westeuropas, gerade aus asiatischer Sicht zuweilen als „Buddha des Westens" bezeichnet wird, erhält eine gewisse Berechtigung nicht zuletzt vor dem Hintergrund praktischer Meditationsanweisungen, die an fernöstliche spirituelle Übungsmethoden erinnern. Zu Beginn der *Yoga-Sutras* von Patanjali, dem „Urvater des Yoga", beispielsweise weist dieser die Übenden darauf hin, wie wichtig es ist, die Wahrnehmung äußerer Objekte zu beschränken während der Meditation, um schließlich in einen Zustand vollkommener Stille zu gelangen: „Yogas-Citta-Vrtti-Nirodhah" = „Yoga ist das Verhindern der Modifikationen des denkenden Prinzips." Von nichts anderem scheint auch Meister Eckhart zu sprechen.

ÜBUNG:

„Die Seele hat sich mit all ihren Kräften zerteilt und zerstreut in äußerliche Dinge: die Sehkraft in die Augen, die Hörkraft in die Ohren, die Schmeckkraft in die Zunge; so sind sie weniger geeignet, innerlich zu wirken, denn jede Kraft, die zerteilt ist, ist unvollkommen. – Wenn nun die Seele innerlich tätig sein will, so muss sie alle ihre Kräfte nach Hause holen und sie von den sie zerstreuenden Dingen sammeln. Wenn ein Mensch ein innerlich Werk tun will, so muss er all seine Kräfte in sich selbst gießen, gleichsam in einen Winkel der Seele, und muss sich verbergen vor allen Bildern und Formen – dann kann er innerlich wirken."[108]

Zweck und Ziel der Übung:
Bewusste zeitweise Abkehr von der zerstreuenden Außenwelt durch Unterbrechung der Sinnes- und Gedankentätigkeit.

Zeit und Ort (auch bei den folgenden):
Zur festgelegten Meditationszeit, am gewohnten (ungestörten) Meditationsort.

Mit dem Schutz vor den „Bildern und Formen" meint Meister Eckhart jedoch nicht nur eine Reduzierung überflüssiger Ablenkungen, eine Entwöhnung von der Sinnenwelt. Die geforderte Bildaskese bezieht sich auch auf die Seele selbst, wodurch die unablässig dem Inneren entspringenden Fantasien und Gedanken im Zaum gehalten werden sollen, was noch viel schwieriger ist (vgl. Kapitel 19)!

Versenkungsübung nach Johannes Tauler

Warum es für den Menschen überhaupt wichtig ist, sich nach innen zu wenden und nach dem innersten Grund zu suchen, schildert Johannes Tauler in seiner 37. Predigt: „Das äußerliche Suchen, mit dem der Mensch Gott sucht, besteht in äußerer Übung guter Werke mancherlei Art ..., vor allem durch Übung der Tugenden, als da sind Demut, Sanftmut, Stille, Gelassenheit und andere Tugenden, die man übt oder üben kann. – Aber die andere Art des Suchens liegt weit höher. Sie besteht darin, dass der Mensch in seinen Grund gehe, in das Innerste und da den Herrn suche, wie er es uns selbst angewiesen hat, als er sprach: ‚Das Reich Gottes ist in euch.' Wer dieses Reich finden will – und das ist Gott mit all seinem Reichtum und in seiner ihm eigenen Wesenheit und Natur –, der muss es da suchen, wo es sich befindet: nämlich im innersten Grunde (der Seele), wo Gott der Seele näher und inwendiger ist, weit mehr als sie sich selbst."[109] Tauler zufolge findet der Mensch nur im einkehrenden Sich-Einlassen auf den Seelengrund, auch Gemüt genannt, zur Einheit mit Gott, also zur *Unio mystica* mit dem Absoluten.

ÜBUNG:

„Der Mensch soll sich in der Nacht und unter Tags stets eine gute Zeit nehmen, und in der soll er sich in seinen Grund hinein versenken, jeder auf seine Weise. Die edlen Menschen, die sich in Lauterkeit ohne Bilder und Formen in Gott versenken können, sie sollen es tun auf ihre Weise. Und die anderen sollen sich ebenfalls auf ihre Weise eine gute Stunde darin üben; jeder auf seine Weise. (...) Wenn dann der Kopf schwach zu werden be-

> ginnt und die leibliche Natur schwer, so begib dich in dein Gemach, wo die leibliche Natur am wenigsten behindert wird, etwa ans Bett oder darauf, und kehre dich ganz in dich selbst; das kann man besser im Gemach tun als anderswo. Denn wenn man nicht zur Ruhe kommt und die natürlichen Bedürfnisse abgewürgt werden, dann wird man grobsinnig und zerstreut."[110]
>
> *Zweck und Ziel der Übung:*
> Bewusste zeitweise Abkehr von der Außenwelt durch kontemplative Versenkung in die eigenen seelischen Tiefen, (für Fortgeschrittene) möglichst ohne Zuhilfenahme irgendwelcher Bilder und Vorstellungen.

Im Seelengrund sieht Tauler so etwas wie eine vor-gängige Einheit aller seelischen Wirklichkeit im Menschen. Sie ist so gestaltet, dass sie einerseits noch nicht unterscheidet zwischen den Vermögen der Seele. Andererseits ist die Einheit abgründig in sich selbst Geheimnis, ein Ort der Gegenwart des unergründlichen Gottes. Im Sich-Einlassen auf den Seelengrund findet der Mensch zur Einheit mit Gott: „Kehrt euch zum wahren Grunde, wo die wahre göttliche Geburt stattfindet, von der der Christenheit so viel Freude kommt", schreibt Tauler und versteht darunter die „Gottesgeburt des Logos" in der Seele.

Das Einziehen der Sinne im *Buch von der geistigen Armut*

Warum und auf welche Weise der Mensch seine Sinne am besten „bezwingen" kann, schildert der anonyme Autor des *Buchs von der geistigen Armut* aus dem 14. Jahrhundert. Das Werk wird von der Forschung zur Tradition der deutschen oder rheinischen Mystik gerechnet. Unklar bleibt aber, ob die Schrift vielleicht ein Kartäuser, ein Franziskaner oder ein Dominikaner verfasst hat.

In der Unterweisung zum vollkommenen Leben sieht der Übersetzer und Herausgeber dieser Schrift, Niklaus Largier, das wichtigste Motiv: Das Werk enthält die grundlegenden Gedanken der deutschen Mystik des Spätmittelalters. Aus den Spannungsbögen

Mensch/Gott sowie Aktives Leben/Kontemplatives Leben werde versucht, das „Leben des Menschen vor Gott in seiner Ganzheit zu denken".

> **ÜBUNG:**
>
> „Aus drei Gründen muss der Mensch all seine Sinne hineinziehen: Erstens muss der Mensch all seine Sinne hineinziehen und seine Kräfte stilllegen und einzig darauf hören, was Gott in die Seele spricht, damit er die göttliche Liebe erlangt... Aus der Antwort aber, in der die Seele sich selbst wieder ausspricht in Gott, entspringt die göttliche Liebe zwischen ihnen beiden, und in der Liebe, in der Gott die Seele liebt, liebt die Seele Gott, und in dieser Liebe wird Gott wahrhaft geliebt. Zweitens soll der Mensch seine Sinne einziehen und den inneren Menschen wahrnehmen, da das beste Teil des Menschen innen ist... Es ist recht, dass man dem Besten dient und das Schlechteste lässt. Drittens muss der Mensch seine Sinne in sich hineinziehen, da sich der Mensch kaum nach außen wenden kann, ohne dass die Sinne etwas aufnehmen, was unrein ist. Kehren sie dann heim, bringen sie mit sich, was das Haus der Seele unrein macht."[111]
>
> *Zweck und Ziel der Übung:*
> Bewusst vollzogene zeitweise Abkehr von der Außenwelt, um Gottes Wort und Liebe wahrzunehmen, um sich selbst, sein innerstes Wesen zu erkennen und um sich zu reinigen.

Die hier beschriebene Sinnesaskese steht für die meisten Mystiker im Zusammenhang mit einem weiteren Spannungsfeld: innere bzw. geistige Armut und das Leben in Einfachheit. Für die meisten Mystiker, die als Angehörige eines Ordens lebten oder sich nach einer verbindlichen klösterlichen Lebensregel, etwa einem Drittorden, ausrichteten, ist die innere Armut Voraussetzung für die äußere, verwandt der monastischen Weltverachtung, der „contemptus mundi". Das Ideal der geistigen Armut wurde besonders von der rheinischen Mystik entwickelt.

10. Mit dem Körper den Geist sammeln: Atemübungen und Körperhaltung

„Ein Schließen der Augen, der ruhige Atem und der beruhigte Körper,
die absichtlose Hingabe und Überantwortung all dessen,
was man selbst ist – ohne Selbstaufgabe, wohl aber in aller Ich-Freiheit
– ja, dann werden wir der Leucht- und Strahlkraft
des uns einbeziehenden größeren Bewusstseins gewahr,
seiner universellen Liebe..."

(Jean Gebser)

Fallen die Worte „Atemübungen" und „Körperhaltung" im spirituellen Zusammenhang, denken die meisten von uns heute an fernöstliche Meditationspraktiken, wie sie beispielsweise im Yoga, Tai Chi oder Qi Gong geübt werden. Doch wussten auch die alten christlichen Mönchsväter des dritten und vierten Jahrhunderts um das Geheimnis der Atembeobachtung und Körperkontrolle beim Beten und bei der Kontemplation. Ihre Anweisungen zur mystischen Praxis können durchaus als eine Art „Yoga der Ostkirche" betrachtet werden.

Kontemplatives Beten nach Gregor vom Sinai

Die beiden folgenden Übungsanweisungen stammen von Gregorios Sinaites (1255/65–1337), der sich nach seinem Noviziat auf Zypern zuerst zum Katharinenkloster auf dem Sinai begab und dann zum Berg Athos übersiedelte, der heute noch bestehenden Mönchsrepublik auf der griechischen Halbinsel Chalkidiki. Gregor lehrte das Jesusgebet als die sicherste Methode, zu einer intensiven Vereinigung mit dem verklärten Christus zu gelangen. Er empfahl, die äußere Körperhaltung gezielt zur Unterstützung der Praxis des Gebets einzusetzen. Dazu regte er an: Der Schüler möge sich auf einen niedrigen Schemel setzen und „seinen Verstand in das Herz herabziehen", seinen Atem kontrollieren und verlangsamen, damit er sich in den

Rhythmus des Kommens und Gehens des Jesusgebets einfüge. In der *Kleinen Philokalie* – das griechische Wort bedeutet so viel wie „Liebe zur Schönheit" – heißt es:

ÜBUNG:

„Wenn du dich in deiner Zelle niederlässt, sammle deinen Geist, binde ihn an den Atem ... Setze dich auf einen niederen Hocker, sammle deinen Geist, der normalerweise umherschweift, und führe ihn durch deinen Atem, den du mit dem Gebet: ‚Herr Jesus, Sohn Gottes, erbarme dich meiner' verbindest, in deine innere Mitte. Hesychius schon hat das gelehrt, indem er sagte: ‚Verbinde mit deinem Atem den Namen Jesus.'... Ein Mensch, der das (kontemplative Gebet) lernen möchte, sollte wissen, dass wenn man den Geist daran gewöhnt hat, durch das Einatmen in die innere Mitte zu kommen, man auch praktisch gelernt hat, ihn in dem Augenblick, in dem er sich anschickt in die innere Mitte zu gelangen, von jeglichem Gedanken befreit zu haben, so dass er einfach wird und bloß, frei von allen Erinnerungen außer jenem Ruf zu Jesus Christus ... Trotz der Unbequemlichkeit bleibe beharrlich längere Zeit auf deinem Schemel sitzen, dann erst strecke dich auf deinem Lager aus, aber nur selten, so nebenbei, um dich zu entspannen. Du wirst geduldig sitzend ausharren. Aus Bequemlichkeit oder wegen des fühlbaren Schmerzes darfst du nicht eilen, dich zu erheben."[112]

Zweck und Ziel der Übung:
Konzentration des Geistes mit Hilfe einer Atemtechnik, die an das kontemplative Gebet, hier das Jesusgebet, gekoppelt wird.

Zeit und Ort (auch bei den folgenden):
Zur festgelegten Meditationszeit, am gewohnten Ort, am besten auf einem niederen Hocker sitzend.

Die Beherrschung des Atems gilt als bewährtes Mittel zur Beruhigung des Geistes. Sie sollte dem Zweck dienen, die Gedanken, die zur Zeit des Gebets oft wie wild rasen, zur Ruhe kommen zu lassen und den Mönch auf die Gegenwart Christi zu konzentrieren, dessen Anwesenheit schließlich durch ein deutliches „Warmwerden des Herzens" spürbar und erfahrbar wird. Und so rät Gregor vom Sinai:

ÜBUNG:

„Beherrsche das Atmen der Lunge so, dass sie nicht nach Belieben atmet. Das ungestüme Atmen, das wie ein Sturm über das Herz kommt, verdunkelt den Geist und beunruhigt die Seele. Soweit du kannst, halte deinen Atem zurück, schließe ihn fest in dein Herz und übe ohne Unterbrechung das Jesusgebet."[113]

Zweck und Ziel der Übung:
Kontrolle des Atmens zur Beruhigung von Geist und Seele, sodann Verlängerung der Atempausen bei gleichzeitiger Ausübung des Jesusgebetes.

„Richtiges Atmen" beim Beten nach Gregor Palamas

Gregor Palamas (1296–1359), der Athos-Mönch und spätere Erzbischof von Thessaloniki, brachte die asketisch-mystische Gebetspraxis des Hesychasmus als Erfahrungstheologie zur Vollendung. Er wollte durch „richtiges Atmen" zur Ruhe des Bewusstseins und zum Erwachen des Geistes führen.

ÜBUNG:

„Wenn wir wirklich innere Menschen und echte Mönche werden wollen, müssen wir notwendigerweise unseren Geist im Innern des Körpers gesammelt halten. Es ist also keineswegs falsch, die Novizen anzuhalten, auf sich selbst zu achten und ihren Geist zugleich mit dem Atem auf sich selbst zu richten. Es ist doch eine Tatsache, dass bei denen, die zum ersten Male den geistlichen Kampfesplatz betreten, der Geist nicht so sehr gesammelt als zerstreut ist und dass es einer gewaltigen Kraft bedarf, um seinen

Widerstand zu brechen. Daher empfiehlt man ihnen, die Atmung zu beherrschen, indem sie die eingeatmete Luft ein wenig anhalten und während dieser Zeit den Geist binden. Das Ein- und Ausatmen führt ganz allmählich zur Einkehr des Geistes in sich selbst."[114]

Zweck und Ziel der Übung:
Sammlung des zerstreuten Geistes durch Atemkontrolle, das heißt hier durch das kurze Anhalten der eingeatmeten Luft.

Sowohl Gregor Palamas als auch Gregor vom Sinai standen in der Tradition des so genannten „Hesychasmus" (griech. *hesychia* = Ruhe), einer besonderen Form der Spiritualität der Wüste, die seit dem 3. Jahrhundert im ägyptischen und später vor allem im sinaitischen Mönchtum bezeugt ist. Von Gregor Palamas stammt auch folgende prägnante Beschreibung: „Hesychia ist Stillesein des Geistes und der Welt, Vergessen des Niedrigen, geheimnisvolles Erkennen des Höheren, das Hingeben der Gedanken an etwas Besseres, als sie selber sind. So schauen die, die ihr Herz durch solch heilige Hesychia gereinigt und sich auf unaussprechliche Weise mit dem alles Denken und Erkennen übersteigenden Licht vereinigt haben, Gott in sich selbst wie in einem Spiegel."[115] Im Zusammenhang mit dem Hesychasmus darf jedoch eines nicht vergessen werden: „Obwohl man den Begriff ‚Hesychasmus' vor allem mit der auf dem Athos seit dem 13. und 14. Jahrhundert blühenden Praxis des ständigen Jesus-Gebetes verbindet, sind die Wurzeln dieser spirituellen Bewegung im entstehenden Mönchtum zu sehen. Dies betrifft nicht nur die Entstehung des Jesus-Gebetes, sondern ebenso die damit verbundene Achtsamkeit, die vor allem im sinaitischen Bereich des 6. und 7. Jahrhunderts stark betont wurde . . . Kaum erwähnt . . . ist die Tatsache, dass auch die entsprechende Haltung des Sitzens im frühen anachoretischen Mönchtum schon geübt wurde."[116] Wie der Autor weiter ausführt, besteht dieses Kellion-Sitzen der Wüstenväter (von griech. *kellion* = Mönchszelle) in koptischen Klöstern heute noch als monastische Tradition weiter.

Generell lässt sich sagen, dass es auch in der Geschichte christlicher Mystik Tendenzen gegeben hat, gewisse praktische Bereiche christlicher Spiritualität zu verbergen, also die im ursprünglichen Wortsinn „esoterische" Natur dieser Lehren ganz bewusst zu bewahren. So bekennt Evagrius Ponticus (345–399): „Wir werden hier sicherlich nicht alles berichten, was wir gesehen oder gehört haben, jedoch alles, was die Väter uns gelehrt haben, anderen mitzuteilen ... Um nicht ‚das, was heilig ist, den Hunden zum Fraß zu geben, oder unsere Perlen vor die Säue zu werfen', werden einige dieser Dinge geheimgehalten, und über andere wird nur andeutungsweise berichtet, jedoch so, dass diejenigen, die den gleichen Pfad beschreiten, sein Ziel klar erkennen können"[117]: eine Geheimhaltungspraxis (Arkandisziplin), welche die starke Einwirkung der antiken Mysterienkulte im frühen Christentum deutlich macht!

Atem und Körper beim Jesus- oder Herzensgebet der Ostkirche

Emmanuel Jungclaussen, der ehemalige Abt des Benediktinerklosters Niederaltaich, wo seit langem eine Nähe zur Spiritualität der Ostkirche gepflegt wird, beschreibt die ursprüngliche Atem-Methode im Zusammenhang mit dem oben erwähnten Jesus- oder Herzensgebet:

ÜBUNG:

„Sitzen auf einem etwa 17–20 cm hohen Schemel, Kopf und Schultern gebeugt, die Augen in Richtung auf das Herz oder auf den Nabel gerichtet. Die Atmung soll verlangsamt und dabei gleichzeitig mit dem Rhythmus des Gebetes abgestimmt werden. Beim Einatmen ‚Herr Jesus Christus (Sohn Gottes)', beim Ausatmen ‚erbarme dich meiner (über mich Sünder)', dabei sammelt der Beter (der Hesychast) sein Bewusstsein im Herzzentrum. Während er durch die Nase einatmet und den Atem in seine Lunge hinunterleitet, lässt er seinen Geist mit dem Atem ‚hinabsteigen' und sucht inwendig nach dem Ort des Herzens."[118]

Zweck und Ziel der Übung:
Abstimmung des Atemrhythmus' mit dem Jesusgebet, bei gleichzeitiger Konzentration auf die Herz- oder Nabelgegend.

Emmanuel Jungclaussen, 1927 in Frankfurt an der Oder geboren, entstammt einem evangelischen Elternhaus, konvertierte zur katholischen Kirche, studierte katholische Theologie und ließ sich 1953 zum Priester weihen. Zwei Jahre später trat er in die Abtei Niederaltaich ein. Er gehört zu den Mönchen, die dort nach dem Ritus der Ostkirche leben und bekleidete das Amt des Abtes im Benediktinerkloster. Der Verfasser zahlreicher Bücher, Exerzitienmeister und Prediger gilt als Pionier der Ökumene mit der Orthodoxie und den Kirchen der Reformation und hat sich besonders mit den mystischen Strömungen der Ostkirche auseinander gesetzt.

Atemregulierung beim *Vaterunser* nach Ignatius von Loyola

Erstaunlich konkrete und zugleich höchst bemerkenswerte Anweisungen für die Atempraxis beim Beten gibt auch Ignatius von Loyola in seinen *Geistlichen Übungen*. Er unterscheidet drei verschiedene Weisen zu beten: Während sich die erste Weise an den Zehn Geboten orientiert, besteht die zweite Gebetsweise in der Betrachtung *(span. contemplación)* des Sinnes jedes einzelnen Wortes im Beten. Die dritte – und für unseren Zusammenhang besonders wichtige – Weise, zu beten, geschieht schließlich „nach dem Zeitmaß" *(span. por compás)*.

Dabei schenkt Ignatius nicht von ungefähr der „Zwischenzeit von einem Atemholen zum andern" besondere Bedeutung. Ein Grund dafür dürfte in der Erfahrung liegen, dass jeder Mensch automatisch den Atem für kürzere oder längere Zeit anhält, um seine Konzentrationsfähigkeit zu erhöhen, zum Beispiel bei Tätigkeiten, die eine besondere Fingerfertigkeit erfordern, wie beim Einfädeln des Nähgarns in das Nadelöhr.

Die mentale Energie, die sich in der Stille während der Atempause entfaltet, haben sich verschiedene Yoga-Lehren zunutze gemacht. So betont der indische Weise Patanjali die Wichtigkeit des Zeitraums zwischen Ein- und Ausatmen. Im Hinduismus wird das Anhalten des Atems zwischen Ausatmung und Einatmung und umgekehrt als *Kumbhaka* bezeichnet. Im religiösen Taoismus der Chinesen wiederum ist die Meditationstechnik der so genannten „embryonalen Atmung" bekannt, die darin besteht, einen immer länger andauernden Atemstillstand zu erzielen, um den Atem im Körper kreisen zu lassen.

Ignatius von Loyola erläutert, wie man das Beten mit einer entsprechenden Atemtechnik unterstützen kann:

ÜBUNG:

„Die dritte Weise des Betens besteht darin, dass man zu jedem Atemzug oder Atemholen geistig *(mentalmente)* betet, indem man ein Wort des Vaterunsers ausspricht oder eines anderen Gebetes, das gerade verrichtet wird, so dass zwischen dem einen und dem andern Atemzug nur ein Wort gesprochen wird und in der Zwischenzeit von einem Atemholen zum andern die Aufmerksamkeit hauptsächlich auf die Bedeutung dieses Wortes gelenkt wird oder auf die Person, zu der man betet, oder auf die eigene Niedrigkeit oder den Abstand zwischen der so großen Hoheit und der so großen eigenen Niedrigkeit. Und nach derselben Weise und Regel verfahre man bei den übrigen Worten des Vaterunsers; die andern Gebete aber, wie das Ave Maria, das Anima Christi, das Credo und das Salve Regina, verrichte man in der gewöhnlichen Weise."[119]

Um das *Vaterunser*, das große, gemeinsame Gebet aller Christen, das Jesus seine Jünger lehrte, mit Hilfe der ignatianischen Atem- und Konzentrationstechnik gleich in die Praxis umsetzen zu können, sei hier die vom Evangelisten Matthäus überlieferte Version (6, 9b-13; in der sprachmächtigen Lutherübersetzung) wiedergegeben. Fraglos kann auch die vom Evangelisten Lukas überlieferte Fassung (11, 2–4) als Vorlage dienen. Die eingefügten Gedankenstriche zwischen den einzelnen „im Geiste" (!) zu sprechenden Wörter markieren die Pausen zwischen dem Ein- und Ausatmen:

ÜBUNG:

„Unser – Vater – in – dem – Himmel – Dein – Name – werde – geheiligt – Dein – Reich – komme – Dein – Wille – geschehe – auf – Erden – wie – im – Himmel – unser – täglich – Brot – gib – uns – heute – und – vergib – uns – unsere – Schuld — wie – auch – wir – vergeben – unsern – Schuldigern – und – führe – uns – nicht – in – Versuchung – sondern – erlöse – uns – von – dem – Übel – denn – Dein – ist – das – Reich – und – die – Kraft – und – die – Herrlichkeit – in – Ewigkeit – Amen."

Zweck und Ziel der Übung:
Intensivierung des geistigen Betens mit Hilfe des Atemrhythmus', vor allem der Atempause zwischen den einzelnen Atemzügen.

Neben dem „richtigen Atmen" behandelt Ignatius auch die Frage nach der richtigen Körperhaltung und stellt mehrere Haltungen zur Wahl: Man knie, stehe, sitze oder liege, je nachdem, wie jemand gestimmt ist und ob mehr oder weniger Andacht damit verbunden ist. Das Gehen erwähnt Ignatius indes lediglich für den so genannten Rückblick, der auf die jeweiligen Übungen folgt. Jeder sollte ausprobieren, welche Haltung für sein Meditieren am meisten förderlich ist und sich durchhalten lässt. Sobald man jedoch merken sollte, dass die bisher eingenommene Haltung nicht mehr fruchtbar ist, sei eine andere zu wählen, die mehr Erfolg verspricht. Die Augen halte man geschlossen oder auf eine bestimmte Stelle gerichtet, das heißt, man lasse den Blick keinesfalls umherschweifen.

Still- und Anwesendwerden durch rhythmisches Atmen nach Romano Guardini

Anfang der 30er-Jahre des 20. Jahrhunderts betonte zur Verblüffung vieler Christen erstmals ein katholischer Theologe ausdrücklich Fernöstliches beziehungsweise Urchristlich-Mystisches, um auf die Wichtigkeit des „richtigen" Atmens insbesondere bei der christlichen Meditation und Kontemplation hinzuweisen. Es war genau zu einer Zeit, da man dies aus der eigenen Tradition verdrängt zu haben schien. Die Rede ist von Romano Guardini (1885–1968) und seinen *Exerzitien*. Darin schreibt der über die Konfessionsgrenzen hinweg auch als Philosoph, Pädagoge und Mitwegbereiter des Zweiten Vatikanischen Konzils tätige und geschätzte Theologe, der offenbar bereits in den 1920er-Jahren in Kontakt mit buddhistischer Literatur und Praxis (hier vor allem mit den Atemtechniken des *Pranayama*) gekommen war, die bemerkenswerten Sätze: „Von den vielen lebendigen Rhythmen, die wir in uns haben, ist der Atem der reichste. In ihm erneuert sich das Blut; er unterhält die innere Verbrennung, worin Wärme entsteht, die Nahrung sich in die Baustoffe des Leibes umsetzt, die Leibgestalt sich aufbaut, wandelt und erneuert. Er ist jener Rhythmus, worin der Mensch mit der Weite des Raumes, mit dem Meer der Luft, mit dem umgebenden Ganzen im Zusammenhang steht. Dann ist der Atem ein zartes Zwischenglied zwischen dem Leben der Seele und des Leibes – soweit man diese beiden Bereiche unseres Daseins überhaupt in dieser Weise trennen kann. Der Atem ist gleichsam die feinste Form des Leibes: seine seelen-nächste Höhe. Nicht umsonst werden ‚Geist' und ‚Atem', ‚Seele' und ‚Hauch' mit den gleichen Worten ausgedrückt. Atem ist ein Rhythmus, der den ganzen Leib bis in die letzten durchwirkt; ja der selbst die feinsten Ausschwingungen des Leibes darstellt. So ist er es auch, der auf jede seelische Regung anspricht: indem er stockt oder sich befreit; offen und stark geht oder sich verhält; ausbricht im Ruf, im Schrei, im Lachen oder Weinen. Und wiederum ist's der Atem, der dem Geistigen im Menschen, dem Worte, Hauch leiht und Ton gibt. Der Atem ist ein Zwischenglied, wodurch das Leben der Seele und des Lebens ineinander wirken. Wenn ich aus klarem Gemüt den Atem froh, still und tief gehen lasse, tut das dem Körper wohl, und kann manche Beschwerde heben. Umgekehrt wird ein voll und freudig gehender Atem Geist und Herz befreien. Endlich aber ist der Atem ein Zwischenglied zwischen Gedanken und Sein. (...) Dieser Atem ... ist ein vortreffliches Mittel, um die vorbereitenden Übungen der Sammlung aufzunehmen, wie das Still- und Anwesendwerden. Sie gelingen noch einmal so leicht und gewinnen eine besondere Tiefe, wenn man sie mit dem ruhig und vollgehenden Atem verbindet."[120]

Guardini nähert sich dem Atmen eher in einer theoretischen Fragestellung. Konkreter hingegen ist die indische Tradition, etwa bei der Beschreibung, wie „Prana" zu beherrschen ist, die kosmische Energie, die den Körper durchdringt und erhält und die sich in den Geschöpfen am deutlichsten als Atem manifestiert. Mit dieser Yoga-Technik befasst sich Patanjali ebenso wie das Hatha-Yoga. Der Hinduismus unterscheidet sogar fünf verschiedene Pranas.

Mit Gott atmen nach Dag Hammarskjöld

Die mystische Erfahrung, dass das Atmen selbst zum Beten werden kann, dass beides nahtlos ineinander über- und aufgehen kann, hat im 20. Jahrhundert auch Dag Hammarskjöld gemacht. In seinem Tagebuch findet sich von ihm folgendes Gebet, das man – bewusst, langsam und gleichmäßig atmend – am besten schweigend rezitiert.

ÜBUNG:

„Gott, du bist lebendig, du bist in mir. Du bist hier, du bist jetzt. Du bist.
Du bist der Grund meines Seins. Ich lasse los.
Ich sinke und versinke in dir.
Du überflutest mein Wesen. Du nimmst von mir Besitz.
Ich lasse meinen Atem zu diesem Gebet der Unterwerfung unter dich werden.
Mein Atem, mein Ein- und Ausatmen ist Ausdruck meines ganzen Wesens. Ich tue es für dich – mit dir – in dir.
Wir atmen miteinander..."[121]

Zweck und Ziel der Übung:
Bewusstes regelmäßiges Atmen bei gleichzeitiger Rezitation des Gebetes im Geiste zur innerlichen Verbindung und Verschmelzung mit Gott.

Hammarskjöld erinnert an die Vorstellung vom Atem oder Hauch als einem Symbol kosmischer Lebenskraft, besonders für den Schöpfergeist am Urbeginn der Welt. So erweckt Gott in der biblischen Schöpfungsgeschichte den Menschen durch seinen Atem, der hier den Schöpfergeist symbolisiert, zum Leben. Von Gott gegeben, bleibt der Atem oder Hauch aber ständig von ihm abhängig. Das heißt: Der Atemhauch Gottes kann metaphorisch sowohl die Kraft seines Zornes als auch seine Schöpfungsmacht ausdrücken.

Atemgebet nach Joyce Rupp

Die Ordensfrau und US-amerikanische Schriftstellerin Joyce Rupp empfiehlt mehrere Variationen eines Atemgebetes, das jeweils aus einem einfachen zweiteiligen Spruch besteht, den man im Rhythmus des Ein- und Ausatmens hersagen kann.

ÜBUNG:

„Für dieses Atemgebet gilt kein bestimmtes Zeitmaß. Man kann es beten, solange man will. In vielen spirituellen Traditionen hat man herausgefunden, dass das Achten auf den Atem sehr hilfreich ist, sich zu sammeln oder sich auf seine innere Welt zu konzentrieren. Wenn man achtsam, leicht und gleichmäßig atmet, hilft das, langsamer, stiller zu werden, und der ständig gehetzte Geist und der Körper kommen zur Ruhe. Im Allgemeinen wird empfohlen, sich während des Atemgebets mit ganz aufrechtem Rücken hinzusetzen. Sie finden (im Folgenden) jeweils einen zweiteiligen Spruch, den Sie im Rhythmus des Ein- und Ausatmens sprechen können. Diese Übung steht symbolisch (. . .) für das Füllen und Leeren unseres Lebens. (Sie symbolisiert auch unser Geborenwerden, bei dem wir unseren ersten Zug des Einatmens tun, und unser Sterben, das von unserem letzten Zug des Ausatmens begleitet ist.) Beispiele:

Einatmen: Deine Kraft . . . Ausatmen: . . . strömt durch mich.

Einatmen: Geheimnis . . . Ausatmen: . . . du lebst in mir.

Einatmen: Ich bin da . . . Ausatmen: . . . einfach da.[122]

Zweck und Ziel der Übung:
Atemregulierung in Verbindung mit Spruchweisheiten zur Beruhigung des Körpers und Sammlung des Geistes.

Wie Rupp betont, kann es sein, dass dieses Atemgebet sich zunächst lästig und nutzlos anfühlt. Wenn man es jedoch beharrlich jeden Tag übt, kann es nach und nach zu einem hilfreichen Mittel werden, sich nach innen zu kehren und eine geheiligte Zeit mit sich selbst und mit Gott zu verbringen.

Peter Dyckhoff: Ruhe atmen

Von Peter Dyckhoff stammt eine Atemübung, die sinnigerweise mit dem Wort „Ru-he" verbunden wird. Sie soll helfen, sich vertrauend loszulassen, indem man den Kontakt mit dem Boden, der einen trägt, aufnimmt. Man gibt dabei alle Anspannung an den Boden ab oder legt diese in das Ausatmen. Das Wort „Ruhe" soll einen daran erinnern, dass man nichts leisten muss, sondern empfangen und genießen darf. Es entsteht eine Harmonisierung der Muskelspannung und des Nervensystems und hilft, im eigenen Grund zu ruhen und aus dem eigenen Grund heraus zu handeln. Dyckhoff, der Pfarrer und geistlicher Schriftsteller ist, zitiert eine Stelle aus dem alttestamentlichen Jesaja-Buch: „Nur in Umkehr und Ruhe liegt eure Rettung, nur Stille und Vertrauen verleihen euch Kraft" (30,15). Und er erinnert an das Jesus-Wort: „Kommt alle zu mir, die ihr euch plagt und schwere Lasten zu tragen habt. Ich werde euch Ruhe verschaffen" (Mt 11,28). Peter Dyckhoff schlägt eine Atemübung im Liegen vor:

ÜBUNG:

„Lege dich auf den Rücken. Die Arme liegen am Körper, die Handinnenflächen sind nach unten gerichtet.
Spüre von den Füßen aufwärts, an welchen Stellen dein Körper die Unterlage oder den Boden berührt: die Fersen, die Waden, das Gesäß, der Rücken, der Schultergürtel, die Arme und Hände, der Hinterkopf.

Nimm – wiederum mit den Füßen beginnend – Kontakt zum Boden auf und nimm bewusst wahr, dass die Erde dich trägt.
Schließe die Augen und führe den Einatem tiefer in dich hinein. Spüre, wie beim Ausatmen die Bauchdecke sich senkt und sich beim Einatmen hebt.
Sprich beim Einatmen die Silbe ‚Ru' und beim Ausatmen die Silbe ‚he' laut aus.
Wiederhole diesen Atemrhythmus einige Male und werde leiser, bis du das Wort ‚Ru-he' nicht mehr aussprichst, sondern nur noch das Wort mit dem Atem innerlich wiederholst.
Wenn dir nach einigen Minuten schwindlig wird, beende sofort die Übung – sonst erst nach fünf bis acht Minuten."[123]

Zweck und Ziel der Übung:
Entspannung und „Erdung" von Körper und Geist mit Hilfe von Atem und Wort, um aus der eigenen Wesensmitte heraus agieren zu können.

Atemrhythmus ist Lebensrhythmus. Über den Atem, die „zweierlei Gnaden des Atemholens" (Goethe), ist der Mensch in ständigem Austausch mit der ihn umgebenden Sphäre. Die Erkenntnis, dass ein wesentlicher Teil der Lebensenergie dem Menschen mit dem Atem zugeführt wird, haben sich im 20. Jahrhundert auch viele Körpertherapie-Methoden zu Nutze gemacht. So berücksichtigt etwa die Alexander-Technik oder das Autogene Training den Atem als wichtiges therapeutisches Hilfsmittel.

11. Verstehen heißt vorstellen: Meditativ-imaginierende Gebetsmethoden

„Alles Verstehen ist ein Akt des Vorstellens."

(Arthur Schopenhauer)

Neben dem kontemplativen und mündlichen Gebet gibt es in der christlichen Mystik noch eine dritte große Gebetsform: das meditative Gebet. Hierzu gehört das aktive Nachdenken über Stellen und Begebenheiten aus der Bibel oder Glaubensgeheimnisse wie die Menschwerdung, das Leiden und die Auferstehung Christi oder das geistig-imaginative Sich-Hineinversetzen darin.

Meditationstechniken, bei denen das Vorstellungsvermögen gefragt ist, kennt man ebenso gut in der fernöstlichen Spiritualität. Der tibetische Buddhismus beispielsweise bedient sich „Visualisationen", einer Technik, die Gottheiten und geistige Bilder (Symbole, Formen, Farben) gleichsam mit dem geistigen Auge, dem nach innen gewendeten Blick vergegenwärtigt, um an deren Energie teilzuhaben. Im Vajrayana-Buddhismus sind es die so genannten Sadhana-Texte, die detailliert Gottheiten als geistige Wirklichkeit beschreiben. Die Visualisation stellt dabei weniger eine magische Handlung dar. Es ist vielmehr ein Prozess der Identifizierung mit einem bestimmten Energieprinzip, von dessen Gegenwart der Übende überzeugt ist.

Eine ignatianische Evangelienbetrachtung oder *imaginierende Kontemplation*

Bei Ignatius von Loyola findet sich eine Anleitung zur Betrachtung der Geburt Christi, die repräsentativ ist für christliches meditativ-imaginierendes Beten. Als Faustregel gilt, etwa zwanzig Minuten bis eine Stunde völlig ungestört sich zurückzuziehen. Für manche ist es hilfreich, einen Wecker bereitzustellen. Nachdem eine bequeme Körperhaltung eingenommen wurde – entspanntes Sitzen oder

Knien auf einem Gebetsschemel –, bittet der Übende Gott um die Anwesenheit und Führung des Heiligen Geistes. Ein- oder zweimal soll nun folgender Text aus dem Lukasevangelium (2, 3–7) gelesen werden: „Da ging jeder in seine Stadt, um sich eintragen zu lassen. So zog auch Josef von der Stadt Nazaret in Galiläa hinauf nach Judäa in die Stadt Davids, die Bethlehem heißt; denn er war aus dem Haus und Geschlecht Davids. Er wollte sich eintragen lassen mit Maria, seiner Verlobten, die ein Kind erwartete. Als sie dort waren, kam für Maria die Zeit ihrer Niederkunft, und sie gebar ihren Sohn, den Erstgeborenen. Sie wickelte ihn in Windeln und legte ihn in eine Krippe, weil in der Herberge kein Platz für sie war."

ÜBUNG:

„Zuerst sieh in deiner Imagination die Straße von Nazareth nach Bethlehem. Betrachte ihre Länge, ihre Breite; ob sie eben ist oder durch Täler und über Berge führt. Sieh genau den Ort oder die Höhle vor dir, wo Christus geboren ist; ist die Stelle groß oder klein, hoch oder niedrig; und wie ist sie beschaffen? Jetzt äußere ich meine Bitte: Ich bitte um innige Erkenntnis unseres Herrn, der für mich Mensch geworden ist, damit ich ihn stärker liebe und ihm enger nachfolge. Jetzt sehe ich die Personen: Maria, Josef, die Geburtshelferin und das Jesuskind nach seiner Geburt. Ich stelle mir vor, dass ich als kleiner unwürdiger Diener dabeistehe. Als wäre ich dabei, schaue ich sie an, betrachte sie intensiv und bringe ihnen alles, was sie brauchen, in aller erdenklicher Hilfsbereitschaft und Ehrfurcht. Sodann denke ich über mich selbst nach, um einige Frucht zu ernten. Als Nächstes erwäge, beobachte und beschaue ich, was die Personen sagen, denke hierauf über mich selbst nach und ziehe einige Frucht daraus. Sodann sehe ich zu und erwäge, was sie tun; zum Beispiel, wie sie sich auf den Weg machen und sich abplagen, weil unser Herr in so äußerster Armut geboren ist, und dass er nach so vielen Mühen, nach Hunger, Durst, Hitze und Kälte, nach Schmähungen und Misshandlungen, schließlich am Kreuz sterben wird, und all das für mich. Dann denke ich darüber nach und ziehe einige spirituelle Frucht aus dem, was ich gesehen habe. Schließlich denke ich darüber nach, was ich zu unserem Herrn sagen sollte, und ich unterhalte mich ganz frei mit ihm. Ich bitte ihn um die Gnade, ihm, der für mich Mensch geworden ist, enger nachfolgen und ihn genauer nachahmen zu können. Ich schließe ab mit dem ‚Vaterunser'."[124]

Zweck und Ziel der Übung:
Stärkung der imaginativen Kontemplationskräfte zur Selbst- und Gotteserkenntnis.

Auch wenn man diese Übung allein praktiziert, ist es ratsam, mit einem spirituellen Begleiter zu besprechen, was in einem selbst dabei vorgeht. Zur Vertiefung sei empfohlen, eine besondere Zeit der Einkehr mit individueller Begleitung einzuplanen.

Das meditative Gebet nach Luis de Granada

Eines der am meisten gelesenen und einflussreichsten Bücher über das meditative Gebet ist das von Luis de Granada 1554 verfasste Werk *Libro de la Oración y Meditatión* (dt. Gebets- und Meditationsbuch). Der Autor (1504–1588) entstammte einer armen Familie, wurde Dominikaner und arbeitete in Spanien und Portugal. Sowohl Teresa von Avila als auch Franz von Sales empfahlen sein Buch nachdrücklich, in dem gerade für Anfänger im meditativen Gebet eine konkrete Sechs-Punkte-Methode als klare Anleitung entwickelt wird.

ÜBUNG:

„(1) *Vorbereitung:* Man tritt vor Gott, wirft alle seine Sünden in den Abgrund seines Erbarmens, hält sich seine atemberaubende Größe vor Augen und stellt sich vor, dass man hier ist, um seinen Heiligen Geist zu empfangen und seinen Willen zu erfüllen. (2) *Man liest etwas darüber:* eine kurze Stelle aus der Heiligen Schrift, und zwar sowohl mit dem Herzen wie mit dem Verstand, und hält dabei inne, wann immer man die innere Anregung dazu spürt. (3) *Das meditierende Betrachten* kann darin bestehen, sich mit seiner Imagination plastisch in eine Szene aus dem Leben Jesu hineinzuversetzen; oder man denkt über Gottes Handeln, seine Güte und Barmherzigkeit nach; oder man verbindet beides, Imagination und Nachdenken, miteinander. Dabei ist die liebevolle Aufmerksamkeit wichtiger, als dass man jede Einzelheit genau versteht. Das führt zur (4) *Danksagung*, dann zur (5) *Darbietung seiner selbst* und schließlich zur (6) *Bitte* für andere und für sich selbst."[125]

Zweck und Ziel der Übung:
Gotteserkenntnis durch meditierendes Betrachten.

Zeit und Ort (auch für die folgenden):
Zur festgelegten Meditationszeit, beliebig lange, am gewohnten Ort.

Die *salesianische Methode* des betrachtenden Gebets

An Luis de Granadas meditative Gebetsform knüpft Franz von Sales (1567–1622) an, der mit seiner *Philothea. Anleitung zum religiösen Leben* 1609 einen „Bestseller" verfasst hatte. Darin lehrt er unter anderem die Kunst kurzer Gebete während des Alltags, um allezeit „in der Gegenwart Gottes zu leben". Seine Betrachtungsmethode für längere Zeiten des Gebets wurde zum Klassiker.

ÜBUNG:

„Zunächst bereitet man sich darauf vor, indem man sich zu Bewusstsein bringt, dass Gott gegenwärtig ist; man bittet ihn um seinen Beistand und liest dann eine Stelle aus der Heiligen Schrift oder führt sich lebhaft eine Szene aus den Evangelien oder eine Glaubenswahrheit vor Augen. Hierauf erwägt man diese Wahrheit oder Szene und denkt darüber unter besonderem Achten auf seine emotionalen Regungen nach, um sich die Liebe zu Gott und den Wunsch zu wecken, ihr gemäß zu leben. Drittens soll man dann diese Gefühle aufgreifen und daraus ganz konkrete Vorsätze machen, sein Verhalten zu ändern und es christusförmiger werden zu lassen. Man schließt mit einem Dankgebet ab, bietet für sich selbst und in der Fürbitte für andere. Für die weitere Anregung wurde Franz von Sales besonders bekannt: Wenn man einige Zeit in diesem heiligen Raum des Gebets wie in einem Garten verbracht habe, könne man noch einmal überlegen, was man erfahren habe und sich zwei oder drei Punkte auswählen, die besonders eindrucksvoll oder wohltuend gewesen seien: Sie stellten eine Art von ‚spirituellem Blumenstrauß' dar, den man mit sich nehmen könne, um ‚häufig daran zu denken, damit einen sein Duft den ganzen übrigen Tag hindurch spirituell begleite'."[126]

Zweck und Ziel der Übung:
Bewussteres Leben in der Gegenwart Gottes mit Hilfe des betrachtenden Gebetes.

Auf Schloss Sales in Annecy geboren, war Franz kein weltfremder Eremit. Er studierte Jura und Theologie und wurde 1602 Bischof von Genf. Mit Franziska von Chantal gründete er den kontemplativen Orden der Salesianerinnen und nahm aktiv am Geschehen seiner Zeit teil. Als Prediger fühlte er sich der Gegenreformation verpflichtet. In die Geschichte der christlichen Spiritualität ist dieser „Weltmann unter den Heiligen" (Walter Nigg) als Seelsorger und Erzieher, vor allem aber als Lehrer einer stillen, innerlichen Mystik sowie als Vertrauter vieler von der Kirche verfolgter Mystiker seiner Zeit eingegangen. Schon Jacques Bénigne Bossuet, Bischof von Meaux, strich dabei besonders ein Verdienst heraus: Dass vor Franz von Sales der Geist der Frömmigkeit bei „Weltleuten" fast gar nicht mehr bekannt gewesen sei. „Man verbannte das innere und geistliche Leben in die Klöster und hielt es für zu rau, als dass es am Hofe und in der großen Welt hätte erscheinen können. Franz von Sales ist ausgewählt worden, es aus seiner Verborgenheit hervorzuholen, und die Geister diesem verderblichen Wahn zu entreißen. Er hat die

Frömmigkeit mitten in die Welt zurückgeführt; man glaube aber nicht, dass er sie verkleidet habe, um sie den Augen der Weltlichen angenehmer zu machen."[127]

Die *sulpizianische Methode* nach Jean-Jacques Olier

Jean-Jacques Olier (1608–1657), Begründer der sulpizianischen Methode, war stark von Vinzenz von Paul geprägt, dem Gründer des Lazaristenordens. Er gehörte zur Reformbewegung von Saint-Sulpice in Paris, die eine gute intellektuelle und spirituelle Priesterausbildung mit einem meditativen Gebetsleben für unabdingbar hielt. Olier kam als Prediger durch ganz Frankreich, bis er 1642 Pfarrer von Saint-Sulpice wurde, einer sehr großen Pfarrei. Dort unterwies er weiterhin Priester im Gebet und in der Kunst der Seelsorge. Für seine Pfarrangehörigen schrieb Jean-Jacques Olier zwei bedeutsame Werke über das Gebet: *Ein christlicher Katechismus für das innere Leben* sowie eine *Einführung ins christliche Leben und die Tugenden*.

Oliers Meditationsmethode ist ganz auf Christus zentriert und bietet eine Zusammenfassung all dessen, was das Leben des Christen ausmacht, nämlich: „Immer unseren Herrn vor Augen, im Herzen und in den Händen haben..., das heißt, *auf* Jesus schauen, sich *mit* Jesus vereinen und *in* Jesus handeln."[128] Aus diesem Grund zählt man Oliers Meditationsmethode auch zur so genannten Christusmystik.

ÜBUNG:

„So nimmt man einen Abschnitt aus dem Evangelium oder denkt an ein Glaubensgeheimnis wie die Menschwerdung, das Leiden oder die Auferstehung und schaut dabei zunächst intensiv auf Jesus, erspürt seine innere Haltung, verweilt betend bei ihm und öffnet sich für das Wirken des Heiligen Geistes. Sodann übergibt man sich ganz ihm, um von dem, was und wie er ist, erfasst zu werden. Schließlich bittet man ihn, dass sein Wille in einem geschehe, und fasst hierauf konkrete Vorsätze, wobei man sich plastisch die Situation vorstellt, in denen man sich auf die beschlossene Weise verhalten möchte. Die Betonung liegt auf dem Sich-Öffnen, damit man von Christus umgeformt werden und er in einem handeln kann."[129]

Zweck und Ziel der Übung:
Innere Öffnung für Jesus Christus mit Hilfe meditativen Betens.

Die französische Revolution beendete zunächst die Tätigkeit der Sulpizianer. Dafür kam diese Gemeinschaft des apostolischen Glaubens in Kanada und anderen frankophonen Ländern sowie in den USA zum Einsatz. Nach dem Zweiten Vatikanischen Konzil erfolgte schließlich eine spirituelle Neuausrichtung. Zurzeit gehören der Gemeinschaft von Weltpriestern rund 350 Mitglieder in 33 Häusern an.

Christliche Mandalas als meditative Zeichen menschlicher und kosmischer Ganzheit

Die indische und tibetische Welt kennt geheimnisvolle Zeichen, die sich als hintergründige Symbole der Einheit und Ganzheit verstehen, genannt Mandalas (Sanskrit: Kreis, Bogen, Abschnitt) und Yantras (Sanskrit: Stütze, Instrument). Es sind kunstvolle Gebilde, in denen Kreise, Vierecke und Dreiecke miteinander verflochten sind und die sich sowohl als „Kosmogramme" – als schematische Verdichtung des Universums – wie als Zeichen der Personwerdung des Menschen verstehen lassen. Dabei gibt es sehr verschiedenartige Mandalas. Alle weisen einen betonten Mittelpunkt und eine Achse auf, um die sich alles dreht, alle sind nach strenger Ordnung aufgebaut. In der grundlegenden Struktur deutet das Mandala einen quadratischen Palast an mit einem Zentrum und vier Toren in den Himmelsrichtungen. Den äußeren Rand der Darstellung bilden meist Flammenkreise in den fünf Grundfarben. Sie dienen hauptsächlich als Meditationshilfe und Vorlage für bestimmte Visualisierungen. Augenscheinliches Chaos und übersichtliche Komplexität werden zu einem Muster und einer natürlichen Hierarchie vereinfacht.

Aus christlicher Sicht ist bedeutsam, dass den fernöstlichen Mandalas vergleichbare Formen auch in der christlichen Symbolwelt vorkommen. Es sind Archetypen, Urbilder der menschlichen Seele. So kennt die christliche Kunst eine Vielzahl ungegenständlicher „Mandalas", zum Beispiel bunte Fensterrosen an den Kathedralen, die man als überpersönliche, ins Kosmische gesteigerte Darstellungen numinoser Ganzheit verstehen kann. Oder man denke an das „himmlische Jerusalem", die tempelartige Stadt mit den zwölf Toren aus Perlen und ihren goldenen Straßen, den Inbegriff endzeitlicher Erfüllung. Die ikonografische Bedeutung, die das himmlische Jerusalem im Mittelalter besaß, spiegelt sich unter anderem in Domen, Tragaltären, Kronleuchtern, der Kaiserkrone und in Buchmalereien, die zum Teil nach dieser Bildidee geformt wurden, wider: „Immer ging es um die Verschränkung von Viereck und Kreis, immer gab es eine heilige Mitte, immer wurde ein Raum der Ordnung und Hoheit hervorgerufen, in dem alle Mächte ihren Platz bekommen. (...) Gottesreich und Erdenreich wurden in Zuordnung gebracht. Jesus Christus war der Inbegriff dieser polaren Spannung, die Kirche die Klammer, um die Vielfalt zusammenzuhalten."[130] Es dürfte auch kein Zufall sein, dass – wie der Symbolforscher Alfons Rosenberg betont – „die Urgeschichte der Menschheit in der Heiligen Schrift mit der Darstellung eines Mandalas beginnt. Als ein solches erscheint nämlich das Paradies: seinen Mittelpunkt bildet der Lebensbaum, dessen ‚Rückseite', nach einer Tradition, die sich von Origines herleitet, der Baum der Erkenntnis des Guten und des Bösen ist. Nach der Überlieferung entspringt aus seiner Wurzel der Lebensquell, der sich nach den vier Himmelsrichtungen in die vier Flüsse teilt, die das ‚runde' Paradies kreuzförmig zeichnen."[131]

Vor allem die Benediktiner-Äbtissin Hildegard von Bingen (1098–1179) bediente sich in ihren theologisch-mystischen Ausführungen Mandala-ähnlicher Formen. So im Rupertsberger Kodex, wo sich besonders eindringliche Buchmalereien in Mandala-Gestalt finden, aber auch in Visionen der großen Mystikerin, die an die Strukturprinzipien von Mandalas denken lassen.

Wie könnte nun eine „mystische" Mandala-Meditation konkret aussehen? Intellektuelle Informationen führen nur bedingt in die meditative Tradition des Mandalas ein und sind letzten Endes immer distanziert. Vielmehr gilt es, in „ein Bild hineinzusteigen und es in Beziehung zum eigenen Innenraum zu setzen", wie der Religionspädagoge Otto Betz schreibt: „Besser noch ist es, wenn der Versuch gemacht wird, individuelle Mandalas zu malen, damit die kreative Tätigkeit zu einer Imagination führt, die von der persönlichen Struktur geprägt ist." Die folgende Mandala-Übung folgt den Vorschlägen dieses Autors.

ÜBUNG:

„Jeder muss ‚bei sich zu Hause' sein, muss in sich hineinhorchen können, damit ein Zeichen gefunden wird, das gerade ihm selbst einen Ausdruck gibt. Dabei geht es nicht um einen künstlerischen Selbstausdruck, sondern um ein Diagramm, das den divergierenden Kräften eine Mitte zuordnet, um die sich alles gruppieren kann. In jedem Menschen finden sich chaotische Kräfte vor, gibt es ungelöste Spannungen und auflösende Tendenzen. Das Zeichen, das nun entstehen soll, kann dieser Auflösung entgegenwirken und alle ‚vagierenden' Strebungen mit dem Ganzen in Verbindung bringen und beheimaten. Ich erlebe mich zwar von hellen und dunklen Mächten durchzogen, aber Gegensatzpaare stehen in einer Zuordnung und müssen sich nicht verselbstständigen (...) Der Malvorgang kann eine lösende Wirkung haben, er kann versammeln und zusammenbinden, er kann Ruhe vermitteln, er kann auch Zuversicht wecken. Das Mandala kann aus ungegenständlichen und geometrischen Elementen bestehen, es kann auch figürliche Bestandteile einbeziehen (ausgestreckte Hände, Vögel, Augen, eine Blume, ein Rad). Meistens wird die Kreuzform vorkommen, das Viereck und der Kreis. Aber es sollten nicht absichtlich konventionelle religiöse Symbole einbezogen werden."[132]

Zweck und Ziel der Übung:
Integration der eigenen divergierenden Kräfte zu höherer Einheit.

Der Schweizer Tiefenpsychologe C. G. Jung (1875–1961) war einer der Ersten, der den Westen auf die Mandala-Tradition aufmerksam gemacht und deren Bedeutung für das Verständnis des Individuationsprozesses, der Selbstwerdung, herausgestrichen hat. Seiner Überzeugung nach steht die Bedeutung der Mandalas als Symbole der Einheit und Ganzheit außer Frage. Dies gelte vor allem für Menschen, die aus dem Gleichgewicht gekommen sind und ihre widerstreitenden Kräfte nicht mehr zur Einheit personalen Lebens verbinden können. „Die Erfahrung zeigt", schreibt Jung, „dass die individuellen Mandalas Ordnungssymbole sind, daher sie bei Patienten hauptsächlich in Zeiten psychischer Desorientierung bzw. Neuorientierung auftreten. Sie bannen und beschwören als Zauberkreise die grenzenlosen Mächte der Dunkelheit und bilden eine Ordnung ab oder erzeugen eine solche, welche das Chaos in einen Kosmos wandelt."[133]

Die Hand als symbolische Gebets- und Meditationsstütze nach Mauburnus

Neben der Mandala-Meditation gibt es im Buddhismus noch eine Vielzahl anderer weit verbreiteter Meditationsformen. Unter ihnen eine, bei der die Hand als Mittel der Meditation dient und den einzelnen Gliedern der fünf Finger eine bestimmte mystisch-theologische Bedeutung zugeschrieben wird. Auch hier findet sich in der christlichen Mystik eine Parallele in Gestalt eines ausgeklügelten Systems: Die Rede ist vom so genannten Handpsalter, einer spätmittelalterlichen Meditationsform des Mauburnus alias Johannes Mombaer (um 1460–1501), in dem die verschiedenen Teile der Hand, genauer gesagt der Handinnenseite, bestimmte Absichten des Betenden darstellen und zur Verinnerlichung beitragen.

Zu unserem Zweck folgen wir der Zusammenfassung von Ernst Benz, der seiner Darstellung auch eine – heute in der Universitätsbibliothek Marburg befindliche – Originalzeichnung aus dem *Handpsalter* des Mauburnus zu Grunde gelegt hat: Diese zeigt die Innenseite einer Hand mit fünf ausgestreckten Fingern, deren Glieder ebenso wie der Ballen und die Handflächen mit Hinweisen auf die geistige Bedeutung jedes einzelnen Fingergliedes beschriftet sind.

ÜBUNG:

„Wir beginnen – wie im Kinderspiel – mit dem Daumen, der die Beischrift trägt: *Captatio beniuolentie cum aliquid dicitur in laudem eius quem oras* – der Lobpreis Gottes soll die wohlwollende Aufmerksamkeit Gottes erwecken.

Die Kuppe des Daumens ist die *laudatio* (Lobpreis), das erste Glied die *admiratio*, die staunende Bewunderung der Größe Gottes, das zweite Glied die *gratiarum actio*; der Daumenballen ist *Actus purgativus, Illuminatiuus, Perfectiuus*.

Der Zeigefinger hat die Beischrift: *commemoratio miserie capitis corporis tui spiritus* – die meditative Vergegenwärtigung des Elends des Menschen. Die drei Glieder des Zeigefingers beziehen sich auf die Vergegenwärtigung des Elends der Vergangenheit – *miserie preterite cum dolore*, des Elends der Gegenwart – *presentis cum pudore*, des Elends der Zukunft – *future cum timore*. Auf der ersten Stufe der erinnernden Vergegenwärtigung dominiert der Schmerz, auf der zweiten die Scham, auf der dritten die Angst.

Der Mittelfinger bedeutet die *commendatio persone vel cause tue, vel corporis mystici*, der empfehlende Hinweis entweder individuell auf die meditierende Person bzw. ihr Anliegen, oder korporativ auf das *corpus mysticum* der Kirche. Die drei Stufen sind von unten nach oben – von der Fingerwurzel zur Fingerspitze – *precauisti malum optanter*, die willentliche Verhütung des Bösen, *fecisti bonum participaliter*, die teilweise – anfängliche – Verwirklichung des Guten, *bona ages confidenter*, das zuversichtliche Vollbringen des Guten.

Der Ringfinger erhebt nunmehr die Erkenntnis der bösen Mächte und den Kampf gegen sie zum Gegenstand der Meditation – *accusatio partis aduerse: demonum hominum malorum*. Die Anklage richtet sich im untersten Glied gegen die Bosheit des Herzens – *stultitiam et iniquitatem in corde*, zweitens gegen die Bosheit und Hinterlist der Rede – *nequitiam et calliditatem in ore*, drittens gegen die Bosheit und Hemmungslosigkeit im Tun – *malitiam et feritatem in corpore.*

Der kleine Finger schließlich repräsentiert die Anrufung der göttlichen Barmherzigkeit – *imploratio diuine misericordie* – mit den drei Stufen der Fürbitte – *deprecatio*, des Gebets – *oratio*, des flehenden Anrufs – *obsecratio*. (...) Am Rande steht rechts vom kleinen Finger ein Hinweis auf die Bestärkung des Glaubens im Hinblick auf die Erfüllung des Gebetes – *Insinuatio cum confirmatione* – Empfehlung mit Bestätigung von seiten Gottes. Unterhalb des kleinen Fingers am rechten äußeren Rand der Hand ist vermerkt: *questio, responsio, refutatio.* Dies ist die Zone des geistigen Gesprächs mit Gott.

Unterhalb der Finger und der auf ihnen eingezeichneten Meditationsstufen sind auf dem Handballen die Stufen des göttlichen Wirkens im mystischen Aufstieg aufgeführt: *Actus purgatiuus, illuminatiuus, perfectiuus,* der Akt der Reinigung, der Erleuchtung und der Vervollkommnung. Diese göttliche Wirkung ist die Grundlage und Wurzel alles menschlichen Bemühens der Meditation und der Heiligung.

In der Mitte der Handfläche sind die verschiedenen Stufen der mystischen Erfahrung aufgezeichnet.

Die Handwurzel repräsentiert die Ecclesia militans, die irdische Kirche, zu der der Meditierende gehört. In ihr wird unterschieden die Stimme der Gerechten, die Stimme derer im Mittelzustand und die Stimme des Bösen: *vox iustorum, vox animarum purgandarum, vox hominum malorum.*

Die Unterschrift des Bildes bringt die Zusammengehörigkeit von Musik und Tanz in der mystischen Erfahrung zum Ausdruck."[134]

Zweck und Ziel der Übung:
Von der Betrachtung der eigenen Hand ausgehende Meditations- und Gebetsform.

Mit dieser Handmethode wurde die Vorschrift verknüpft, während der Meditation und während des Psalmengesanges jeweils das bestimmte Glied des betreffenden Fingers, der der entsprechenden Meditationsstufe zugeordnet ist, mit den Fingern der anderen Hand zu berühren und zu drücken. Wie nicht zu übersehen ist, weist die Methode eine große Gemeinsamkeit mit der erinnernden Vergegenwärtigung des Rosenkranz-Betens auf, dessen einzelne Perlen ebenfalls auf ein bestimmtes System der Meditation bezogen werden können, wobei bei jeder Perle ein bestimmtes Gebet gesprochen oder eine bestimmte geistliche Betrachtung angestellt wird. „Beide Methoden, sowohl die Handmeditation wie die Rosenkranzmeditation (waren)", wie Ernst Benz schreibt, „hervorragende Mittel vor allem für die große Masse der Analphabeten, aus denen bis in das späte Mittelalter hinein das Kirchenvolk bestand. Sie machen die Meditation vom Buch unabhängig und stützen sich auf ein einmal dem Gedächtnis eingeprägtes System eines meditativen Aufstiegs."[135]

Nach Mauburnus geht das System des Handpsalters auf die „alte Kartause", also auf die 1084 vom heiligen Bruno von Köln im Tal von La Chartreuse bei Grenoble gegründete Einsiedelei zurück, wobei die Forderung totalen Schweigens und völliger Hingabe an die Meditation zur Ausbildung dieser eigentümlichen Form der Meditation beigetragen haben dürfte, wie Ernst Benz mutmaßt.

Auffällig bei dieser Handmeditation ist, dass die Anordnung der Meditationsstufen der antiken Rhetorik (besonders der antiken Gerichtsrede) entnommen ist und Mauburnus die Handzonen auch mit der liturgischen Musik, den Musikinstrumenten (im Sinne einer allegorisch-mystischen Auslegung) sowie dem geistlichen Tanz in Zusammenhang bringt: „Es ergibt sich eine in der christlichen Meditation einzigartige spirituelle Interpretation der Instrumental- und Vokal-Musik im Ganzen wie auch der einzelnen Instrumente. (...) Im Rosetum sind die einzelnen Stufen der meditatio, wie sie auf der mystischen Leiter des Aufstieges zu Gott hervortreten, zu einzelnen Tanzformen in Verbindung gesetzt, so dass neben einer geistlichen Deutung der Musikinstrumente auch eine geistliche Deutung des Tanzes tritt und die Hand auf diese Weise die choreografische Fülle eines geistlichen Balletts repräsentiert."[136] Nicht auszuschließen ist, dass sich Mauburnus bei seiner spirituellen Handkarte von der esoterischen Handlesekunst inspirieren ließ, die die einzelnen Handzonen und Fingerglieder ebenfalls mit geistigen Kräften (in diesem Fall Planeten und astrologische Tierkreiszeichen) in Verbindung setzt und um 1500 – trotz massiver Einwände der Kirche – eine neue Renaissance erfuhr.

Für Mauburnus bleibt das Gebet das eigentliche Kernstück religiöser Übungen. In diesem Sinne rät Mauburnus ausdrücklich zum einfachen Gebet, wenn alle anderen Übungen nicht mehr weiterzuhelfen vermögen. Besondere Kraft schreibt er dabei oft wiederholten Stoßseufzern zu, unter denen das Wort „amo te" an erster Stelle steht. „Dies eine Wörtlein: ‚Ich liebe dich' hat solch lebendige Kraft, dass es alle Scheidewände durchbricht und unmittelbar stets zum Ohr des Himmelsherren gelangt. Das Gebet ist nicht nur Anfang, sondern auch Ende und damit Krone aller Exerzitien."[137]

Johannes Mauburnus war Chorherr im Augustinerkloster Sankt Agnetenberg bei Zwolle, Inspektor der Windesheimer Klosterbibliotheken und nach der misslungenen Reform in Gnadenthal (Kleve) an Reformunternehmen in nordfranzösischen Abteien beteiligt. Mauburnus war der letzte wichtige Autor aus der Blütezeit der Devotio moderna und hat mit Thomas von Kempen, seinem Freund, am meisten zur Verbreitung ihrer Spiritualität beigetragen. Er starb als Abt von Livry und ist durch sein *Rosetum* nicht mehr aus der Geschichte der christlichen Mystik wegzudenken. Von Mauburnus' *Rosetum* lässt sich eine geistige Linie zur Reformation Luthers (der im Augustiner-Eremiten-Kloster zu Erfurt nach dem *Rosetum* zu meditieren lernte) als auch zur spanischen Klosterreform und zu den *Exerzitien* des Ignatius von Loyola beziehungsweise zur Jesuitenmystik insgesamt ziehen.

12. Mit den Füßen die Erde küssen: Meditatives Gehen und geistliches Tanzen

„Apropos Gehen:
Wohin sollten wir gehen, wenn nicht nach innen?"

(Doris Lessing)

Meditation und Kontemplation können nicht nur im Sitzen, Knien, Liegen oder Stehen, sondern auch im Gehen, Schreiten und Tanzen praktiziert werden. Das achtsame Gehen übernimmt bei den spirituellen Übungen eine ähnlich wichtige Funktion wie das aufmerksame Atmen und eine entsprechend kontrollierte Körperhaltung.

Im Zen-Buddhismus kennt man beispielsweise das so genannte *Kinhin*, eine Geh-Übung zwischen den einzelnen Zeiten des Sitzens (Zazen). In der *Rinzai-Schule* ist das Gehen schnell und energisch, oft im Laufschritt. Die *Soto-Schule* lehrt ein *Kinhin* wie in Zeitlupe. In der auf den japanischen Zen-Meister Daiun Sogaku Harada (1870–1961) zurückgehenden Schule wird eine etwa in der Mitte zwischen diesen beiden Extremen liegende Weise des Gehens geübt.

Der vietnamesische Mönch, Zen-Meister und Friedensaktivist Thich Nath Hanh (geb. 1926) schreibt: „Gehmeditation ist wie ein Spaziergang. Wir haben dabei nicht die Absicht, einen bestimmten Ort innerhalb einer bestimmten Zeitspanne erreichen zu wollen. Zweck der Gehmeditation ist die Gehmeditation selbst. Jeder Schritt ist Leben; jeder Schritt ist Frieden."[138] Hierbei geht man langsam und konzentriert sich darauf, jeden Schritt ganz bewusst wahrzunehmen. Thich Nhat Hanh rät in seiner gewohnt poetischen Ausdrucksweise: „Geh, als ob du mit deinen Füßen die Erde küssen würdest."[139] Sollte der Geist abschweifen und wird einem dies bewusst, führt man sich wieder sanft zur Beobachtung des Gehens zurück.

In der christlichen Tradition wiederum gibt es vielfältige Formen der Gehmeditation: als Wandeln in klösterlichen Räumen (Kreuzgänge), als Wallfahrt und Pilgerreise, als meditative Gehen durch ein Labyrinth (Chartres).

Meditatives Labyrinth-Gehen nach Lauren Artress

In der Antike verstand man unter „Labyrinth" den mit zahlreichen unübersichtlichen Gängen ausgestatteten Palast des Königs Minos auf Kreta, später die von Dädalus erbaute Behausung des Minotaurus, ein furchterregender Stier-Mensch, und schließlich alle Irrgärten in Architektur und bildender Kunst. Das Labyrinth, ein universelles Symbol, das auf der „göttlichen" geometrischen Figur der Doppelspirale basiert, war Bestandteil von Initiationsriten und symbolisierte sowohl das Auffinden des verborgenen spirituellen Zentrums wie den archetypischen Aufstieg von der Dunkelheit zum Licht. Die in vielen alten Kirchen dargestellten Irrgärten sind Sinnbilder und Spiegel menschlichen Lebens. Das Zentrum symbolisiert dabei häufig die Heilserwartung in Form des himmlischen Jersualems.

Auf dem Steinboden der gotischen *Kathedrale von Chartres* (westlich von Paris) findet sich ein besonders kompliziertes Muster: „Das Labyrinth von Chartres ist für Pilger gedacht: Viele von ihnen absolvierten die Reise durch das Labyrinth auf ihren Knien ... Einige Labyrinthe hießen auch ‚Jersualem'. Es erfordert tatsächlich eine ganze Zeit, sie zu durchwandern, vor allem auf den Knien." Wie der Labyrinth-Forscher Sig Lonegren schreibt, gab es im Mittelalter, nach der Hochblüte der Labyrinthe in der Antike, noch einmal ein Aufblühen dieser Symbolform. Bilder des 19. Jahrhunderts zeigen mittelalterliche Mönche, die den Pfad eines Labyrinths entlang kriechen. Offensichtlich ein Akt der Reinigung und Entsühnung, eine „Vorbereitung auf nachfolgende religiöse Riten"[140]. Möglicherweise fanden auf den Bodenlabyrinthen gotischer Kathedralen auch religiöse Tänze in der Art einer sinnbildlichen Wallfahrt statt. So wurden an Ostern in den großen Kathedralen von Amiens, Chartres oder Reims so genannte Ostertänze aufgeführt. Nach der Ostervesper tanzte der Dekan im Dreischritt durch das Labyrinth und warf einen goldenen Ball als Symbol der Auferstehung und der neuen Weltschöpfung den anderen Klerikern zu, die sich im Kreis um das Labyrinth bewegten. Die Christen knüpften in ihren Ritualen an antike Mythologie-Vorstellungen an: Christus war wie Theseus, der im Innern des Labyrinths den Teufel besiegt und die Menschen, dessen Geiseln, befreit, sie aus dem Gefängnis der Erbsünde herausführt.

Das Chartres-Labyrinth im Hauptschiff der Kathedrale markiert einen vorgegebenen Weg und keinen Irrgarten. Die Baumeister dieser Labyrinthe von etwa 12,50 Meter Durchmesser waren offenbar nicht nur mathematisch äußerst geschickt, sondern auch theologisch höchst versiert. Der Kunsthistoriker Hermann Kern: „Der kretische Typ wurde nicht nur von sieben auf elf Windungen erweitert, es wurde auch weitgehend symmetrisiert, und vor allem wurde ein Kreuz darüber gelegt, dessen Sperren immer wieder zu Umkehr, in gewisser Weise zu einem ‚Kreuzweg' nötigen."[141]

Die amerikanische Geistliche, Psychotherapeutin und Autorin Lauren Artress hat die meditativ-mystische Tradition des Labyrinth-Abschreitens wiederentdeckt und in der *Grace Episcopal Cathedral* in San Francisco zu neuem Leben erweckt. Damit bewirkte sie eine regelrechte Renaissance begehbarer Labyrinthe in den USA. Unter ihrer Leitung wurden 1995 in dieser Kathedrale zwei neue Labyrinthe angelegt und ein Zentrum zur Förderung dieser Meditationsmethode gegründet. „Das Labyrinth ist ein echtes Werkzeug der Transformation", schreibt sie auf ihrer Website *The Labyrinth Society*. „Es ist eine Feuerprobe für den Wandel, ein Bild der heiligen Begegnung von Psyche und Seele, ein Lichtfeld, ein kosmischer Tanz. Es ist ein zentraler Ort für Befähigungs-Rituale" (Übersetzung vom Verfasser). Artress war die Erste, die nach 600 Jahren ein festes Labyrinth in der westlichen Welt gebaut hat. Seitdem wurden rund 1800 Labyrinthe in den USA angelegt. Wie aber „geht" die Meditations-Methode von Lauren Artress (vgl. *Walking a Sacred Path: Rediscovering the Labyrinth as a Spiritual Tool*, New York, 1995)?

ÜBUNG:

„Die spirituelle Übung besteht dabei im meditativen Gehen. Das Labyrinth ist kein Irrgarten, sondern ein klar ausgelegter Weg von der Peripherie bis zur Mitte und von da aus wieder zurück. Eine ganze Gruppe Menschen kann unter Musikbegleitung das

Labyrinth begehen und sich dabei unterwegs begegnen, oder man kann es auch ganz allein beschreiten. Es bietet eine ganz praktische Möglichkeit, bei der Meditation den Körper einzusetzen. Das Gehen erhält eine zusätzliche Bedeutung, wenn es als Metapher für den eigenen Lebensweg betrachtet wird. So wird das Wandern nach innen zum Weg der Läuterung, die Meditation in der Mitte wird mit der Erleuchtung verglichen, und der Weg von da nach außen mit dem Weg zur Vereinigung und mit der Rückkehr zum Dienst in der Welt, den der meditierend Schreitende dann erneuert und geheilt antreten kann."[142]

Zweck und Ziel der Übung:
Körperbetonte Meditationsmethode über den eigenen Lebensweg und den Weg, der zugleich nach innen führt.

Zeit und Ort:
Zu einer selbst bestimmten Zeit, beliebig lange und an Orten, wo es begehbare Labyrinthe gibt, wie z.B. in einigen Kathedralen.

Mittlerweile gibt es jedoch nicht nur in Kalifornien – seit den 1960er-Jahren *das* Experimentierlabor für neue spirituelle Bewegungen schlechthin – eine Renaissance der mystischen Labyrinth-Meditation, sondern auch im deutschsprachigen Raum tut sich einiges. Eine von *Ilse M. Seifried* aufgebaute Homepage gibt beispielsweise einen Überblick über die Entwicklung in Österreich. Und Silke Wolf und Werner Kaufmann haben mit ihrer Website der *Begehbaren Labyrinthe* in Deutschland Pionierarbeit geleistet *(vgl. Burkhardt J. Huck – „Labyrinth" – Cyberdays Online Galerie).*

Welch neue und beglückende Wahrnehmungen das langsame, bewusste und achtsame Abgehen eines Labyrinths eröffnet, berichtet der amerikanische Franziskanermönch Richard Rohr: „Ich kann von meinem Fenster aus auf ein Labyrinth sehen, das wir angelegt haben. Es umfasst sieben Kreise und sieben 180-Grad-Kehren immer an den Stellen, wo es an das auf dem Boden ausgelegte Kreuz rührt. Heute Morgen beschritt es ein Franziskaner mittleren Alters, der bei mir Einzelexerzitien machte, ganz langsam und bewusst. Als ich später zu ihm hinauslief, um mit ihm zu sprechen, hatte er Tränen in den Augen, die er selbst nicht verstand. Sein achtsames Gehen hatte ihm eine Wahrnehmung erschlossen, die zu tief war, um in Worte gefasst werden zu können."[143]

Der Kreuzweg als Meditationsform

Eine heute gleichermaßen fast in Vergessenheit geratene Form christlicher Gehmeditation stellt der Kreuzweg dar. Ursprünglich als Nachahmung der *Via Dolorosa,* des Schmerzenswegs Christi mit seinen Leidensstationen mitten in der Altstadt Jerusalems gedacht, wollten sich Pilger in Ermanglung von Reisemöglichkeiten in das Heilige Land wenigstens geistig – in der Fastenzeit – auf den Leidensweg Jesu Christi begeben, wie er seit dem Mittelalter in Jerusalem beschritten wurde: oft an Klöstern, besonderen Hügeln, landschaftlich schön gelegenen Wallfahrtskirchen.

Zuerst zeigten sieben, seit Beginn des 17. Jahrhunderts 14 bebilderte Stationen den Leidensweg Jesu von der Verurteilung durch Pontius Pilatus bis zum Tod und zur Grablegung auf Golgotha. Als zusätzliche 15. Station diente die jeweilige (Wallfahrts-)Kirche, die Grabeskirche von Jerusalem symbolisierend. Vielerorts zeigt die 15. Station zugleich die Auferstehung Jesu. Aufgrund großer Beliebtheit blieb schließlich kaum eine katholische Pfarrkirche mehr ohne die Darstellung der Kreuzweg-Stationen, nun aber verlegt ins Innere der Kirche.

Bis heute versinnbildet ein Kreuzweg folgende Ereignisse der Passionsgeschichte Jesu: Es beginnt mit der Verurteilung zum Tode durch Pilatus (1. Station). Dann folgen: Jesus nimmt das Kreuz auf seine Schultern (2.); Jesus fällt zum ersten Mal unter dem Kreuz (3.); Jesus begegnet seiner Mutter (4.); Simon von Cyrene wird gezwungen, Jesus beim Kreuztragen zu helfen (5.); Veronika reicht Jesus das Schweißtuch (6.); Jesus fällt zum zweiten Mal (7.); Jesus spricht mit den klagenden Frauen (8.); Jesus fällt zum dritten Mal (9.); Jesus wird seines Gewandes beraubt (10.); Jesus wird ans Kreuz genagelt (11.); Jesus stirbt am Kreuz (12.); Jesus wird vom Kreuz abgenommen (13.); und schließlich die vierzehnte Station: Jesus wird ins Grab gelegt.

Die Struktur des Kreuzwegs ermöglicht, längere Zeit in einer Betrachtung zu verharren. Um dem Abgleiten der Achtsamkeit entgegenzuwirken, wird die Betrachtung des Kreuzes in vielen Variationen entfaltet. Die Stationen geben immer neue Impulse, die aber nicht in eine Zerstreuung führen, sondern mit dem Kreuz als der zentralen Darstellung des Leidens verbunden bleiben. Nicht die dramatische Steigerung der Darstellung, sondern die vertiefende Betrachtung macht das Wesen der Meditation aus. Neben der *Statio* gibt es die *Ambulatio*, und im Wechsel von Stillständen und Wegstrecken vermag dieses Ritual eine heilsame Wirkung zu entfalten. Der Kreuzweg setzt sich mit dem Leid auseinander, ohne es gezielt bearbeiten zu wollen und sich von ihm bannen zu lassen. Es ist der Gang der Ereignisse, der Fluss des Lebens selbst, der den Betrachter weitertreibt. Die Kraft der Meditation liegt in der Wiederholung.

Als körperlicher Andachtsform kommt dem Kreuzweg noch einmal besondere Bedeutung zu, denn die christliche Tradition – zumindest die von den offiziellen Kirchen geprägte – ist nicht gerade reich an Ritualen, die Bewegungen und Körpererfahrungen miteinbeziehen. Vieles ist verloren gegangen, da sich das christliche Abendland im Gegensatz zu den östlichen Religionen mehr auf die Überlieferung von Texten und den Glauben konzentriert hat. Die folgende Übung ist einer zeitgenössischen Anleitung in der Klosterkirche in Wahlsburg-Lippoldsberg (Landkreis Kassel) entnommen.

ÜBUNG:

„Für eine zeitgemäße Weiterentwicklung des Kreuzwegs lassen sich Erfahrungen anderer Religionen oder auch aus Körperarbeitsprogrammen fruchtbar machen. Zur Gestaltung der Ambulatio kann man Impulse der Gehmeditation aufnehmen (...) Anstelle der Kniefälle, die traditionell nach Ansage der Station erfolgt, kann auch eine Körperübung am Ende der jeweiligen Betrachtung vor dem Weitergehen erfolgen: Im Stehen fällt der Oberkörper vornüber und hängt eine Weile herab, bevor er, unterstützt vom Atem, Stück für Stück aufgerichtet wird. Mit dieser loslassenden Bewegung geht freilich eine Akzentverschiebung einher: von der Verehrung Jesu zur Identifikation. Natürlich können auch beide Bewegungen nebeneinander bestehen."¹⁴⁴

Zweck und Ziel der Übung:
Körperbetonte Meditationsmethode über das Leiden Christi wie über das eigene Leiden.

Zeit und Ort:
Zu einer selbst bestimmten Zeit, beliebig lange und an Orten, wo es Kreuzwege gibt.

Seit Mitte der 1960er-Jahre spielt der Kreuzweg als Gehmeditationsform eine wichtige Rolle in den Basisgemeinden Lateinamerikas, aber auch innerhalb der ökumenischen Bewegung, die sich für mehr Gerechtigkeit und Frieden gerade in den armen Ländern dieser Welt engagieren. Geistliche Grundlage dafür ist, dass Jesus im Geringsten unter uns (vgl. Mt 25,40) gegenwärtig ist.

Geistliches Tanzen

Zur reichen, gleichsam körperzentrierten Exerzitientradition christlicher Mystik ist auch das „geistliche Tanzen" zu zählen, das vor allem im 13. und 14. Jahrhundert eine Blütezeit erfuhr. Und dies, obwohl die Kunst des Tanzens der christlichen Frömmigkeit, Andacht und Liturgie fremd scheint. Denn die Kirchenväter grenzten sich scharf von den orgiastischen heiligen Tänzen der antiken Götterkulte ab. Allein in der synagogalen Tradition hat sich kultischer Tanz – feierliche Tanzschritte des Priesters während der Liturgie – erhalten. „Das Motiv des heiligen Tanzes hat sich lediglich in der christlichen Mystik bewahrt. Dies hängt offensichtlich damit zusammen, dass die mystische Erfahrung... immer wieder spontan zu der pfingstlichen Erfahrung des geistlichen Jubels und der geistlichen Freude führte, die sich auch in tänzerischen Bewegungen oder zu Mindesten in einer tänzerischen Stimmung äußern konnte. (...) Bei der Heiligen Teresa haben es ihre Zeitgenossen zwar als etwas Besonderes, aber nicht als etwas Anstößiges empfunden, dass sie in Zuständen ihrer Entrückung oder nach ihrer Rückkehr aus einem visionären Zustand zu tanzen begann und ihren Tanz nach kastilianischer Art mit Kastagnetten begleitete."[145] In der französischen Mystik ist es unter anderem Richard von Sankt Victor, der meint, der Mystiker solle die Engel nachahmen und *saltibus ludere*, also geistliche Tanzsprünge machen.

Eine solche Erfahrung des geistlichen Tanzes findet sich auch in der deutschen Mystik, so bei Gertrud der Großen, Philipp der Carthäuser, Heinrich Seuse und Mauburnus. Dieser schreibt unmissverständlich im *Rosengarten der Andachten* (1494): „Wenn die Psalmengesänge oder Lieder Tänze darstellen, dann ist klar, dass diejenigen, die Psalmen singen oder die dem Psalmengesang zuhören, auch tanzen müssen. Wie sittlich ausschweifende Männer und Frauen beim Anhören anstößiger Lieder tanzen, d.h. durch die Bewegung ihrer Leiber sich den Melodien anpassen, die sie hören, so müssen auch wir geistlich tanzen, wenn wir die Lieder oder Psalmen hören, damit uns nicht Gott das Wort aus Luc 7,32 Matth. vorwerfe: ‚Wir haben euch gespielt und ihr habt nicht getanzt, wir haben euch wehgeklagt und ihr habt nicht geweint'. Jene Tanzbewegungen aber sind geistliche Bewegungen, durch die wir uns bewegen lassen sollten, wenn wir die Stimmen der anderen beim Psalmengesang hören."[146]

Das geistliche Tanzen ist aus dem mehr und mehr verbürgerlichten Christentum der nachreformatorischen Zeit fast vollständig verschwunden. Gelegentlich befassen sich Tagungen der christlichen Bildungsarbeit mit diesem reichhaltigen Thema. Auf Übungsvorschläge wurde hier verzichtet. Zweifellos wäre es lohnenswert, die überreiche mystische Literatur aus diesem speziellen Blickwinkel unter die Lupe zu nehmen, um den alten, vergessenen christlich-mystischen Meditationsformen eine weitere hinzufügen zu können.

13. Gegenwärtig wie eine geweihte Ikone: Das Jesus- oder Herzensgebet der Ostkirche

> *„Der Name Jesus ist hier mehr als nur ein äußeres Zeichen.*
> *Er offenbart den Herrn und macht Ihn gegenwärtig,*
> *wie Er in einer geweihten Ikone gegenwärtig ist."*
>
> (Ivan von Kologrivof)

Das anonyme Werk *Aufrichtige Erzählungen eines russischen Pilgers* hat zur Verbreitung des Herzensgebets in der Moderne maßgeblich beigetragen. Dabei wird die kurze Bitte „Herr Jesus Christus, erbarme dich meiner!" ständig wiederholt – oft in Verbindung mit bestimmten Atem- und anderen Körperübungen. Der Protagonist berichtet: „So ziehe ich nun meiner Wege und verrichte unablässig das Jesusgebet, das mir wertvoller und süßer ist als alles andere in der Welt. Mitunter gehe ich meine siebzig Werst am Tage, manchmal auch mehr, und fühle gar nicht, dass ich gehe; ich fühle aber nur, dass ich das Gebet verrichte. Fährt mir eisige Kälte durch die Glieder, so beginne ich das Gebet angespannter herzusagen und bin bald vollkommen erwärmt. Martert mich der Hunger, so rufe ich den Namen Jesu Christi häufiger an und vergesse, das ich essen wollte. Bin ich krank oder fühle ich ein Reißen im Rücken und in den Beinen, so beginne ich auf das Gebet hinzuhorchen und spüre den Schmerz nicht mehr . . . Der Gewohnheit getreu, drängt es mich nur zu dem einen: unablässig das Gebet zu verrichten."[147] Dieser Gebetsweg ist das Ergebnis einer mehr als anderthalb Jahrtausende währenden geschichtlichen Entwicklung. Die Ursprünge dieses Weges liegen im Neuen Testament, und zwar in den an Jesus gerichteten Stoßgebeten sowie in der Mahnung Jesu, unablässig zu beten.

Das Jesusgebet, das in westlichen Sprachen auch „Herzensgebet" sowie im Griechischen und Slawischen als geistliches oder inneres Gebet bezeichnet wird, ist eine Gebets- und Meditationsform der Ostkirche. In der orthodoxen Kirche weit verbreitet, diente es als Übung, um zur „Ruhe in Gott" zu gelangen. Es wurde in den Klöstern auf dem Berg Athos und auf dem Berg Sinai gepflegt (Hesychasmus). Durch den Heiligen Nil Sorsky (gest. 1508) gelangte diese Methode nach Russland und erlebte dort vom 18. bis zum 20. Jahrhundert eine Blütezeit. Wie lässt sich das Jesus- oder Herzensgebet konkret üben?

Anpassung des Jesusgebets an Atem und Herzschlag

Atemregulierung und Anpassung an den Herzschlag gelten als wichtigstes Ziel des Herzensgebetes. Den folgenden Abschnitt – eine Belehrung des Heiligen Simeon, des Neuen Theologen – liest der Starez, einer der Weisen, dem Pilger vor.

ÜBUNG:

„Setze dich schweigend und einsam hin, neige den Kopf, schließe die Augen, atme leicht ... Sprich nun beim Atmen: ‚Herr Jesus Christus, erbarme dich meiner', sprich es leise mit den Lippen oder nur mit dem Verstande. Bemühe dich, zerstreuende Gedanken zu vertreiben, habe Ruhe und Geduld vor allem, und wiederhole diese Beschäftigung recht häufig. (...) Genau so stelle dir nun dein Herz vor, richte dein Auge darauf, als sähest du es durch die Brust hindurch, und stelle es dir möglichst lebhaft vor, und höre recht aufmerksam mit den Ohren hin, wie es schlägt und Schlag um Schlag vollführt. Hast du dich daran gewöhnt, beginne damit, jedem Herzschlag, in es hineinblickend, Gebetsworte anzupassen. Auf diese Weise sollst du beim ersten Schlage sagen oder denken ‚Herr', beim zweiten – ‚Jesus', beim dritten – ‚Christus', beim vierten – ‚erbarme dich' und beim fünften – ‚meiner', und wiederhole das vielmal. Dir wird das leicht fallen, da du dir schon den Anfang und die Vorbereitung zu Eigen gemacht hast. Hast du dich aber daran gewöhnt, so beginne damit, das ganze Jesusgebet zusammen mit dem Atmen in das Herz einzuführen, wie es die Väter lehren, d. h. die Luft einziehend, sage und bilde es in dich hinein: Herr Jesus Christus, und dann die Luft ausstoßend: erbarme dich meiner. Befass dich hiermit so häufig, so oft als nur möglich, und du wirst nach kurzer Zeit einen feinen, angenehmen Schmerz im Herzen verspüren, alsdann ein Wärmegefühl und ein Gefühl des Hinschmelzens. So wirst du mit Gottes Hilfe des selbsttätigen, beseligenden inneren Herzensgebets teilhaftig werden. Doch sollst du dich mit aller Macht vor Vorstellungen des Verstandes und vor gleichviel welchen Erscheinungen hüten..., denn die heiligen Väter fordern auf das bestimmteste beim inneren Gebet das Nicht-Sehen, um nicht in Versuchung zu fallen."[148]

Zweck und Ziel der Übung:
Körperbetonte Meditationsmethode: Synchronisierung von Herzschlag, Atem und Gebet für die innere Sammlung und eine größere spirituelle Öffnung.

Zeit und Ort (auch bei den folgenden):
Zur festgelegten Meditationszeit, beliebig lange, am gewohnten Ort.

Georg Wunderle schildert in seiner Untersuchung *Zur Psychologie des hesychastischen Gebets* einen Geistlichen, dessen tiefes Wissen und reifes Urteil in ostkirchlichen Dingen ihn dazu führte, das Jesusgebet selbst zu üben: „Er mühte sich ernstlich mit der Durchführung dieser Absicht, und zwar nicht um eines psychologischen Experimentes willen, sondern in aszetischer Meinung. Auch setzte er sich nicht etwa zum Ziel, irgendeinen mystischen ‚Erfolg' zu erreichen oder gar zu erzwingen; nur das, was sich aus der Anwendung der Psychotechnik, die er im russischen Pilgerbuch geschildert fand, ‚von selbst' ergab, wollte er schlicht hinnehmen und sich zunutze machen. Zuerst versuchte er es einige Tage lang mit der Anweisung, gemäß welcher jeder Herzschlag das Signal für die Aussprache eines Wortes (‚Herr', ‚Jesus', ‚Christus' usw.) gab. Dieser Weg führte weder zur Beruhigung noch ermöglichte er die nötige Sammlung; X wurde im Gegenteil sehr zappelig in seinem ganzen körperlichen und seelischen Wesen und war in Gefahr einer Herzneurose. Er ließ demnach völlig von dieser Methode. Auch die Anknüpfung an die Atmungsrhythmik enttäuschte ihn wochenlang. Dann allerdings kam eines Tages plötzlich und unerwartet... eine angenehme Beruhigung über ihn, die ihm ‚das Gefühl eines besonders freien Atmens' verlieh und nach kurzer Weile eine gewisse Wohligkeit – zunächst rein körperlicher Art – auslöste. Er hielt sie im ersten Augenblick für eine leichte Müdigkeit, glaubte sich aber darin dann doch zu täuschen, weil auch seine geistige Tätigkeit sich ‚weitete' und ‚lockerer' wurde. Das Bewusstsein der Gegenwart Christi erfüllte ihn ‚klar und deutlich'. War das nun Selbstsuggestion oder mystische Gnade? Darüber zu urteilen fiel ihm so schwer, dass er mir keine Auskunft erteilte. Er ‚übte' aber eine Zeit lang so weiter und der ‚Erfolg' wuchs nun wirklich zu einer sein ‚ganzes Sein' durchdringenden ‚Ruhe', in der er ‚stets Gott vor Augen habend' seinem geistlichen Beruf, namentlich seinem theologischen Studium besser zu leben vermochte als bisher."[149] Wunderle schildert weiter, dass Herr X mit der Zeit auf alle Technik verzichten konnte und das Jesusgebet nur noch selten zu wiederholen brauchte, um besagte Ruhe-Stimmung mühelos zu erreichen. Die Dinge hätten sich durch ein „Näher- und Hellersein" ausgezeichnet, seine ganze Umgebung eine „größere Verlebendigung" gezeigt.

Die Praxis des Jesusgebets nach Johannes Chrysostomos

Unter den vielen Hinweisen auf das Jesusgebet, die in den Schriften der christlichen Mystiker durch die Jahrhunderte enthalten sind, gibt es auch einen von Johannes Chrysostomos (349/350–407), der Patriarch von Konstantinopel und Kirchenlehrer war. In Antiochia geboren, 367/368 getauft, schloss er sich einer Asketenschule an und lebte etliche Jahre als Mönch. 397 wird er vom Kaiser gezwungen, sich zum Bischof weihen zu lassen.

ÜBUNG:

„Wiederhole von morgens bis abends (das Jesusgebet), beim Essen, beim Trinken und so weiter, bis es das Herz durchdringt, in die Tiefen des Herzens hinabsinkt ... Auf dass das Herz den Herrn in sich aufnehme, und der Herr das Herz in sich aufnehme, bis sie eins werden. Du selbst bist der Tempel und der Ort, in welchem die Anbetung stattfindet."[150]

Zweck und Ziel der Übung (auch bei den folgenden):
Spirituelle Öffnung für das Absolute.

Die Übungsanweisungen Johannes Chrystomos erinnern stark an die von Visualisierungen begleitete Praxis des Yidam-Yogas (tibet. Yidam = „fester Geist") im tibetischen Vajrayana-Buddhismus.

Die Anrufung des Namens Jesu nach Diadochus von Photike

Ein starker Befürworter des Jesusgebets war auch Diadochus von Photike (ca. 400–486), ein für die gesamte spätere ostkirchliche Tradition äußerst einflussreicher Mönchslehrer und Bischof von Epirus in Nordgriechenland. Er lehrte, wenn man still sitzen und langsam Hunderte von Malen den Satz „Herr Jesus Christus, Sohn Gottes, erbarme dich meiner" wiederhole, werde das zu einer christlichen Grunderfahrung des Betens führen. Er bezeichnete dies als „Herz des Gebets", als „Erinnerung an Gott", auch inmitten der Alltagserfahrung. Über die Anrufung des Namens Jesu heißt es:

ÜBUNG:

„Wenn wir alle Ausgänge des Geistes durch die Erinnerung an Gott verstopfen, dann verlangt er unbedingt von uns eine Tätigkeit, die seinen Drang angemessen erfüllen kann. Man muss ihm deshalb den ‚Herrn Jesus' geben als alleinige Beschäftigung, die ganz seinem Ziel entspricht. ‚Niemand nämlich', heißt es, ‚sagt Herr Jesus außer im Heiligen Geist' (1 Kor 12,3). Mit aller Entschiedenheit muss er dieses Wort in seinen Schatzkammern erwägen, damit er sich nicht zu Fantasiebildern hinlenken lässt. Alle, die nur diesen heiligen und ruhmreichen Namen in der Tiefe ihres Herzens ständig erwägen, können schließlich auch das Licht ihres eigenen Geistes schauen. Wenn er in strenger Zucht durch das Denken festgehalten wird, verzehrt er in dichtem Empfinden allen Schmutz auf der Oberfläche der Seele; es heißt ja in der Tat: ‚Unser Gott ist ein verzehrendes Feuer' (Dtn 4, 24). Deshalb lädt dann der Herr die Seele zu großer Liebe zu seiner eigenen Herrlichkeit ein. Verweilt nun dieser berühmte und vielbegehrte Name durch die Erinnerung des Geistes in der Glut des Herzens, dann schenkt er uns die Fähigkeit, jederzeit seine Güte zu lieben, woran uns in Zukunft nichts mehr hindern kann."[151]

Das Jesusgebet und die hesychastische *Nabelschau-Methode*

„Nabelschau" (griech. *Omphaloskopie*) nannten die Hesychasten eine Form des Jesusgebets, wobei sie mit gesenktem Haupt, in völliger körperlicher und seelischer Ruhe ihren Blick konzentriert auf den eigenen Bauchnabel richteten. Die Übenden behaupteten, dadurch das „Taborlicht", das ungeschaffene Licht der Gottheit, das auch die Verklärung Christi auf dem heiligen Berg Tabor begleitet hatte, sehen zu können. So schreibt Symeon der Neue Theologe (949–1022), der größte Mystiker der Orthodoxie: „Es ist ein wahrhaft göttliches Feuer..., unerschaffen und unsichtbar, ohne Anfang und unstofflich, in allem ganz unveränderlich und zugleich unbegrenzt, unauslöschlich, unsterblich, ohne Grenzen irgendeiner Art, jenseits aller Kreaturen, der materiellen und immateriellen, der irdischen und himmlischen" (Hym 30, 1.10 f).

In der Folge führte die Behauptung der Hesychasten, mittels dieser Übung am Taborlicht teilzuhaben, zu heftigen Vorwürfen der westlichen Kirche, die in der Behauptung der Blashemie gipfelte. Vor diesem historischen Hintergrund wird auch ersichtlich, warum der ursprünglich höchst positiv gemeinte Begriff der „Nabelschau" heute nur noch als vermeintlich sinnlose, um sich selbst kreisende, krankhafte Selbstschau verwendet wird!

Eine Entsprechung zu dieser Übungspraxis findet sich in der Zen-Tradition. So empfehlen die Meister, den unruhig umherschweifenden Geist gleichsam an einen Ort zu fixieren, in den Bauch (= Hara) oder unter den Nabel (= Tanden) zu bringen. Mit Hilfe suggestiver Vorstellung werden auftauchende Gedanken gleichsam in den Bauch „hinuntergestoßen". In der japanischen Zen-Literatur bezeichnet „Hara" die geistige Mitte des Menschen: „Ihr müsst erkennen, dass der Mittelpunkt des Weltalls eure Bauchhöhle ist" (Daiun Sogaku Harada). Wie im abendländischen Denken das Herz, so gilt hier der Bauch als Lebens- und Wesensmitte, als inneres Kraftzentrum und „zweites Gehirn" (Ohashi).

Eine nicht minder erstaunliche Parallele zwischen christlich-mystischer und östlicher Meditationspraxis offenbart die Tatsache, dass die hesychastische Nabelschau-Methode bei der Ausführung des Jesusgebetes von einem Phänomen begleitet wurde, das die Mönche als „Herzenswärme" bezeichneten. Den Ausdruck „Herzenswärme" gebrauchten die Betenden dabei jedoch nicht nur im rein metaphorischen, uneigentlichen Sinne, sondern ganz realistisch und konkret. So gibt es noch Jahrhunderte später Berichte von russischen Starzen, die bei dieser Gebetspraxis plötzlich eine Hitze in sich verspürten, die sie ungeachtet der äußeren Kälte so warm werden ließen, als wären sie in einer Badestube.[152]

Die Übung des Jesusgebets nach Constantin Pohlmann

Für den Franziskaner Constantin Pohlmann gibt es eine *Kurzforrm* des Herzensgebets: „Jesus". Der heilige Name wird gleichsam zum Gebet.

ÜBUNG:

„Es ist gut, wenigstens für den Anfang, eine *bestimmte Zeit*, etwa fünfzehn Minuten, für die Anrufung des Namens Jesu festzusetzen, unbeschadet der freien Anrufung, die so oft wie möglich erfolgen sollte. Diese kann überall geschehen, auf der Straße, am Arbeitsplatz, in der Kirche, im Auto, beim Wandern, Gehen und Stehen. Da Jesus sagt: ‚Geh in deine Kammer, wenn du betest und schließ die Tür zu' (Mt 6,6), suchen wir uns, wenn möglich, einen einsamen *ruhigen Ort* aus, vielleicht etwas abgedunkelt. Die *Körperhaltung* ist nicht entscheidend. ‚Am besten ist die Haltung, die größte körperliche Entspannung und innere Sammlung ermöglicht.' Jungclaussen gibt dem, der damit vertraut ist, die Ermutigung, im halben oder vollen Lotossitz oder im Fersensitz zu beten. Entspannung und Ruhe werden gefördert durch

> Wahl des gleichen Platzes, etwa vor einem Bild oder einer Kerze, durch *ruhiges Atmen*, durch Legen der rechten Hand auf die Brust, so dass die Fingerspitzen ein wenig oberhalb des Herzens liegen. ‚Denke nur an Jesus. Sprich seinen Namen langsam, sanft und ruhig aus . . . Krampfhafte Anstrengung und die Suche nach einem besonderen Erlebnis sind vergebens'."[153]

In der Praxis des Jesus- oder Herzensgebets kam gelegentlich auch eine Art „Rosenkranz" zur Anwendung. Dabei handelte es sich um eine Gebetsschnur mit unterschiedlich vielen Knoten oder Perlen, an denen man die Wiederholungen des Jesusgebets zählen konnte.

Noch vor wenigen Jahren ging die Forschung davon aus, dass der Rosenkranz ursprünglich aus Indien stammt und über den Sufismus, die mystische Tradition des Islam, im Mittelalter den Weg ins Christentum fand, wobei vor allem die Dominikaner das Rosenkranz-Beten in Mitteleuropa förderten. Neuere Forschungsergebnisse lassen indes darauf schließen, dass Rosenkranz ähnliche Gebetsketten weltweit und zum Teil seit mehreren tausend Jahren den Menschen Wegweiser, Führer und Beschützer auf ihrem Reiseweg darstellten: ein „Schutz im Schutzlosen", wie Peter Modler festhält. So entdeckten Archäologen einen Lederriemen mit zwölf regelmäßigen Löchern in Mauretanien, viertausend bis fünftausend Jahre alt. Ähnliches finden Forscher in einem Höhlengebiet Nord-Ghanas: dreitausend Jahre alt. Die Luo, ein Nomadenvolk aus dem Südsudan, sind seit unvordenklichen Zeiten mit einer Gebetsschnur vertraut. „Die indianischen Quipu-Schnüre Amerikas: lange als bloße Zahlenreihen unterschätzt. Und in der Sahara, im Gebiet der Tuareg, stieß man auf ein zwanzig Zentimeter langes Stück Lederschnur, besetzt mit kleinen Steinen in regelmäßiger Folge: aus dem 4. Jahrhundert v. Chr."[154] Die wiederholende Gebetsübung im ununterbrochenen Anruf des Gottesnamens ist in vielen Religionen üblich. Direkte Einflüsse oder Abhängigkeiten zwischen den Religionen sind kaum nachzuweisen, wie Emmanuel Jungclaussen schreibt.[155] Eine enge Verwandtschaft zeigt sich auch zu den alten schamanistischen Wiederholungsgesängen. Offenbar ist hinter dieser Praxis ein spirituelles Bedürfnis zu sehen, das in vielen Kulturen Ausdruck gefunden hat.

14. Den Gaumen des Herzens erfreuen: Vom Wiederholen eines Leitwortes

„Wer im Gesetz des Herrn Tag und Nacht meditiert, der kaut gleichsam wieder und wird gleichsam am Gaumen des Herzens vom Wohlgeschmack des Wortes erfreut."

(Augustinus)

Das stete Wiederholen von einzelnen Silben, Worten oder auch ganzen Sätzen dient der Konzentration des Geistes und ist in vielen spirituellen Quellen der Weltreligionen bekannt. So wurde etwa das tagelange Wiederholen von „Allah" angehenden Sufis vorgeschrieben. Im Hinduismus sind es die Mantras. Im Buddhismus wiederum stellt ein solches Wort, das ebenfalls „Mantra" genannt wird, eine kraftgeladene heilige Silbe oder Silbenfolge dar, die bestimmten kosmischen Kräften und Aspekten des Buddhas Ausdruck gibt. Als Form der Meditation wird die ständige Wiederholung von Mantras in vielen buddhistischen Schulen geübt. Das Rezitieren des Mantras vollzieht sich im Buddhismus immer in Verbindung mit Visualisationen und bestimmten Körper- und Fingerhaltungen (= Asanas bzw. Mudras). Durch die Kombination mit der Atemregulierung lässt sich die Wirksamkeit derartiger Übungen steigern.

Auch in der christlichen Tradition gibt es vergleichbare spirituelle Praktiken: vor allem die so genannte *Ruminatio* – zu der ebenso das Jesusgebet zählt. Mit dem etwas derben, aber ausdrucksstarken lateinischen Wort *Ruminatio* bezeichneten die alten Mönche das stete Wiederkäuen bestimmter heiliger Worte oder Sätze. Sie deuteten damit die reinen wiederkäuenden Tiere (vgl. Lev 11,3: „Alle Tiere, die gespaltene Klauen haben, Paarzeher sind und wiederkäuen, dürft ihr essen") allegorisch auf die Menschen, die das Wort Gottes beständig wiederkäuen. Die Praxis der *Ruminatio* könnte sich auch an folgender Stelle der Heiligen Schrift anlehnen: „Mensch, öffne deinen Mund und iss, was ich dir gebe ... eine Buchrolle. Mensch, iss diese Rolle. Fülle dein Inneres mit dieser Rolle, die ich dir gebe . . . Ich aß sie, und sie schmeckte süß wie Honig" (Ez, 2,8–3,1).

John Main und das christliche Mantra *Maranatha*

Auch im 20. Jahrhundert gibt es eine derartige Praxis. So schlug der irische Benediktiner John Main (1926–1982), einer der einflussreichsten spirituellen Lehrer unserer Zeit, das ständige Wiederholen des Wortes „Maranatha" vor, „Komm, Herr Jesus, komm!". Es stellt eines der ältesten christlichen Gebete überhaupt dar, diente der christlichen Urgemeinde beispielsweise als Abendmahlsformel, die die Naherwartung zum Ausdruck brachte. Das Wort selber stammt aus dem Aramäischen, der Sprache Jesu: ein Wort, das Paulus am Ende seines ersten Korintherbriefs („Maránatha – Unser Herr, komm!", 1 Kor, 16, 22) gebraucht und auch die *Geheime Offenbarung* („Komm, Herr Jesus!", Offb, 22, 20).

John Main lernte die Meditation als junger Diplomat bei dem Hindu-Mönch Swami Satyananda kennen: „Ohne in seinem eigenen Glauben schwankend zu werden, erkannte John Main den Wert dieser Gebetspraxis, die alle Formen des christlichen Gebets vertieft und bereichert. In der Beschäftigung mit den Schriften der frühen christlichen Mönche und Nonnen, der Wüstenväter und -mütter wurde John Main bewusst, wie tief dieses Gebet des Herzens, nämlich den Geist im Herzen zur Ruhe zu bringen, in der christlichen Tradition verwurzelt ist. In den *Collationes* (dt. Unterredungen) des Johannes Cassian (. . .) fand John Main diese einfache Disziplin des ‚Ein-Wort-Gebetes' wieder."[156] John Main schlägt folgende Mantra-Meditation vor:

ÜBUNG:

„Setzen Sie sich an einen ruhigen Ort . . . Sitzen Sie still und aufrecht . . . Schließen Sie leicht die Augen . . . Sitzen Sie entspannt, aber ganz aufmerksam . . . Fangen Sie an, schweigend in Ihrem Inneren ein einzelnes Wort in sich hineinzusprechen. Ich empfehle Ihnen das Gebetswort ‚Ma-ra-na-tha' (‚Komm, Herr Jesus, komm') ... Sprechen Sie still diese vier Silben deutlich mit jeweils gleicher Länge ... Hören Sie in dieses Wort hinein, wie Sie es sprechen, sacht, aber unablässig ... Denken Sie sonst nichts, stellen Sie sich nichts anderes vor, sei es spiritueller Natur oder sonst wie ... Kommen Ihnen Gedanken und Bilder, so sind sie zur Zeit der Meditation nur Zerstreuungen ... Lassen Sie sie einfach ruhig vorbeiziehen, indem Sie immer wieder dieses Wort sprechen: ‚Ma-ra-na-tha' ..."[157]

Zweck und Ziel der Übung (auch bei den folgenden):
Beruhigung und Sammlung des Geistes zur Wahrnehmung der Gegenwart und des Absoluten.

Zeit und Ort (auch bei den folgenden):
Zu einer festgelegten Zeit, etwa eine halbe Stunde lang, an allen Orten, am besten jedoch am gewohnten (Meditations-)Platz.

Wenn man sich jeden Morgen und Abend Zeit zur Meditation nimmt, wird sich, so Main, allmählich ein innerliches Schweigen einstellen. Nach einer längeren Pause werden dann auch die Zeiten des Schweigens länger, in denen sich die Erfahrung ergibt, ans „Herz Gottes" zu rühren.

Bei der Meditation gibt es drei wichtige Aufgaben zu meistern: „Die erste besteht darin, still das ‚Mantra' während der gesamten Dauer der Meditation zu sprechen. Wahrscheinlich wird es einige Zeit dauern, bis man diesen ersten Schritt schafft, und derweil muss man sich in Geduld üben ... Ebenso reift auch unser Gebetsleben ganz natürlich und nach seinem eigenen Rhythmus. Wir können dabei nichts mit Gewalt erzwingen ... Die zweite Aufgabe besteht darin, das Mantra während der gesamten Meditationszeit ohne Unterbrechung zu sprechen *und* dabei ganz ruhig zu bleiben, wenn man von Zerstreuungen geplagt wird. In dieser Phase gleicht das Mantra einem Pflug, der energisch seine Bahn immer weiter durch das steinige Feld unseres Geistes zieht ... Die dritte Aufgabe schließlich lautet, das Mantra während der ganzen Meditationszeit weitgehend frei von allen Zerstreuungen zu sprechen. Sind wir so weit, dann sind die Oberflächenschichten unseres Geistes in Einklang mit dem tiefen Frieden im Kern unseres Wesens. Ein und dieselbe Harmonie durchströmt jetzt unser ganzes Wesen. In diesem Zustand sind wir in den Bereich jenseits des Denkens, der Fantasie und aller Bilder gelangt."[158]

John Main, der nach einer beruflichen Laufbahn beim *British Foreign Service* und als Dozent für Jura am *Trinity College* in Dublin in den Benediktinerorden eingetreten war, gründete 1977 das Benediktinerpriorat von Montreal. Von dort aus riefen seine Anhänger die World *Community for Christian Meditation* (Weltgemeinschaft für Christliche Meditation) ins Leben, die Laurence Freeman, ein Schüler von John Main, seit dessen Tod leitet.

Das Centring Prayer nach Basil Pennington und Thomas Keating

Einen ähnlichen Ansatz wie John Mains Methode weist auch das von den Trappisten Basil Pennington (geb. 1931) und Thomas Keating (geb. 1917) entwickelte so genannte *Centring Prayer,* Gebet der Sammlung, auf. Dieser Begriff bezeichnet eine Art der Meditation ohne Bilder, Gedanken oder Gefühle. Ziel ist es, sich in Stille auf die Gegenwart Gottes zu konzentrieren, ohne ihn um etwas zu bitten. Es handelt sich um eine anspruchsvolle mentale Disziplin des Freiwerdens von allen Gedanken, wobei einzelne heilige Worte eigener Wahl als Hilfe verwendet werden.

ÜBUNG:

„Zum systematischen Üben nimm eine bequeme Haltung ein, die das ruhige Sitzen ermöglicht. Schließe die Augen, dann verschwindet schon die Hälfte der Welt, denn meistens denken wir über das nach, was wir sehen. Um den gewöhnlichen Gedankenfluss zu verlangsamen, denke nur einen gewöhnlichen Gedanken. Zu diesem Zweck wähle ein ein- bis zweisilbiges Wort, das dir besonders liegt. Es ist ein heiliges Wort, denn es steht symbolisch für deine Absicht, dich dem Geheimnis der Gegenwart Gottes jenseits aller Gedanken, Bilder und Gefühle zu öffnen. Nicht der Inhalt, sondern die Funktion bestimmt seine Wahl. Es soll lediglich die Richtung der inneren Bewegung auf Gott hin anzeigen. Zu Beginn lasse, so behutsam, als wenn du eine Feder auf ein Stück Watte legst, das heilige Wort in die Fantasie eintreten. Gleichgültig in welcher Form es auch erscheint, halte es gedanklich fest. Es braucht nicht ständig wiederholt zu werden. Es kann seinen Gehalt, ja seine Konturen verlieren und lediglich zum bloßen Willensimpuls werden oder sogar ganz verschwinden. Nimm es in jeder Form an, in der es erscheint. Ertappst du dich bei einem anderen Gedanken, kehre zum heiligen Wort als dem Mittel zum Zweck zurück. Die Wirksamkeit des Gebetes hängt nicht davon ab, wie deutlich oder wie oft du es formulierst, sondern vielmehr davon, wie behutsam es in die Fantasie eingeführt wird und wie rasch du zu ihm zurückkehren kannst, wenn du bei irgendeinem anderen Gedanken hängen geblieben bist."[159]

Eigentliches Ziel ist es, jenen numinosen Punkt zu erreichen, wo das heilige Wort verschwindet, man ein inneres Schweigen erlebt und überhaupt keine Gedanken mehr auftauchen, das heißt eine Art Aufhebung des Bewusstseins eintritt. Thomas Keating lebt im Kloster Snowmass / Colorado und hat mittlerweile ein Netzwerk zur Verbreitung des kontemplativen Lebens gegründet.

Das Gethsemanegebet nach Olav Hanssen

„Wenn ihr betet, sollt ihr nicht viel plappern wie die Heiden; denn sie meinen, sie werden gehört, wenn sie viele Worte machen. Darum sollt ihr ihnen nicht gleichen. Denn euer Vater im Himmel weiß, was ihr bedürft, bevor ihr ihn bittet" (Mt 6, 7–8). Jesu Mahnung aus der Bergpredigt trifft auch für das so genannte Gethsemanegebet zu. Denn wie das Jesusgebet der Ostkirche besteht auch das Gethsemanegebet aus einem einzigen kurzen Satz: „Mein Vater, nicht wie ich will, sondern wie du willst" (26,39). Als Jesus dieses Gebet im Garten Gethsemane (entsprechend dem Matthäusevangelium) spricht, steht er am Beginn seiner Passion, in einer Situation, die zugleich tiefste Krise und entscheidender Höhepunkt in seinem Leben ist. In der dunkelsten Stunde seines Lebens gibt er sich ganz dem Willen Gottes hin – und gewinnt dadurch sein Leben (26, 36–46). Als „Entdecker" des Gethsemanegebets gilt der evangelische Neutestamentler und Mönch Olav Hanssen, der in dieser Übung nicht weniger als ein Herzensgebet für den modernen Menschen sieht und dessen geistliche Betrachtungen dazu aus einer lebenslangen Gebetspraxis entstanden. Für Hanssen, der Anfang 2005 im Alter von 89 Jahren im evangelischen Gethsemanekloster in Riechenberg bei Goslar verstarb, ist der betende Jesus im Garten Gethsemane ein Symbol für den Menschen und sein Gottesverhältnis schlechthin.

ÜBUNG:

„Beim Herzensgebet möchte ich in der Stille auf Gott horchen. Deswegen konzentriere ich mich auf einen einzigen Satz, im Gethsemanegebet: ‚Mein Vater, nicht wie ich will, sondern wie du willst.' Dieser eine Satz ist nötig, damit meine Gedanken nicht zerfließen, damit ich konzentriert bin. Es soll aber auch deshalb nur ein Satz sein, weil ich selbst ja nichts zur Sprache bringen will, sondern nur zu Gott sagen möchte: ‚Ich bin jetzt bereit zu hören, dein Wille geschehe. Herr, rede du.' Deshalb besteht das Herzensgebet nur aus einer Formel. (...) Wie das Jesusgebet der Ostkirche, so lässt sich auch das Gethsemanegebet mit dem natürlichen Rhythmus des Atems verbinden: Ausatmend spricht der Betende (laut oder für sich) die Worte: ‚Mein Vater, nicht wie ich will' zum Zeichen dafür, dass alle eigenwilligen Gedanken das Herz verlassen mögen. Nach einer entspannten Pause – Symbol für die Nachtruhe, das Grab – folgt mit dem Einatmen der zweite Teil des Gebets: ‚sondern wie du willst' und damit das Erwachen am Morgen, die Annahme des göttlichen Willens, das neue Leben in der Auferstehung. (...) Wir sollten uns keinesfalls darauf verbiestern, wie viel Zeit wir für das Gebet aufwenden können, ob wir es vielleicht sogar fertig bringen, täglich eine Viertel Stunde stille Zeit zu halten, sondern wir sollten ein ganz neues Verhältnis zur Zeit entwickeln. Dann hätten wir wirklich etwas gewonnen: ein Leben ganz in der Gegenwart, in dem Vergangenheit und Zukunft in Gottes Hand liegen. Das wäre eine Lebenshaltung, die christlich ist, die aus dem Gebet erwächst..."[160]

Für Hanssen kommt das Gethsemanegebet einer Kurzfassung des Vaterunsers gleich, das den Vorteil besitzt, dass man es mit dem Atem verbinden und es täglich, stündlich, ja sekündlich beten kann. Im Gegenzug betrachtet er das Vaterunser als Auslegung des Gethsemanegebets, als Anweisung für ein christliches Leben. Dieses Gebet kann „gerade für den modernen westlichen Menschen, dem die eigene Freiheit grundsätzlich als höchstes Gut gilt, der an der konkreten Verwirklichung seiner Freiheit aber immer wieder scheitert ... seine besondere, heilsame Kraft entfalten. Willensfreiheit, Autonomie und Selbstverwirklichung sind für uns ebenso hehre Ziele wie drückende Last. Menschen, die alles auf die Selbstverwirklichung setzen, finden allzu oft gerade ihr wahres Selbst nicht, sondern werden zur Maske, zur Karikatur ihrer selbst. Wer wäre schon in der Lage, aus eigener Kraft der komplexen Wirklichkeit seiner selbst gerecht zu werden?"[161]

15. Wie das ruhige Verweilen bei einem guten Freund: Inneres Beten

> *„Inneres Beten meint nicht einfach und breitgefächert ein lautloses Sprechen mit Gott, sondern die im Innern ganz auf ihn gerichtete Aufmerksamkeit. Der betende Mensch wird sich der Gegenwart Gottes bewusst."*
>
> (Erika Lorenz)

Ob allein im stillen Kämmerlein oder zusammen mit der Pfarrgemeinde, ob schweigend, wortlos und frei oder nach tradierten Textvorlagen: Beten kann bekanntlich die mannigfaltigsten Formen annehmen, wobei das alles Entscheidende die innere Wachheit und Aufmerksamkeit sein dürfte. Dies erweist sich als wesentlich für das, was stets als „inneres Beten" bezeichnet wurde und über eine *Oratio mentalis*, ein stummes, in Gedanken verrichtetes Gebet weit hinausgeht. Trotzdem ist es kein leichtes Unterfangen, eine genaue Definition für dieses Wort zu geben. Bei ihrem Gang durch die lange Geschichte nennt die Hamburger Romanistin und Mystik-Kennerin Erika Lorenz (gest. 2003) vier Bedeutungsinhalte: Inneres Beten ist einmal: a) das, was „beten" *zum beten macht*, b) *das persönliche, stille Gebet* im Unterschied zu c) *eine „Gebetsstufe"*, oder besser: eine bestimmte Intensitätserfahrung im Gebetsleben und schließlich d) *die Betrachtung*, die meditierende Gebetsweise.[162]

Ein sehr frühes Zeugnis für die Theorie und Praxis des inneren Betens findet sich bei Diadochus von Photike in seinen *Hundert Kapiteln über die christliche Vollkommenheit*: „Wenn die Seele im Überfluss ihrer natürlichen Früchte lebt, ist sie mit sehr kräftiger Stimme bei der Psalmodie und will vor allem mit Worten beten. Doch wenn der Heilige Geist auf sie einwirkt, dann psalliert und betet sie mit aller Erleichterung und Beglückung nur noch im Herzen. Der erste Schritt ist von einer Freude begleitet, die noch mit Bildern vermischt ist; der zweite von geistigen Tränen und danach von einer bestimmten Herzensfreude voll Verlangen nach Stille. Denn die Erinnerung an Gott bewahrt ihre Glut, wenn die Stimme zurückgehalten wird, und befähigt das Herz, tränenreiche und freuderfüllte Gedanken hervorzubringen. Danach kann man tatsächlich die Samen des Gebetes sehen, die mit Tränen auf die Erde des Herzens ausgestreut sind und sich nun in der Hoffnung auf die Ernte freuen..."[163]

Inneres Beten nach Reinhard Körner

Einen höchst beachtenswerten Versuch, das so genannte „Innere Beten" konkret für eine lebendige Gebetspraxis im Hier und Jetzt zu beschreiben, unternimmt der Karmelit, geistliche Begleiter und Exerzitienmeister Reinhard Körner.

ÜBUNG:

„Ich versuche, mich einen Augenblick zu sammeln, innerlich ich selbst zu sein, so wie ich mich gerade vorfinde, und denke daran, dass Gott da ist, wenn auch der Wahrnehmung verborgen: dass er um mich herum ist, über mir, in mir – wie die Luft, dich mich umgibt, die mich durchströmt und die mich am Leben erhält. Ich ‚vergegenwärtige' mir, dass Gott Wirklichkeit ist; ich mache mir bewusst, dass der Gott, den ich für wahr halte, an den ich glaube, nach dem ich suche, über den ich nachdenke, so wirklich gegenwärtig ist wie jede andere anwesende Person. Dann folgt der eigentliche Schritt: Ich rede Gott an, von innen heraus, so dass wirklich ich es bin, der da redet; ich sage ‚du' zu Gott, zu diesem unfassbar großen Gott, den ich freilich nur ‚ahnen' kann. Wie von selbst sagt dann nicht nur der Verstand das ‚du'; inwendige Tiefenbereiche ‚sprechen' mit. Aus dem ‚du'-Sagen wird eine stille, worthafte oder auch wortlose Zuwendung von Wesen zu Wesen, ein ‚Sich-Zublicken', ein ‚Entgegen-Warten' zu dem großen Geheimnis hin, das mich und alle Existenz umfängt, zu diesem Gott von unfassbarer Größe und Weite, so verborgen und so nahe zugleich. – Eine einfache Übung kann hier sehr hilfreich sein: Ich schließe die Augen und sage bewusst den Satz: ‚Ich glaube an Gott.' Ich horche in den Sinn dieses Satzes hinein..."

Näher betrachtet und nachempfunden, drücke ich damit aus, dass ich eine religiöse, eine theistische Weltanschauung habe, ich bekenne mich zu einer Glaubensüberzeugung, zu einer bestimmten Welt- und Lebensdeutung, nicht weniger, aber auch nicht mehr. Dann wiederhole ich diesen Satz noch einmal und füge einen zweiten an, den ich nun ebenso bewusst spreche: ‚Ich glaube an *dich*, Gott.‘ Wieder gehe ich mit diesen Worten mit, versuche, das ‚an dich, Gott‘ wirklich zu meinen... Was dabei in mir geschieht, was ich dabei ‚tue‘, was dabei den Unterschied vom ersten zum zweiten Satz ausmacht – das ist Inneres Beten!"[164]

Zweck und Ziel der Übung (auch der folgenden):
Aufmerksame, wache Ausrichtung des eigenen Wesenskerns auf die Gegenwart Gottes.

Zeit und Ort:
Zu einer festgelegten Zeit, beliebig lange, an allen ruhigen Orten, am besten jedoch am gewohnten (Meditations-)Platz.

Sich Gott personal vorzustellen, ihn mit einem „Du" anzureden, ist in der jüdisch-christlichen Glaubenstradition zentral. Denn die göttliche Macht, die für Christen und Juden „die Welt im Innersten zusammenhält", ist eben keine „unpersönliche Kraft", keine bloße „alles umfassende Energie", wie viele Menschen in unserem Kulturkreis glauben. Vielmehr gilt in dieser Überlieferung, was der Philosoph Jörg Splett folgendermaßen beschreibt: „So fordert das Person-Sein des Menschen, Gott als personal zu denken. Die absolut unbedingte, heilige Wirklichkeit, von der her der Mensch er selbst ist und auf welche er sich du-sagend sammelt, kann solches nicht bloß von uns her sein. Sie muss selbst und aus sich selbst sie selbst sein. Darum gehören die Begriffe Person und Gott zusammen. Gott wäre nicht mehr Gott, wenn er weniger wäre als derart selbsthafter Ursprung. Und der Mensch könnte seinen Anspruch auf Personwürde gegenüber ihrer theoretischen wie praktischen Bestreitung nicht rechtfertigen, könnte sich nicht auf Gottes Anruf berufen."[165]

Inneres Beten nach Bruder Lorenz von der Auferstehung

Es folgen mehrere Beispieltexte von geistlichen Meistern und Meisterinnen seit dem Mittelalter bis in die Gegenwart, die das „Innere Beten" selbst praktiziert, darüber geschrieben und vor allem konkrete Übungsanweisungen gegeben haben. Die ersten beiden stammen von Nicolas Herman (1614–1691), der zur Zeit der Kontroversen um den Jansenismus und die Idee der Aufklärung als Laienbruder *Lorenz von der Auferstehung* im Karmel von Paris lebte, wo er in der Schusterwerkstatt und in der Küche tätig war. Wegen der klaren und schlichten Ausdrucksweise rechnet man seine kleinen Schriften, zum Beispiel die *Spirituellen Grundsätze* (Maximes spirituelles, 1692) zu den Perlen christlicher Spiritualität:

ÜBUNG:

„Die heiligste und wichtigste Übung im geistlichen Leben ist der Gedanke an die Gegenwart Gottes. Sie besteht darin, dass man sich angewöhnt, gern in Gesellschaft mit ihm zu sein, dabei in Schlichtheit und Ehrlichkeit zu ihm zu sprechen und liebevoll bei ihm zu verweilen, ohne Reglement und ohne auf ein bestimmtes Gebetspensum achten zu müssen. Es ist ein großer Irrtum zu glauben, die Zeiten des Gebets müssten sich von den übrigen Zeiten unterscheiden. Nein. Es ist uns aufgegeben, in der Zeit der Arbeit mit der Arbeit bei Gott zu sein und zur Zeit des Gebets mit dem Gebet. Mein Beten ist nichts anderes als an Gottes Gegenwart zu denken."[166]

Zeit und Ort:
Beliebig oft und lange, auch und gerade während der Verrichtung von Alltagsgeschäften, überall, auch am gewohnten (Meditations-)Platz.

Die zweite Übung, die Bruder Lorenz von der Auferstehung zum inneren Beten vorschlägt, lautet:

ÜBUNG:

„Wir müssen während unserer Arbeit und unserer sonstigen Tätigkeit, selbst wenn wir lesen oder schreiben, also auch, wenn es sich um geistige Dinge handelt, ja sogar während unserer Andachten und gesprochenen Gebete, ab und zu, so oft wir können, einen kleinen Augenblick innehalten, um uns im Grunde unseres Herzens Gott zuzuwenden, uns seiner – ganz geheim, wie im Vorübergehen – zu vergewissern. Wenn Sie wissen, dass Sie alles vor dem liebenden Angesicht Gottes tun und dass er sich im tiefsten Grunde Ihres Herzens befindet, warum sollten Sie dann nicht wenigstens von Zeit zu Zeit Ihre Beschäftigungen – und selbst Ihre rezitierten Gebete – unterbrechen, um sich innerlich zu ihm hinzuwenden, ihm etwas Schönes zu seinem Lob zu sagen, ihn um etwas zu bitten, ihm Ihr Herz hinzuhalten oder ihm Ihre Dankbarkeit zu zeigen? Was kann Gott lieber sein, als dass wir auf diese Art im Laufe des Tages immer wieder einmal aus unserer Alltagswelt aufschauen, um in unser Inneres einzukehren und uns von dorther ihm zuzukehren, zumal dadurch doch das Kreisen um das eigene Ich, wie es unter uns Geschöpfen üblich ist, aufgebrochen wird und die innere Rückkehr zu Gott uns selber mehr und mehr in Freiheit führt."[167]

Die innere Konzentration auf Gott bedarf der Übung und Ausdauer. Sie setzt voraus, dass man sich ernsthaft um ein untadeliges Leben bemüht. Das Achten auf die Gegenwart Gottes muss solange eingeübt werden, bis dieses Bewusstsein zur Gewohnheit geworden ist.

Inneres Beten nach Henri J. M. Nouwen

Henri J. M. Nouwen (1932–1996) war einer der bekanntesten geistlichen Schriftsteller der Gegenwart. Er wurde in den USA in der noch stark psychologisch ausgerichteten Pastoraltheologie ausgebildet und trug maßgeblich dazu bei, diesen Ansatz viel stärker auf das Gebiet der Spiritualität zu verlagern. Nach einer Tätigkeit als Professor für Pastoraltheologie an verschiedenen amerikanischen Universitäten lebte er seit 1986 in einer Behinderten-Gemeinschaft der „Arche"-Bewegung in Kanada. Im Zentrum seiner Übung stehen Gebete wie das Vaterunser, das Jesus-Gebet sowie Ein-Wort-Gebete.

ÜBUNG:

„Das Hören auf die Stimme der Liebe erfordert, dass wir Herz und Sinn aufmerksam auf diese Stimme richten. Wie kann das geschehen? Der fruchtbarste Weg besteht meiner Erfahrung nach darin, sich ein einfaches Gebet, einen Satz oder auch nur ein Wort auszuwählen und es langsam zu wiederholen. Besonders geeignet sind das Vaterunser, das Jesus-Gebet, der Name Jesus oder ein anderes Wort, das uns an die Liebe Gottes erinnert und sie in die Mitte unseres inneren Raumes stellt wie eine brennende Kerze in eine dunkle Kammer. Wahrscheinlich werden wir dabei ständig abgelenkt werden. Es wird uns durch den Kopf gehen, was gestern passiert ist, und wir werden uns Gedanken darüber machen, was morgen geschehen mag. Wir werden in unserer Fantasie lange Diskussionen mit Freund oder Feind führen, werden Pläne für den kommenden Tag schmieden, ein bevorstehendes Gespräch entwerfen oder unsere nächste Sitzung in Gedanken organisieren. Doch solange wir darauf achten, dass die Kerze in unserer dunklen Kammer nicht erlischt, können wir uns immer wieder dieses Licht zunutze machen und die Gegenwart dessen klar erkennen, der uns das anbietet, wonach wir am meisten verlangen. (...) Wenn wir unserer Übung treu bleiben, auch wenn es täglich nur zehn Minuten sein sollten, werden wir nach und nach – durch das Kerzenlicht unseres Betens – erkennen, dass es in uns einen Ort gibt, an dem Gott wohnt und an dem wir eingeladen sind, mit Gott zusammen zu wohnen. Eines Tages werden wir diesen inneren, heiligen Ort als den schönsten und kostbarsten ansehen, den wir aufsuchen können, um hier zu verweilen und geistlich gestärkt zu werden."[168]

Zeit und Ort:
Beliebig oft und lange, jedoch mindestens zehn Minuten täglich, überall, natürlich auch am gewohnten (Meditations-)Platz.

Nouwen macht darauf aufmerksam, dass Beten eine „Disziplin des Augenblicks" ist, dass wir, indem wir beten, in die Gegenwart Gottes treten und auf diese Stimme hören. Der Stimme der Liebe Gehör zu schenken bedeutet zugleich nicht mehr „taub" = lat. „surdus" zu sein und mithin kein vollkommen „taubes", „absurdes" Leben mehr zu führen!

Inneres Beten nach Katharina von Siena

Dass es beim inneren Beten mehr auf die Haltung der liebenden Sehnsucht als auf das mechanische, emotional unbeteiligte Hersagen eines Gebets ankommt, streicht die Kirchenlehrerin Katharina von Siena (1347–1380) heraus: „Bei vielen Seelen ist es nämlich so: ihr Gebet besteht mehr aus Worten denn aus Liebe. Es ist, als seien sie auf nichts anderes bedacht, als möglichst viele Psalmen und Vaterunser abzuleisten. Haben sie die Zahl erfüllt, die sie sich vorgenommen hatten, dann denken sie nicht weiter. Sie scheinen ihr Gebet auf das mündliche Hersagen zu begrenzen, damit ist es aber nicht getan, und lassen sie es dabei bewenden, dann erzielen sie wenig Frucht, und Mir (gemeint ist Gott, A.d.V.) ist solches Gebet nicht wohlgefällig. Fragst du Mich aber: Soll man es also lassen, da doch nur wenige zum inneren Gebet hingezogen scheinen, so erwidere Ich dir: keineswegs, doch soll man mit Ordnung vorgehen, denn Ich weiß wohl, dass eine Seele unvollkommen ist, ehe sie sich vervollkommnet und dementsprechend auch ihr Gebet. Selbstverständlich soll sie, um nicht dem Müßiggang zu verfallen, das mündliche Gebet pflegen, solange sie unvollkommen ist, aber nicht ohne gleichzeitig nach dem inneren zu streben. Während sie betet, soll sie den Geist zu Mir erheben und auf meine Liebe richten (...) Du siehst, nicht durch viele Worte gelangt einer zum vollkommenen Gebet, sondern durch liebende Sehnsucht, indem er sich in Selbsterkenntnis in Mir aufrichtet und beide Gebetsarten gleichzeitig grundlegt. So wirst du beide, das mündliche und das innere Gebet besitzen, denn sie gehören ebenso zusammen wie das tätige und das beschauliche Leben. Da freilich das mündliche und das innere Gebet sich auf mancherlei Arten verstehen lässt, habe Ich dir gesagt, dass schon das heilige Verlangen nach einem guten und heiligen Willen ein immer währendes Gebet ist."[169]

Es wird berichtet, dass Katharina schon als Kind nach einem religiösen Leben strebte und den ganzen Tag über gebetet haben soll. Nach heftigen Auseinandersetzungen konnte sie den Widerstand ihrer Familie überwinden und wurde mit siebzehn Jahren Dominikaner-Tertiarin, also Mitglied des Dritten Ordens. So konnte sie im elterlichen Haus, wo sie sich eine kleine Zelle gebaut hatte, wohnen. In ihrem kurzen Leben wirkte die heilige Katharina für eine Reform der Kirche.

Inneres Beten nach Elisabeth von Dijon

Wie man mit ganz einfachen Worten die Menschen zum inneren Beten führt, zeigen auch zwei Briefstellen der französischen Karmelitin Elisabeth von Dijon (1880–1906), die den Ordensnamen „Elisabeth von der Dreifaltigkeit" trug und mit 26 Jahren verstarb: „Ach, wenn ich Dich doch das Geheimnis des Glückes lehren könnte, so wie Gott es mich gelehrt hat! Du sagst, ich hätte weder Sorgen noch Leiden. Ja, ich bin tatsächlich sehr glücklich. Aber wenn Du nur wüsstest, dass man in Widerwärtigkeiten ebenso glücklich sein kann. Man muss nur immer zu Gott hinschauen." Und sie fährt fort:

ÜBUNG:

„Du musst Dir, so wie ich, im Inneren deiner Seele eine kleine Zelle bauen. Du denkst dann, dass der liebe Gott zugegen ist, und betrittst sie von Zeit zu Zeit. Wenn Du Deine Nerven spürst oder Dich unglücklich fühlst, so flüchtest Du Dich rasch dahin und vertraust dem Meister alles an. Ach, wenn Du nur eine geringe Kenntnis vom richtigen Beten hättest, dann würdest Du es nicht langweilig finden. Mir kommt es vor wie ein Ausruhen, eine Entspannung. Man begibt sich einfach zu dem, den man liebt. Man hält sich ganz in seiner Nähe auf wie ein Kind in den Armen seiner Mutter, und lässt dann seinem Herzen freien

Lauf. Du hast Dich früher immer so gerne neben mich gesetzt, um mir Deine Geheimnisse anzuvertrauen. Auf die gleiche Weise muss man zu ihm gehen. Wenn Du nur wüsstest, wie gut er versteht! Du würdest nicht mehr so leiden, wenn Du dies begreifen könntest."[170]

Zeit und Ort (auch bei der folgenden):
Beliebig oft und lange, überall, natürlich auch am gewohnten (Meditations-)Platz.

Ihre Spiritualität fasste Elisabeth 1904 in einem Gebet zusammen: „O mein Gott Dreifaltiger, den ich anbete, hilf mir, mich selbst zu vergessen, um ganz in Dir verwurzelt zu sein, unwandelbar und still, als weilte meine Seele in der Ewigkeit."[171] Es war vor allem die Lektüre von Teresa von Avila und Johannes vom Kreuz, die ihr half, ihre eigenen Erfahrungen besser zu verstehen, zu denen auch Zeiten der Trockenheit im Gebet gehörten.

Inneres Beten nach Teresa von Avila

Ursprünglich als praktische Einführung in das innere Beten gedacht, gehört der *Camino de perfección* (dt. Weg der Vollkommenheit) der spanischen Mystikerin Teresa von Avila zu den Klassikern der Spiritualität. Dabei steht das innere Beten, das im Spanischen als *Oración mental* bezeichnet wird, bei Teresa nicht für eine bestimmte Gebetsstufe, -stunde oder -übung, sondern vielmehr für eine innere Haltung bei der Begleitung jedweder Art von Gebet im Alltag, ob mündlich oder nur „im Herzen". Im engeren Sinn meint inneres Beten vor allem das persönliche stille Gebet, die bewusste Hinwendung zu Gott, das meditative Verweilen in der Gegenwart Gottes, bei dem der Beter zum schweigenden Empfänger der Selbstmitteilung Gottes wird. Für Teresa ist Beten „wie das Verweilen bei einem Freund", wobei vor allem das *Vaterunser* für sie und ihre Schwestern zu einer Schule des inneren Betens geworden ist.

ÜBUNG:

„Ach, ihr Seelen, die ihr nicht viel Verstandesarbeit leistet, noch euer Denken ohne viel abzuschweifen auf Gott ausrichten könnt; gewöhnt euch das an und macht es euch zur Gewohnheit! Schaut, ich weiß, dass ihr so etwas fertig bringt, denn jahrelang habe ich diese Not durchgemacht, mit meinen Gedanken nicht in Ruhe bei etwas bleiben zu können, und die ist sehr groß. Aber ich weiß auch, dass der Herr uns nicht so sehr im Stich lässt, als dass er uns nicht begleitete, wenn wir in Demut herbeikommen; und wenn wir es in einem Jahr nicht fertig bringen sollten, dann in mehreren. (...) Ich bitte euch ja gar nicht, dass ihr an ihn denkt oder euch viele Gedanken macht oder in eurem Verstand lange und subtile Betrachtungen anstellt; ich will nicht mehr, als dass ihr ihn anschaut. Wer verwehrt es euch denn, die Augen der Seele immer wieder auf ihn zu richten – wenn auch nur so zwischendurch, wenn ihr mehr nicht fertigbringt? (...) Also, Schwestern gewöhnt euch um der Liebe des Herrn willen daran, das *Vaterunser* in dieser Sammlung zu beten, und ihr werdet schon bald den Gewinn merken. Denn es ist eine Gebetsmethode, die im Nu zur Gewohnheit führt, dass die Seele nicht mehr verloren umherirrt... Ich bitte euch nur, es auszuprobieren, auch wenn es euch einige Mühe kosten sollte, denn alles was einem ungewohnt ist, kostet mehr Mühe. Ich versichere euch aber, dass es euch bald ein großer Trost sein wird, zu erkennen, dass ihr diesen heiligen Vater, zu dem ihr betet, in eurem Innern findet, ohne euch mit der Suche abzuplagen, wo er denn sei."[172]

Zweck und Ziel der Übung:
Aufmerksame, wache Ausrichtung des eigenen Wesenskerns auf die Gegenwart Gottes mit Hilfe des Vaterunsers.

Teresa von Avila, die 1970 von Papst Paul VI. als erste Frau zur Kirchenlehrerin erhoben wurde, reformierte den Karmeliterorden. Sie war mit Johannes vom Kreuz befreundet und gründete mit ihm zusammen viele Frauenklöster. Als ihr wichtigstes Buch gilt *Castillo interior* (dt. Die innere Burg) von 1577. Über sie schrieb der österreichische Essayist und Kritiker Franz Blei (1871–1942): „Teresa war mitnichten, was man sich unter einem klösterlichen Geschöpf vorstellt, weder dem Leibe, noch der Seele, noch dem Geiste nach, was alles auf höchste Aktivität gestellt war. Die frommen Bücher langweilten sie nicht weniger als das obligate Hersagen der Gebote. Sie wünschte, dass man von Herzen fröhlich sei und sich damit beschäftige, die anderen zu erheitern. Und dass man sich sehr hüten solle, ‚seinem Geist zu entfliehen‘, wenn man so glücklich sei, einen zu haben."[173] Es verwundert nicht, dass das Denken und Leben Teresas unter dem Motto der Freundschaft stand: mit Gott wie mit den Menschen, insbesondere mit den Benachteiligten und Leidenden.

16. Auf die Gegenwart Gottes achten: Unablässiges Beten

„Betet ohne Unterlass."

(Paulus im ersten Brief an die Thessalonicher 5, 17)

Die mit dem inneren Beten verwandte und zuweilen nahtlos ineinander übergehende Praxis des unablässigen oder immer währenden Gebets geht auf Jesu Aufforderung zurück, stets und beharrlich zu beten oder, wie es im Lukas-Evangelium heißt: „Jesus sagte ihnen durch ein Gleichnis, dass sie allzeit beten und darin nicht nachlassen sollten" (18,1). Christian Schütz, Abt von Schweiklberg, schreibt dazu: Jesu Gebetspraxis und -unterweisung ist verbunden mit dem Hinweis auf Fasten und Dienen. Im Neuen Testament wiederholt sich diese Mahnung vor allem in den Briefen, wo zugleich zur Wachsamkeit und zum Beten bei Tag und Nacht aufgerufen wird. Diese Mahnung entsteht aus der Lebens- und Herzenshaltung Jesu, der sich ständig im Angesicht seines Vaters wusste. „Der Beter steht als Erwählter, Gerechtfertigter und Geheiligter im gleichen Status ständig vor Gott. Für ihn kommt dazu noch ein weiteres Motiv: das liebende Verlangen und Ausschauhalten nach dem wiederkommenden Herrn, wozu ihm gerade die Gabe des Geistes im Gebet befähigt."[174]

Anleitungen zum unablässigen Beten gibt es viele. Wir beschränken uns auf einen Text aus dem 20. Jahrhundert, der davon ausgeht, dass sich der Beter jederzeit in der Gegenwart Gottes befindet.

Aufmerksamkeit für Gott nach Thomas Merton

Das schlichte immer währende Gebet beziehungsweise die Aufmerksamkeit für Gott können auch dann weiter gehen, wenn man mit irgendeiner Arbeit beschäftigt ist – und sei diese auch noch so banal. Darauf weist der amerikanische Trappistenmönch Thomas Merton (1915–1968) hin. Dieses Aufmerken auf Gott ist nicht einfach ein besonderer psychischer Zustand oder eine besondere Art von Sammlung und Konzentration. Es ist vielmehr eine Art Erfahrung, geliebt zu sein mitten im Alltag, die sich für jeden anders ergibt.

ÜBUNG:

„Der Zustand der Aufmerksamkeit für Gott kann aber durchaus mit einer einfachen Art von Tätigkeit verbunden werden. Die Tatsache, dass man sich während der Arbeit nicht immer bewusst ist, auf Gott zu achten, ist vielleicht sogar besser. Es ist nicht unbedingt das Beste und Gesündeste für einen Menschen, wenn er versucht, beständig still zu sitzen und sich intensiv seiner selbst in diesem passiven Zustand bewusst zu sein. Es ist besser, irgendeiner Form von Tätigkeit nachzugehen, ohne sich dabei bewusst zu sein, dass irgendwas Besonderes vor sich geht, vorausgesetzt, dass daraus keine Inanspruchnahme durch etwas anderes folgt. Nehmen Sie Tätigkeiten wie Hausputz, Geschirrspülen, Holzhacken, Grasschneiden oder dergleichen. Das sind durchaus keine Zerstreuungen. Wir werden von ihnen nicht derart in Anspruch genommen, dass unsere Aufmerksamkeit völlig abgelenkt wird. Es ist durchaus möglich, sich mit solchen Tätigkeiten zu befassen, ohne sich dabei ständig bewusst zu sein, dass wir beten oder dass wir noch etwas anderes tun als einfach das, womit wir gerade beschäftigt sind. Dies ist durchaus eine Weise, still und ruhig in der Nähe Gottes zu verweilen."[175]

Zweck und Ziel der Übung:
Schulung der Aufmerksamkeit für Gott in Gestalt eines immer währenden Gebets im Alltagsleben.

Zeit und Ort:
Jederzeit nach Belieben und allerorten, besonders während gewöhnlicher, einfacher Verrichtungen im Alltag.

Die Erkenntnis, dass selbst einfache Alltagsverrichtungen zu wirklichen spirituellen Übungen werden können, lehrt vor allem der

Zen-Buddhismus und wird Thomas Merton nicht zuletzt aufgrund seiner langjährigen persönlichen Erfahrungen mit dieser fernöstlichen Meditationspraxis gewonnen haben. Merton, einer der Pioniere des buddhistisch-christlichen Dialogs, vertrat die Meinung, dass insbesondere Zen den kontemplativen mystischen Kern des normalen menschlichen Lebens wie den der christlichen Tradition enthüllen könne. „Im Zen wird alles, was man tut, ein Mittel zur Selbsterkenntnis; jede Handlung, jede Bewegung wird ganz getan, nichts wird übrig gelassen... Denn was gäbe es sonst als die reine Handlung?... Alles andere, Gedanken an die Vergangenheit, Fantasien über die Zukunft, was sind sie außer Schatten und Geistern, die in unserem Gemüt herumflattern und uns davon abhalten, ganz ins Leben einzusteigen? In die Bewusstheit des Zen einzutreten, ‚aufzuwachen' bedeutet, das Gemüt von der gewohnheitsmäßigen Krankheit des unkontrollierten Denkens zu reinigen und es in seinen ursprünglichen Zustand von Reinheit und Klarheit zurückzubringen"[176], bemerkte Roshi Philip Kapleau, international anerkannter Zen-Meister des Buddhismus und Gründer des Rochester-Zen-Klosters in den USA, zur Heilung des Alltäglichen durch Zen.

17. Warten und die Stille hören: Die Praxis des Schweigens

> *„Höre mein Herz, wie sonst nur Heilige hörten:*
> *dass sie der riesige Ruf aufhob vom Boden;*
> *sie aber knieten, Unmögliche, weiter und*
> *achtetens nicht: So waren sie hörend.*
> *Nicht, dass du Gottes ertrügest,*
> *die Stimme, bei weitem. Aber das Wehende höre,*
> *die ununterbrochene Nachricht,*
> *die aus Stille sich bildet."*
>
> (Rainer Maria Rilke)

Stille und Schweigen stellen in fast allen Religionen notwendige Bedingungen für die geglaubte, vornehmlich jedoch die erfahrene Gegenwart des Göttlich-Heiligen dar. Denn gerade die Stille des Kosmos, die Weite der Schöpfung kann vom Geheimnis Gottes sprechen. „Als tiefes Schweigen alles umfing und die Nacht bis zur Mitte gelangt war, da sprang dein allmächtiges Wort vom Himmel", heißt es im alttestamentlichen Buch der Weisheit (18,14). Wort und Schweigen bedingen einander. Auch die jüdische Religion, die stark vom Wort geprägt ist, kennt das Schweigen „im Angesicht Jahwes". „Dass Schweigen Gebet sein kann, beruht auf uralten Erkenntnissen, die in der Religion der Ägypter, bei Plotin, den Neupythagoreern, den Neuplatonikern und den Mystikern aller Religionen zu finden sind. Die Religionsgeschichte lehrt, dass das Hauptanliegen jeder Religion die Begegnung mit dem Heiligen und dessen Erfahrung ist."[177] Betend schweigen – schweigend beten: Sich sprechend vor Gott zu bringen, kann Gebet sein. Und: Auch sich schweigend vor Gott zu bringen, kann Gebet sein!

Friedrich Heiler unterscheidet insgesamt sechs Formen des „heiligen Schweigens". Da gibt es das „kultisch-zauberhafte Schweigen", bei dem der Magier den Gottesnamen und die heilige Formel aus Furcht, seine Macht könne in den Besitz anderer übergehen, verschweigt. Dann gibt es das „kultisch-religiöse Schweigen" über den Kult außerhalb des Kultes und als Ausdruck tiefster Ehrfurcht vor der Unaussprechlichkeit Gottes, seiner jede menschliche Rede übersteigenden Majestät. Die dritte Form ist das „asketische Schweigen" aus Scheu vor dem Zauberwort, aus Angst vor der Sünde. Sodann das „betende Schweigen" beziehungsweise das wortlose Gebet der individuellen Frömmigkeit, wie es besonders von den Mystikern geübt wird. Als fünfte Form benennt Heiler das „theologische Schweigen" der so genannten negativen Theologie, die davon ausgeht, dass man eher aussprechen kann, was Gott *nicht* ist, als das, was er *ist*. Schließlich noch das „metaphysische Schweigen", das in der Hermetischen Literatur der Spätantike die Unnahbarkeit des Göttlichen beschreibt. Trotzdem beobachtet Heiler eine Gemeinsamkeit zwischen heiligem Schweigen und heiligem Wort: „Die prophetische Frömmigkeit legt den Nachdruck auf das Wort als Ausdruck der Offenbarung Gottes: ‚Ich glaube, darum rede ich' (2 Kor. 4,13). Die Mystik hingegen betrachtet das Schweigen als einzig adäquaten Ausdruck des Göttlichen. Die Typenunterscheidungen von prophetisch und mystisch erscheinen hier in aller Schärfe: Prophet ist der an Gottes Stelle Redende, Mystiker der ‚Mund und Augen Verschließende' ... Diese Gegensätzlichkeit ist aber letztlich nicht eine Gegensätzlichkeit von Typen, sondern von innergöttlichen Polen: des *deus absconditus* (der verborgene Gott) und *deus revelatus* (der geoffenbarte Gott). Eben darum müssen diese beiden Typen sich unablässig abstoßen und anziehen. Der Mensch kann nur unvollkommen Gott fassen."[178]

Stille und Schweigen sind fast gleichwertige Grundhaltungen in der Mystik. Schon die Spätantike sieht im Schweigen das höchste Lob, das man der Gottheit darbringen kann. Der Neuplatonismus betont, dass „Gott über allem Absprechen und Aussagen steht", wie Pseudo-Dionysius sagt. Der Mensch muss schweigen, weil seine Worte und Begriffe für das Göttliche unzureichend sind (vgl. *Via negationis*). In dieser Überzeugung gründeten Mönche ihre Klöster an einsamen, zumeist schön gelegenen Orten, um dem Heiligen ungestört und intensiv begegnen zu können: Stille als schweigende Anbetung, als Einschränkung unnötigen Sprechens, als Distanz zum Lärm und Treiben der Welt.

Das wohl großartigste Preislied auf das mystische Schweigen hat Augustinus in seinen *Confessiones* angestimmt: „Wenn einem die Wirrnisse des Fleisches schweigen, schweigen auch die Bilder der Erde, des Wassers und der Luft; wenn des Himmels Pole schweigen, wenn die Seele selber schweigt und über sich hinaus geht, indem sie nicht an sich denkt, wenn die Träume schweigen und die Offenbarungen der Einbildung, wenn jede Zunge und jedes Zeichen und alles Vergängliche völlig schweigt – dann, wenn einer auf sie hört, so sprechen sie alle: ‚Wir haben uns nicht selbst gemacht, sondern Er hat uns geschaffen' – wenn sie nach diesen Worten schweigen, weil sie das Ohr zu dem gerichtet haben, der sie schuf, und er nun allein zu uns spricht, nicht durch sie, sondern durch sich selbst, so dass wir sein Wort hören . . .., ist das nicht die Erfüllung des Wortes: ‚Gehe ein in die Freude deines Herrn'?"[179]

Die Mystiker des Mittelalters erklären, nur stammelnd vom Inhalt ihrer Erfahrungen reden zu können. Innerlich überwältigt, wollen sie ihn im Schweigen verbergen. Johannes vom Kreuz ermahnt, „sich in geistigem Schweigen zu halten, im liebevollen Hinmerken auf Gott" zu bleiben. Und Angelus Silesius betont, dass Gott sich „dem Schweigenden weitaus mehr zeigt, als er es sich wünschen kann". Und der große protestantische Mystiker und „Philosophus teutonicus" Jacob Böhme (1575–1624) kam zu der Erkenntnis, dass nur „stilles Schweigen" zur *Unio mystica*, zur mystischen Einung mit Gott, führen kann.

Teresa von Avila wiederum stützte sich in ihrer Ordensreform auf Texte der Schrift wie: „Es ist gut, in Stille der Arbeit nachzugehen" (2 Thess 3,12), oder: „Die Auswirkung der Gerechtigkeit ist Stille" (Jes 32,17), und auf den Kernsatz der Karmelregel: „In Stille und Vertrauen ruht eure Kraft" (Jes 30,15). Teresa führte in ihren kleinen Klöstern täglich zwei Stunden schweigendes Beten ein (inneres Gebet, Beschauung). Sie wollte in ihren Klöstern ein Klima schaffen, in dem sich Gott selbst als Friede erweist. Ruhig und still werden hieß für sie nicht etwa ausruhen, sondern zu jener absichtslosen Offenheit des Herzens vordringen, in der Gott allein wirken kann.

In der abendländischen Mystik und in ihrer täglichen Praxis nimmt die Übung des Schweigens einen zentralen Platz ein. Das menschliche Ich soll so weit zurückgenommen werden, dass die göttliche Wirklichkeit hörbar werden kann. Was damit gemeint sein könnte, veranschaulichte der dänische Philosoph und christliche Existenzialist Sören Kierkegaard (1813–1855):

„Als mein Gebet immer andächtiger und innerlicher wurde, da hatte ich immer weniger und weniger zu sagen. Zuletzt wurde ich ganz still. Ich wurde, was womöglich noch ein größerer Gegensatz zum Reden ist: Ich wurde ein Hörer. Ich meinte erst, Beten sei Reden. Ich lernte aber, dass Beten nicht bloß Schweigen ist, sondern Hören. So ist es: Beten heißt nicht, sich selbst reden hören. Beten heißt: Still werden und still sein und warten, bis der Betende Gott hört."[180]

Für Thomas Merton erfüllt das Schweigen gleich mehrere existenzielle Aufgaben, vor allem aber jene, die eigene Einheit zu finden: „Das Schweigen gibt uns nicht nur die Möglichkeit, uns selbst besser zu verstehen und unser eigenes Leben wirklichkeitsgetreuer und ausgeglichener im Zusammenhang mit dem Leben anderer zu sehen: auch macht uns das Schweigen ganz, wenn wir es wirken lassen. Das Schweigen hilft uns, die zerbrochenen und verstreuten Energiesplitter unseres Wesens zusammenzufügen. Es hilft uns, uns auf ein Ziel hin auszurichten, das tatsächlich nicht nur den tiefsten Bedürfnissen unseres Wesens entspricht, sondern auch Gottes Absichten mit uns."[181] Jörg Zink, evangelischer Pfarrer und Publizist, sieht im Schweigen, das Ruhen in Gott, eine wichtige Übung für seinen eigenen spirituellen Weg: „Ich habe ... im Laufe meines Lebens mehr und mehr gefunden, dass ich auch vor Gott sein kann, ohne zu reden. Wenn ich glaube, dass Gott mein Wort hört, dann ist mein Wort im Grunde unnötig. Dann hört Gott auch, was ich denke, ohne es auszusprechen. Dann sieht Gott, was in mir ist, und nimmt mich an, wie ich, ohne Wort, vor ihm anwesend bin, mich vor ihm ausbreite, ohne mich oder irgendetwas in mir zu verbergen. Wenn Menschen um mich sind, die von mir Worte des Gebets brauchen, dann bete ich mit Worten. Aber mein eigenes Gebet wurde im Lauf meines Lebens immer leiser, bis es fast nur noch in meiner wortlosen Gegenwart vor Gott besteht, einem wortlosen Hören auf das, was Gott redet, und einem wortlosen Nachsprechen dessen, was Gott mir sagt."[182]

Die betende Schweige-Meditation vor Gott kann sogar so tief gehen, dass alle Worte, selbst das Wort „Du" überflüssig werden, wie der Symbolforscher Alfons Rosenberg 1974 schreibt: „Was bedeutet eigentlich Schweigen? Ist es nur ein Verstummen, ein willentliches Unterdrücken des Redens? ... Ist Schweigen nur Verzicht auf die menschlichste aller Gaben, die Sprache? Nein, echtes Schweigen ist keine Negation, kein Verlust, kein Verzicht, denn es öffnet die Pforte zu einer zwar stets vorhandenen, aber zumeist dem Menschen verborgenen Welt, der Tiefenwelt des Erkennens und Liebens. Im Schweigen holen wir uns zurück aus der Zerstörung, rufen wir unsere in die Welt entlassenen Kräfte zurück in ihren Ursprungsbereich. Wir beginnen im Schweigen jene innere Sammlung, die – wenn sie gelingt – das Erblühen der Stille ermöglicht. Im Schweigen gehen wir den Weg, der nicht nur in die Seelen-, sondern auch in die Welttiefe und endlich in die Tiefe der Gottheit führt."[183] Der schweigende, die Stille zulassende Mensch gibt Gott sozusagen die Gelegenheit, ihm des „Herzens Ohr" zu öffnen (Augustinus) und ihm etwas mitzuteilen.

Das Ruhegebet – Einübung nach Johannes Cassian

Johannes Cassian (um 360- um 435) lebte in Klöstern in Bethlehem und in der sketischen Wüste und gründete in Marseille ein Männer- sowie ein Frauenkloster. Das Ruhegebet stellt die Anrufung Gottes in den Mittelpunkt. Es führt den Betenden über seine Vorstellungswelt und über sich selbst hinaus und vermittelt ihm Erfahrungen eines immer tiefer werdenden Schweigens in Gott. Im Ruhegebet soll die Hingabe des eigenen Willens an Gott geübt werden.

ÜBUNG:

„Dieses Gebet der Hingabe muss langsam eingeübt werden und dem Lebensrhythmus angemessen sein. Im Hinblick auf die vielfältigen Aufgaben und Aktivitäten wird empfohlen, nicht länger als zwanzig bis dreißig Minuten, jeweils morgens und abends, zu meditieren. Hierzu gehen wir in ‚unsere Kammer und schließen die Tür zu' (Matth 6,6). Im Ruhegebet übereignen wir uns mit ganzem Herzen dem Herrn und verlassen uns auf ihn, legen alle Relationen dieser Welt ab, indem wir nicht mehr in ihr aktiv sind, und geben alle Stimmungen wie Traurigkeit, Gereiztheit und Langeweile ab. Cassian empfiehlt dem Suchenden, der tief in seinem Herzen nach dem Einssein mit Gott verlangt, die folgende Gebetsformel: Gott, komm mir zur Hilfe. Herr, eile mir zu helfen! (Ps 70,2) Die Formel nimmt man zunächst lernend ganz in sich auf. Auf sie lenkt der Meditierende ständig seinen inneren Blick. So wird die Formel mehr und mehr dem Geist zu Eigen. Nach dem Erwägen wird sie dann nur noch ohne das Hinzutun eigener Gedanken innerlich wiederholt. Dieser Vorgang, der keine aktive Betrachtung mehr ist, bewirkt im Betenden eine heilsame Veränderung und führt langsam in eine neue Dimension des Seins."[184]

Zweck und Ziel der Übung:
Hingabe des eigenen Willens an Gott, zuerst mit Hilfe einer kurzen Gebetsformel, dann durch ein immer tiefer werdendes Schweigen.

Zeit und Ort:
Jeweils morgens und abends, an einem ruhigen Ort, am besten am gewohnten (Meditations-)Platz.

Zustand des erfüllten Schweigens nach Dionysius Areopagita

Wie gelangt der Beter in ein erfülltes Schweigen? Dionysius Areopagita, Verfasser theologischer Schriften im 5. oder 6. Jahrhundert, gab genaue Anweisung, wie dieser Weg zu beschreiten ist. Der Name „Pseudo-Dionysius Areopagita" wurde dem unbekannten Mitbegründer der christlichen Mystik im Nachhinein verliehen, im Anschluss an eine Person aus der Apostelgeschichte (17,34). Dort wird ein „Dionysius, einer vom Areopag" genannt. Die Lehre des Pseudo-Dionysius orientierte sich am ostkirchlichen Theologen Gregor von Nyssa und ging von einer hierarchisch gestuften Schöpfungsordnung aus. Der Einfluss der Dionysius-Schriften auf die Scholastik und die Mystik des Mittelalters war groß.

ÜBUNG:

„Wenn du dich ernsthaft auf den geistlichen Weg begibst, verlasse zunächst deine Sinne, indem du den Austausch mit der Welt, der durch deine Sinne geschieht, völlig aufgibst. Ziehe das, was dich ausmacht, aus allen Gedanken- und Gemütsbewegungen zurück. Gehe nicht mehr bewusst dem verstandesmäßigen Denken nach und verharre nicht in Gefühlen. Beschäftige dich nicht mit dem, was ist, wie auch nicht mit dem, was nicht ist oder sein könnte. Erlaube es deiner Innerlichkeit, deiner Seele, mit der ihr innewohnenden Sehnsucht und Kraft, sich zu ihrem Ursprung empor zu schwingen. Mische dich – soweit du es eben vermagst – nicht in diese von selbst fließende Bewegung ein. Deine Seele wird sich auf eine dir unbekannte und unaussprechliche Weise mit Dem vereinen, der über allen Wesen und über aller Erkenntnis ist."[185]

Zweck und Ziel der Übung:
Schweigende Erfahrung des Absoluten durch die zeitweise Unterbrechung aller Sinnes-, Gedanken- und Gemütsbewegungen.

Zeit und Ort (auch bei den folgenden):
Jederzeit nach Belieben und allerorten, am besten am gewohnten (Meditations-)Platz.

Nach Dionysius erfolgt der spirituelle Aufstieg jedes Menschen über drei Stufen: Die Anfangs- oder Läuterungsstufe besteht darin, durch Disziplin, moralisches Verhalten und zunehmende Hinwendung zum Gebet die eigene Selbstsucht abzulegen. Die zweite Stufe, die der Erleuchtung, wird der erlangen, dem Gott aufgrund seines festen Willens und einer disziplinierten Lebensführung als Bekehrter die geistigen Augen für die Geheimnisse seiner Natur und die Absichten mit der Welt öffnet. Die dritte Stufe, das Einswerden, zeichnet sich durch einen tiefen, friedvollen Zustand aus, der die formellen Gebetsworte übersteigt, in dem das Suchen ins Finden mündet und der Glaube zur direkten Erfahrung wird. Dieses Ordnungs-Schema wird die gesamte nachfolgende spirituelle Literatur beeinflussen.

Tiefes Schweigen und Stillsein nach Miguel de Molinos

An die Schweigeübung von Pseudo-Dionysius Areopagita knüpft im 17. Jahrhundert Miguel de Molinos (1628–1696) an. Er ist mit ein Hauptvertreter des so genannten Quietismus (von lat. *quies*, Ruhe), der die Auffassung vertrat, dass nur die passive Hingabe, nicht der aktive menschliche Wille der Forderung nach einem gottgemäßen Leben entspreche. Strenge Quietisten lehnten den Empfang der Sakramente und jegliche Frömmigkeitsübung ab, weshalb diese Bewegung von der Inquisition verfolgt und als Irrlehre gebrandmarkt wurde. Auch Miguel de Molinos wurde verhaftet und starb nach neun Jahren Kloster-Gefängnis elendig. Seine Ausführungen zum mystischen Weg *(Guía espiritual)*, die sich im Wesentlichen auf Teresa von Avila und Johannes vom Kreuz stützen, fanden in Spanien kein Echo (Verbot der Schrift 1685), in Frankreich und Deutschland hingegen waren sie umso beliebter.

ÜBUNG:

„Üben wir uns ein, um häufig in diese tiefe Ruhe zu kommen und in ihr vorübergehend zu bleiben, muss in jedem Fall alles menschliche Tun, Denken, Nachsinnen und Betrachten zurückgelassen und aufgegeben werden. In dieser Ausrichtung auf die Liebe Gottes – die Sehnsucht der menschlichen Seele – kümmern wir uns nicht um die von selbst einfallenden Gedanken. Sie kommen und schwinden wie Wolken, die vorübergehend das Licht der Sonne verdecken. Wenn sich Gemütsbewegungen einstellen, lassen wir sie zu. Wir steigen weder in sie ein, noch halten wir sie fest – selbst wenn sie noch so angenehm erscheinen. Wir lassen uns durch nichts voreilig aus diesem tiefen Schweigen und Stillsein herausbringen. Nehmen aber die nach außen gerichteten Tendenzen überhand und versuchen uns abzuziehen, richten wir erneut die Augen der Seele auf die Liebe Gottes. Dies kann praktisch geschehen, indem wir leise und innerlich Seinen Namen anrufen oder um Erbarmen bitten. Dann wird sich wie von selbst unsere Seele in die Hände Gottes legen, und tiefere innere Ruhe wird uns erneut erfüllen. Diese Augenblicke werden von uns als Dauer oder gar zeitlos empfunden. Das Wesentliche und Wesentlichste geschieht: Die schöpferische Gegenwart Gottes erfüllt uns und lässt uns die Kraft zuströmen, die wir am notwendigsten für unser Leben und in unserem Leben gebrauchen. Gleichzeitig wird uns durch diese Erfahrung ein lebendiger Glaube geschenkt, auf den wir uns zu jeder Zeit verlassen können."[186]

Zweck und Ziel der Übung:
Schweigende Erfahrung des Absoluten durch die zeitweise Unterbrechung aller Sinnes-, Gedanken- und Gemütsbewegungen.

Miguel de Molinos bediente sich einer Bildlichkeit, wie man sie sonst aus dem Buddhismus kennt. Dort werden die während der Meditationspraxis aufkommenden störenden Gedanken und Gefühle ebenfalls mit vorüberziehenden Wolken, die den klaren Himmel, Symbol des reinen Bewusstseins, zeitweise verdecken können, verglichen.

Aber an welchen Zeichen und Erfahrungen kann der Betende die rechte Ausführung des Ruhegebets erkennen? Dazu gibt Molinos folgende fünf Anweisungen:

ÜBUNG:

„*Erstens:* Der rechte Einstieg beginnt mit einem Lassen aller Willensanstrengung, damit die eigenen Kräfte der Seele in tiefer Ruhe aufmerken können. Die Seele wird durch einen Anruf Gottes auf Ihn ausgerichtet. Diesen zarten ‚Willensimpuls' nehmen wir sofort zurück und unterlassen jede Beobachtung. Wenn uns Gedanken durchziehen, gehen wir ihnen nicht nach; wenn Stimmungen oder Gemütsbewegungen aufkommen oder Unruhe uns befällt, lassen wir sie bedenkenlos zu, bemühen uns jedoch nicht, sie zu verdrängen. Wir versagen uns jeglicher Willensanstrengung. (...) *Zweitens:* Ein Kennzeichen für die rechte Ausübung des Ruhegebets ist der tiefe Wunsch, sich während des Gebetes zurückzuziehen. Der Betende möchte allein oder nur in schweigender Gemeinschaft derer sein, die ebenfalls diesen Gebetsweg gehen. *Drittens:* Eine weitere Voraussetzung auf dem Weg, der den Kräften der Seele erlaubt, aufzumerken, um etwas vom göttlichen Wesen in sich aufzunehmen, besteht darin, dass der Betende seine geistlichen Bücher aus der Hand legt und ganz seiner Innerlichkeit folgt. Sollte er das, was ihm in seinem Herzen gewahr wurde, später in der Literatur wiederfinden, kann sie ihm durchaus wesentlicher Begleiter werden. Wenn wir jedoch den ersten Schritt im Gebet der Ruhe tun, bleibt jedes geschriebene, gedachte oder gefühlte Wort zurück. *Viertens:* Der Weg in ein tiefes Schweigen wird frei und gangbar, wenn wir uns an nichts festhalten, unsere Gedanken nicht steuern oder irgendeine Macht auf uns selbst ausüben. Während der Zeit des Gebetes – und das muss betont werden – soll bewusst nicht gedacht werden, so dass es der Seele erleichtert wird, die Bewegung aufzunehmen und die Richtung einzuschlagen, die ihrem augenblicklichen Zustand und ihrer Sehnsucht entspricht. *Fünftens:* Außerhalb des Gebetes zeigt es sich, dass wir eindeutiger und schneller eine klare Entscheidung treffen können, die lebensunterstützend ist und nicht zum Schaden anderer wird. Es stellt sich eine tiefere Erkenntnis der Wahrheit ein, und Dank an den Schöpfer drückt sich auf natürliche Weise in unserem gesamten Verhalten aus."[187]

Zweck und Ziel der Übung:
Schweigende Erfahrung des Absoluten durch die zeitweise Unterbrechung aller Sinnes-, Gedanken- und Gemütsbewegungen.

Dass diese Art des „passiven Betens" bei der Kirche auf wenig Verständnis, ja, auf Argwohn stieß, dokumentiert ein Schreiben, das Kardinal Caraccioli an Papst Innozenz XI. sandte: „Seit einiger Zeit verbreitet sich hier . . . eine besondere Art zu beten, passiv zu beten. Diese Leute suchen im Gebet sich völlig zu verlieren, ohne noch auch nur innerlich irgendein Wort auszusprechen. Sie versetzen sich in eine ‚friedliche' Art der kontemplativen Versunkenheit, die man ‚Ruhe' oder ‚Frieden' oder ‚Glauben' nennen kann, die aber kaum mehr ein Gebet ist! Diese Leute nennen sich denn auch Quietisten und meinen, dass sie dies von der Mühe völlig entheben könne, Gebete zu sprechen, aktive Meditation zu üben, überhaupt innere Einkehr zu halten. Sie geben sich, wie sie selbst es nennen, nur dem Atem Gottes hin, den sie vom Himmel her zu verspüren behaupten, und beobachten keine Liturgie und keinerlei Regel mehr."[188]

Vom inneren Schweigen nach Madame Guyon

Anweisungen zum inneren Schweigen gibt auch die Adlige Jeanne Marie Guyon (1648–1717), die in Frankreich zu den Hauptvertretern des Quietismus zählte. In der kleinen Schrift *Kurzer und sehr leichter Weg zum inneren Gebet*, die erstmals 1701 von dem evangelischen Theologen Gottfried Arnold ins Deutsche übersetzt wurde und nachhaltigen Einfluss auf die Strömung des Pietismus hatte, betont diese „Abenteurerin der Mystik" (Emmanuel Jungclaussen) die Notwendigkeit des inneren Schweigens für den Empfang des göttlichen Wortes, das „die Seele in einer Verfassung vorfinden muss, die zu ihm in einer gewissen Beziehung steht". Dabei gilt es, das Ohr zu öffnen und hinzuhören, denn: „Das Gehör ist der Sinn, der dazu geschaffen ist, das Wort aufzunehmen, das ihm mitgeteilt wird. Das Gehör ist ein mehr passiver als aktiver Sinn. Er nimmt auf und teilt nicht mit. Da das göttliche Wort jenes WORT ist, das sich der Seele mitteilen und sie lebendig machen soll, muss sie ihre Aufmerksamkeit auf dieses WORT richten, das in ihrem Innern zu ihr sprechen will."[189]

Madame Guyons Lebensweg fiel in das so genannte goldene Zeitalter der französischen Mystik. Ihre Gedanken wurden im 18. Jahrhundert innerhalb des deutschen Pietismus vor allem durch Gerhard Tersteegen (1697–1769) fruchtbar. In historischer Perspektive ist sie mit Recht zu den wichtigen Persönlichkeiten abendländischer christlicher Spiritualität zu zählen.

Leer- und Stillwerden nach Edith Stein

Von der Philosophin Edith Stein (1891–1942), die in einer jüdischen Familie geboren und später katholisch wurde, stammt eine interessante Anregung zum Leer- und Stillwerden. Sie findet sich in einem Brief an berufstätige Frauen. Die in Auschwitz ermordete Karmelitin berichtet, wie sie jene Atempausen in ihrem reichlich gefüllten Tagewerk suchte, die ihr als berufstätige Frau geistlich-religiös weiterhalfen.

ÜBUNG:

„Was wir tun können und müssen, ist . . . unsere ganze Seele aufnahme- und formungsbereit in Gottes Hände legen. Damit hängt zunächst das Leer- und Stillwerden zusammen. Von Natur aus ist die Seele mannigfach erfüllt: so sehr, dass eins immer das andere verdrängt und in ständiger Bewegung, oft in Sturm und Aufruhr hält. Wenn wir morgens erwachen, wollen sich schon die Pflichten und Sorgen des Tages um uns drängen, falls sie nicht schon die Nachtruhe vertrieben haben. Da steigt die unruhige Frage auf: Wie soll das alles in einem Tag untergebracht werden? Wann werde ich dies, wann jenes tun? Und wie soll ich dies und das in Angriff nehmen? Man möchte gehetzt auffahren und losstürmen. Da heißt es, die Zügel in die Hand nehmen und sagen: Gemach! Vor allem darf jetzt gar nichts an mich heran. Meine erste Morgenstunde gehört dem Herrn. (. . .) Jede muss sich selbst kennen oder kennen lernen, um zu wissen, wo und wie sie Ruhe finden kann. Am besten, wenn sie es kann, wieder eine kurze Zeit vor dem Tabernakel alle Sorgen ausschütten. Wer das nicht kann, wer vielleicht auch notwendig etwas körperliche Ruhe braucht, eine Atempause im eigenen Zimmer. Und wenn keinerlei äußere Ruhe zu erreichen ist, wenn man keinen Raum hat, in den man sich zurückziehen kann, wenn unabweisliche Pflichten eine stille Stunde verbieten, dann wenigstens innerlich für einen Augenblick sich gegen alles andere abschließen und zum Herrn flüchten. Er ist ja da und kann uns in einem einzigen Augenblick geben, was wir brauchen."[190]

Zweck und Ziel der Übung:
Leer- und Stillwerden für die Erfahrung Gottes.

Mit diesen Ratschlägen gibt uns Edith Stein eine Meditationsmethode an die Hand, die alle jederzeit anwenden können. Um dieses wichtige Leer- und Stillwerden vor Gott auch erreichen zu können, müsse man jedoch zuweilen auch gegen äußere und innere Widrigkeiten bewusst ankämpfen, Nein sagen und lastende Aufgaben und Probleme für eine gewisse Zeit loslassen. Denn erst dadurch höre man auf, um sich selbst zu kreisen, und könne sich auf die (mystische) Nähe des lebendigen Gottes einlassen.

Edith Stein trat 1922 nach der Lektüre der Lebensbeschreibung Teresas von Avila – die sie emphatisch mit „Das ist die Wahrheit!" kommentierte – zur katholischen Kirche über, war 1932 Dozentin in Münster und wurde 1933 als Teresia Benedicta a Cruce in den Karmel von Köln aufgenommen. 1938 floh sie von da aus in den niederländischen Karmel in Echt. In ihrem Werk versuchte sie eine Synthese der Husserlschen Phänomenologie – sie war eine Schülerin des Freiburger Philosophen – mit der Seinslehre des Thomismus und der augustinischen Metaphysik.

18. „Entwerden" und sich selbst sterben oder Von der Aufgabe des Egos und der Vernichtung der Selbstsucht

> *„Mensch, hüte dich vor dir! Wirst du mit dir beladen,*
> *Du wirst dir selber mehr als tausend Teufel schaden."*
>
> (Angelus Silesius)

Willigis Jäger fasst die letzte Stufe mystischer Erfahrung unter „Tod des Ichs" zusammen. Es ist die unabdingbare Voraussetzung für die *Unio mystica*. Wer mit dem Absoluten eins werden möchte, muss das kleine Ich mit all seinen Wünschen und Begierden aufgeben, allen auftauchenden Ängsten des Selbstverlustes zum Trotz. „Alle Hoffnungsbilder und religiösen Versprechen fallen wie ein Kartenhaus zusammen. Es bleibt das, was die Mystik mit Nichts bezeichnet. Dieses Nichts, das (Meister) Eckhart Gottheit nennt, Zen Leerheit und Johannes vom Kreuz ‚Nada', ist Ziel und Quelle zugleich. Für Johannes vom Kreuz führt bereits der Aufstieg über die Stufen des ‚Nada' auf den Berg und auf dem Gipfel des Berges ist ebenfalls ‚Nada'. Hier gibt es auch keine Religion mehr ... Damit hört die Umschreibung mit Begriffen auf. Die mystischen Texte aber lassen ahnen, dass diese Leerheit nicht leer ist und das Nichts nicht nichts ist. – Damit ist aber nicht das Ende des Weges erreicht. Es ist gleichzeitig Wendepunkt und führt zurück ins Leben, und damit geschieht die Integration der Erfahrung in den Alltag. Über das Nichts führt der Weg ins Alles."[191]

Dass es sich beim Ich um eine Illusion handelt, die in einem Reifungsprozess aufzulösen ist, betont vor allem der Buddhismus. So leugnete Buddha zwar nicht, dass wir ein Gefühl der fortdauernden Identität hätten. Doch lehrte er, dass es sich bei diesem Ich nur um ein Wahnprodukt bestimmter vorübergehender, an die körperliche Existenz gebundener Bedingungen handelt. Ein unveränderliches, unabhängiges Ich gebe es nicht. Modern ausgedrückt: Das beherrschende Gefühl eines unwiderruflich von der

Welt abgespaltenen Ichs, einer ontologisch und erkenntnistheoretischen Trennung von Selbst und Welt, ist ein Irrtum, allerdings ein folgenreicher . . .

Im abendländischen Denken spielte das Ich lange Zeit keine besondere Rolle. In der antiken und in der mittelalterlichen Philosophie wird dem Ich keine ihm eigentümliche Qualität zugeordnet. Erkenntnistheoretisch bedeutsam wird das Ich erst im Zuge der Neuzeit, vor allem seit René Descartes, der als Erster die Grundzüge des von der Welt getrennten Selbst formulierte. Spätestens seit Beginn des 20. Jahrhunderts wird diese Auffassung allerdings wieder entschieden anders gesehen: Bei Martin Heidegger ist das Ich kein erkenntnistheoretisches Prinzip mehr, das die Welt begründet (so der Idealist Fichte) beziehungsweise konkretisiert – es ist vielmehr immer schon in der Welt. Heidegger vermeidet den Ich-Begriff genauso wie den des Subjekts. Er spricht lieber vom DASEIN, das der Herausbildung eines Ich-Bewusstseins zugrunde liegt. Das Ich sei nur eine Abstraktion, eine Ausgrenzung aus dem Kontext des lebensweltlichen „In-der-Welt-Seins". Bei Ludwig Wittgenstein bezeichnet das Ich im philosophischen Sinne die „Grenze der Welt", wobei der Gegenstand „Ich" in der Welt gar nicht vorkommt. Nach Wittgenstein ist die substanzielle Rede vom Ich nicht weniger als sinnlos. Christliche Mystik, östliche Religion und moderne Philosophie in ungeahnter Eintracht!

Reines Unwissen, Selbst-Vergessenheit und nichterkennendes Erkennen nach Meister Eckhart

Dass der Erkenntnis Gottes das demütige Zunichtewerden des Ichs samt seinem beschränkten Vernunftwissen und Eigenwillen vorausgehen muss, davon spricht Meister Eckhart wiederholt in seinen *Predigten und Traktaten*. Er bedient sich dabei ausdrücklich paradoxer Wendungen, wie sie für die Sprache der Mystik typisch sind, um sich andeutend und gleichsam tastend dem Unaussprechlichen zu nähern.

ÜBUNG:

„Willst du Gott auf *göttliche* Weise wissen, so muss dein Wissen zu einem reinen Unwissen und einem Vergessen deiner selbst und aller Kreaturen werden. Nun könntest du sagen: Je nun, Herr, was soll denn meine Vernunft tun, wenn sie so ganz ledig stehen muss ohne alles Wirken? Ist dies die beste Weise, wenn ich mein Gemüt in ein nicht erkennendes Erkennen erhebe, das es doch gar nicht geben kann? Denn, erkenne ich etwas, so wäre das kein Nichterkennen und wäre auch kein Ledig- und Bloß-Sein. Soll ich denn also völlig in Finsternis stehen? – Ja, sicherlich! Du kannst niemals besser dastehen, als wenn du dich völlig in Finsternis und in Unwissen versetzest."[192]

Zweck und Ziel der Übung:
Aufgabe des Ichs und all dessen, was man zu wissen meint, als Voraussetzung für die Unio mystica.

Zeit und Ort (auch der folgenden):
Jederzeit nach Belieben und allerorten, am besten am gewohnten (Meditations-)Platz.

Was Meister Eckhart über die Selbst-Vergessenheit sagt, erinnert an die Forderung Jesu: „Wer mein Jünger sein will, der verleugne sich selbst, nehme sein Kreuz auf sich und folge mir nach" (Mk 8,34). Doch wie ist das zu verstehen? Offenbar sollen sich die Jesus-Jünger ganz auf sein Wort und auf die in Jesus angebrochene Königsherrschaft Gottes einlassen. Wie dies in der Konsequenz aussieht, hat Paulus formuliert: „Ich lebe, aber nicht mehr ich, sondern Christus lebt in mir" (Gal 2,20).

Selbstverleugnung nach der *Theologia Teutsch*

Aus dem geistigen Umfeld Meister Eckharts stammen wohl auch die folgenden als immer währende Übungsanleitung zu verstehenden Sätze, die sich in der *Theologia Teutsch* (oder *Theologia Deutsch*; auch *Der Frankfurter* genannt) finden. Es handelt sich um einen geistlichen Traktat aus dem späten 14. Jahrhundert, dessen Verfasser, ein Deutschordenspriester, bis heute anonym geblieben ist. Martin Luther gehörte zu dessen größten Verehrern.

> ÜBUNG:
>
> „Ich sage: Der Mensch sollte so ganz frei von sich selbst sein, von Selbstheit, Ichheit, Mir, Mein, Mich und dergleichen, dass er sich und das Seine in allen Dingen so wenig sucht und meint, als ob er gar nicht wäre; er sollte auch so wenig von sich selbst halten, als ob er gar nicht wäre, und als ob ein andrer all seine Werke getan hätte. Er sollte auch nichts von allen Kreaturen halten. Was ist es alsdann, was da wirklich und wovon etwas zu halten ist? Ich sage: allein das, was man Gott nennt. (...) Das hat Herr Jesu selbst gesagt: ‚Willst du mir nachfolgen, so verleugne dich selbst und folge mir nach; wer nicht sich selbst verlässt und alle Dinge aufgibt, der ist meiner nicht würdig und kann auch mein Jünger nicht sein.'"[193]
>
> *Zweck und Ziel der Übung:*
> Aufgabe des Ichs und der Selbstsucht als Voraussetzungen für die Nachfolge Christi.

Das Wenige, was wir über den unbekannten Verfasser wissen, steht in einem Text aus der Vorrede der Buchausgabe von 1497, vermutlich um die Mitte des 13. Jahrhunderts verfasst: „Dieses Büchlein hat der allmächtige ewige Gott ausgesprochen durch einen weisen, einsichtigen, wahrhaft gerechten Menschen, Seinen Freund, der da vor Zeiten gewesen ist ein Deutschherr, ein Priester und Kustos im Deutschherren-Haus zu Frankfurt." Grundthema ist die Vergöttlichung des Menschen, die als Gnadengeschehen verstanden wird und das Leben Jesu Christi als Vorbild sieht. Daher sind die Gotteserfahrung und Vereinigung allein in der Nachfolge Christi möglich, die radikal in der völligen Selbstaufgabe des menschlichen Willens gesehen wird. Außer diesem christologischen Grundprinzip trifft man in der *Theologia Teutsch* auf neuplatonische Gedankengänge – beispielsweise wenn von der Emanation des Vielen aus dem Einen die Rede ist. Luthers Begeisterung für diese Schrift liegt sicherlich in der spezifischen Christusfrömmigkeit, die darin zum Ausdruck kommt. Das hat sich auf den Pietismus ausgewirkt, wo dieser Traktat hoch angesehen war.

Vom Meiden und von der Aufgabe des Selbst nach dem anonymen Autor von *Der Weg des Schweigens*

Diese Anleitung stammt von einem anonymen englischen Mystiker des 14. Jahrhunderts. Man geht heute davon aus, dass es sich bei dem Buch *Weg des Schweigens* oder, wie es in einer neueren Ausgabe heißt, *Briefe persönlicher Führung*, um eine Fortsetzung der *Wolke des Nichtwissens* handelt, es also ein reiferes Werk dieses Verfassers ist.

ÜBUNG:

„Meide dein Selbst wie Gift. Vergiss und übersieh es so entschieden, wie unser Herr es erwartet. Verstehe mich recht: ich sagte nicht, wünsche dir nicht-zu-sein. Das wäre Torheit und hieße Gott lästern. Vielmehr verlange danach, jedes Bewusstsein und jede Wahrnehmung deiner selbst zu verlieren. Das ist wesentlich, wenn du Gottes Liebe in der Fülle erleben willst, wie es in diesem Leben überhaupt möglich ist. Dir muss es selbst aufgehen, dass du ohne Hergabe deines Selbst nie dein Ziel erreichen wirst. Wo immer du bist, was du auch tust und wie du es versuchen wirst, die elementare Wahrnehmung deines nackten Seins steht zwischen dir und deinem Gott. Natürlich mag Gott gelegentlich eingreifen und dich mit einer flüchtigen Erfahrung seines Seins beglücken. Von diesen Augenblicken jedoch abgesehen, wird die dunkle Wahrnehmung deines eigenen nackten Seins dein Bewusstsein erfüllen und wie eine Mauer stehen zwischen dir und Gott. Ähnlich war es zu Beginn dieser Übung, als die Aufmerksamkeit auf Einzelheiten deines Seins wie eine Mauer stand vor der direkten Wahrnehmung deines Seins. Bald wirst du spüren, welche schwere und schmerzhafte Last dein eigenes Selbst ist. Möge dir Jesus in jener Stunde helfen; du wirst ihn dringend brauchen."[194]

> *Zweck und Ziel der Übung:*
> Aufgabe des Selbst als Voraussetzung für die Unio mystica.

Mit der Überwindung des Egos ist zugleich jene Mauer verschwunden, die einen von Gott trennt, so dass es zur mystischen Einung kommen kann. Mit den Worten des anonymen Autors: „Du wirst Gott, deine Liebe, erkennen. Geistig eins geworden in der Liebe, wirst du ihn unverhüllt in der innersten Tiefe deines Geistes erfahren. Völlig entblößt von deinem Selbst und einzig in ihn gehüllt, wirst du ihn erkennen, wie er ist, ohne Trübung durch Glücksempfindungen, wären es auch die beglückendsten und höchsten, die auf Erden möglich sind. Dieses Erkennen ist dunkel, weil es in diesem Leben so sein muss. Doch in der klaren Lauterkeit deines ungeteilten Herzens fern vom Wahn und Irrtum, dem jeder ausgesetzt ist, wirst du spüren und erkennen, fern jeder Täuschung, dass es Gott selbst ist, so wie er wirklich ist. Der Mensch, der Gott in seiner unverhüllten Wirklichkeit schaut und erfährt, ist darin von Gott so wenig getrennt wie Gott selbst von seinem eigenen Sein aufgrund seiner Natur; so ist die Seele, die ihn schaut und erkennt, eins mit ihm, jedoch aufgrund der Gnade."[195]

Sich selbst sterben nach dem anonymen Autor des *Buches von der geistigen Armut*

Der zweite, eher praktisch ausgerichtete Teil dieses Traktats über die geistige Armut als Weg zum vollkommenen Leben befasst sich mit jenen Dingen, die für ein vollkommenes, also materiell wie geistig armes Leben unabdingbar sind. Zentral dabei ist der Gedanke des (Ab-)Sterbens aller ich-gebundenen, selbstsüchtigen Kräfte, ja sogar des „Selbstseins" selbst, wie Niklaus Largier, der Übersetzer und Herausgeber des Buches, zusammenfasst: „Der Mensch muss immerzu sterben, denn bedeutet das Weggeben allen Besitzes die Tugend, so meint das Sterben die Nachfolge Christi. Dieses Sterben selbst ist unverständlich und der menschlichen Vernunft nicht zugänglich; es ist aber das, was sich beim armen Menschen dauernd ereignet. Im Sterben werden die sündhaften Neigungen vernichtet, die den Menschen seit Adams Fall prägen; es werden aber auch die Anfechtungen durch den bösen Geist, denen der Mensch immerzu ausgesetzt ist, außer Kraft gesetzt."[196]

ÜBUNG:

„Die Grundlage, auf der der Mensch sich einem armen Leben hingeben soll, besteht darin, sich selbst und allen Kreaturen abzusterben, damit Gott allein im Menschen lebt ... Man muss arm werden, um zugrunde zu sterben und in diesem Sterben lebendig zu werden ... Fünferlei Nutzen zieht (der Mensch) daraus. Erstens kommt er seiner ersten Unschuld immer näher, denn der Mensch war ursprünglich ohne jede Schuld geschaffen ... Der zweite Nutzen besteht darin, dass dem Menschen in jedem Tod ein neues Leben ersteht ... Der dritte Nutzen, den wir aus dem Sterben ziehen, besteht darin, dass der Mensch rein wird, dass er frei wird von allem sündhaften Zufall und nur für Gott empfänglich ... Der vierte Nutzen, den wir im vernunfthaften liebreichen Sterben gewinnen, besteht darin, dass Gott in der Seele geboren wird ... Der fünfte Nutzen göttlichen Sterbens: Ist der Geist hinaufgehoben in Gott, herrscht er gemeinsam mit Gott."[197]

Zweck und Ziel der Übung:
Aufgabe des Ichs und all dessen, was man zu wissen meint, als Voraussetzungen für die Union mystica.

Die angesprochene Vorstellung von der Gottesgeburt in der Seele des Menschen hat ihren Ursprung in der urchristlichen Tauftheologie. Origines kombinierte die Lehre von der einmaligen Wiedergeburt mit der Lehre des dauernden Geborenwerdens aus dem Geist Gottes. Und der Kirchenvater Maximus Confessor bietet zum ersten Mal ein mystisches Gesamtkonzept, indem er die Geburt des Logos der mystischen Schau Gottes gleichsetzt. Sein Übersetzer Johannes Scotus Eriugena, der „in Irland geborene Schotte", vermittelte diese Vorstellung dem abendländischen Denken. Das Motiv der Gottesgeburt in der Seele des Menschen – ein Bild von der ewig bewegten Gegenwart Gottes – sollte späterhin auch bei Meister Eckhart wichtig werden.

19. „Tabula rasa" – die geputzte innere Tafel: Das Leeren des Geistes als spiritueller Reinigungsprozess

> *„Wir bauen Bilder vor dir auf wie Wände;*
> *so dass schon tausend Mauern um dich stehn.*
> *Denn dich verhüllen unsre frommen Hände,*
> *sooft dich unsere Herzen offen sehn."*
>
> (Rainer Maria Rilke)

Den verschmutzten Innenraum erkennen mit Jacques Lusseyran

Wie sehr unser Geist, unser Inneres von allerlei Bildern, Tönen, Regungen und Bedürfnissen im Alltag bedrängt wird, glauben wir im Grunde alle bestens zu wissen. Doch richtig bewusst wird uns der ganze Lärm im Kopf erst dann, wenn wir einmal wirklich innezuhalten versuchen. Jacques Lusseyran (1924–1971) sprach vom „verschmutzen Innenraum" und dessen notwendiger Entrümpelung. In Folge eines unglücklichen Sturzes als Achtjähriger erblindete dieser außergewöhnliche Mann vollständig. Doch wenige Wochen nach dem Unfall wurde ihm ein „inneres Licht" geschenkt, ein Licht, das „weit beständiger" sein sollte, als es vorher die Augen zu sehen vermocht hatten. Dieses Licht leitete fortan den Heranwachsenden auf seinem Weg. Er besuchte weiterhin seine normale Schule und studierte Philosophie und Literatur. Die Diktatur des Naziregimes führte Lusseyran in den Widerstand. Er überlebte das Konzentrationslager Buchenwald mit Hilfe des inneren Lichts, das für ihn leuchtete und ihn führte, das ihn trug und bewahrte. Später wurde er Professor für Philosophie in Frankreich und den USA. 1971 starb er bei einem Autounfall. In seinem Nachlass fand man Notizen zu einem geplanten Vortrag, der nicht nur die Verschmutzung der Umwelt, sondern auch die innere Verschmutzung thematisiert, die „unser Ich . . . tödlich bedroht".

ÜBUNG:

„Ob Sie wohl bereit sind, mit mir eine kleine Übung zu machen? Tun Sie es bitte! Es braucht so wenig dazu: Verpflichten wir uns also, es von heute ab zu tun. Halten wir heute Abend beim Schlafengehen zwei Minuten inne. Zwei Minuten genügen. Zwei Minuten, das ist lange für einen Menschen, der innehält, der stillsteht. Dann wollen wir uns fragen, was wirklich in unserem Innern ist. Es ist eigentlich eine Gewissenserforschung, zu der ich Sie auffordern möchte, ja, aber eine ganz konkrete, gestatten Sie mir den Ausdruck, eine materielle. Denn in jedem von uns ist ein Innenraum, den wir durchqueren müssen, so wie wir dies etwa bei einem Zimmer machen würden, in dem wir nachschauen, welche Gegenstände sich darin befinden und wo sie sich befinden. Wir werden ein wirres Durcheinander von Bildern und Tönen finden, Töne, die plötzlich entstehen und dann nicht mehr enden wollen, Bildfetzen, von denen es keinem gelingt, sich zu einer ganzen Form zu entwickeln. Wir werden aber auch noch undeutlichere Dinge finden, eine Art von Drang, Regungen, die die Stärke von Bedürfnissen annehmen. Dies ist nichts anderes als der gewöhnliche Trödelkram eines Alltagsbewusstseins, und es besteht wirklich kein Grund, sich darüber zu verwundern. Mein Innenraum gehört mir gar nicht: dies ist die widerwärtige Entdeckung, die ich machen muss. Gewiss finde ich in ihm noch einige ‚persönliche Effekte‘, aber so, wie eine Stecknadel in einem Heuhaufen. Aber auch den andern gehört mein Innenraum nicht, denn ich habe ja nicht den Vorsatz gehabt, ihn diesen zu geben. Er gehört niemandem. Er ist vollgestopft mit irgendwelchen Sachen. Es gibt schon Autofriedhöfe. Ich beklage mich darüber, weil sie die Landschaft verschandeln. Und nun werde ich meinerseits zu einem Friedhof, einem Friedhof von Worten, von Schreien, von Musik, von Gesten, die niemand ganz im Ernst macht, von Informationen, Gebrauchsanweisungen, hundertmal wiederholten Wortfolgen, die aber eigentlich gar niemand will."[198]

Zweck und Ziel der Übung:
Wahrnehmen des inneren Chaos in Gestalt von Bildern, Tönen und Bedürfnissen, das die Seele und den Geist des Menschen den Alltag über verstopft.

Zeit und Ort:
Zwei Minuten abends vor dem Zubettgehen im Liegen.

Leerwerden nach Meister Eckhart

Die Tatsache, dass Meister Eckhart nicht nur ein großer theologischer Denker und Mystiker war, sondern sich auch mit konkreten Formen spiritueller Praxis auseinander gesetzt hat, belegen seine Anweisungen zum inneren Leerwerden. Das Gleichnis von der Tafel, die zum Schreiben nur dann taugt, wenn sie vorher blankgeputzt wurde, das heißt zur *Tabula rasa*, zur „abgeschabten Tafel" im ursprünglichen Sinn der Bedeutung geworden ist, erinnert dabei an die Zen-Geschichte, in der ein gelehrter Professor zu einem berühmten Mönch kommt und diesen um Unterweisung bittet. Der Mönch lädt ihn zu einer Tasse Tee ein. Kaum haben die beiden sich niedergesetzt, fängt der Professor zu reden an: über seine Ideen, Pläne und Wünsche, seine Bücher und Projekte sowie über seine Vorstellungen über Zen. Der Mönch beginnt den Tee einzugießen, der Gelehrte redet weiter. Er stoppt seinen Redefluss aber erst, als er bemerkt, dass der Tee inzwischen über den Tassenrand hinweg auf den Tisch und schließlich auf den Boden fließt. „Passen Sie doch auf, Sie verschütten ja den ganzen Tee", entfährt es ihm. Der Mönch antwortet: „Sie sind randvoll wie diese Tasse Tee. Wenn Sie etwas von mir lernen wollen, müssen Sie wieder leer werden. Eine leere Tasse bietet Platz für Neues, eine volle nicht." Es gilt also zunächst, den Kopf von überflüssigen und hinderlichen Bildungsinhalten zu befreien – und es braucht den Lehrer, der das Leerwerden kennt: gewissermaßen einen „Leerer"!

ÜBUNG:

„Wer sich vorbereitet zum Erwachen seines inneren Menschen und zur Erkenntnis von Gottes Wesen, sollte ungestört an ruhiger Stätte sein. Der Körper soll ausgeruht sein von allem Tun, nicht nur der Hände, auch der Zunge und aller andern Sinne. Sein Inneres nimmt man am besten schweigend wahr. Soll das Herz recht bereitet werden, muss es sich ins reine Nichts versenken. Nimm hierfür ein Gleichnis aus dem Leben: Will ich auf einer Tafel schreiben, und darauf steht schon etwas – es mag noch so schön sein –, beirrt mich das. Will ich etwas schreiben, muss ich zuvor tilgen, was auf der Tafel steht. Zum Schreiben eignet sich eine Tafel nur, wenn nichts drauf steht. Was empfangen will, muss zuvor leer sein. Das Nicht-Haben, das Ausgeleert-Sein kehrt die Natur um: ein luftleerer Raum macht Wasser bergauf steigen. Je mehr der Mensch sich entfernt von aller äußerer Geschäftigkeit, umso mehr eilt Gott ihm zu. Die Seele soll von allen äußeren und von allen inneren Werken befreit sein, so dass nur Gott der Wirker in ihr sei, ganz unmittelbar. Sie lasse sein Wirken geschehen und ergebe sich ihm willig. Dies ist die Vereinigung, bei der die Seele in einem Augenblick mehr mit Gott geeint wird als durch alle Werke. Es ist deshalb nötig: dass der Mensch sein Inneres wohl verschlossen halte vor den Bildern der Welt, die draußen um ihn stehen, damit sie draußen bleiben und keinen Platz in ihm finden. Das zweite ist: dass er sich nicht verliere an die Bilder in seinem Innern, an Gemütsbewegungen und Gedanken, oder was dort sonst gegenwärtig ist."[199]

Zweck und Ziel der Übung:
Inneres Leerwerden, das heißt Ausblenden von Bildern, Gefühlen und Gedanken, als Voraussetzungen für das Erwachen des inneren Menschen, die Erkenntnis Gottes und die Unio mystica.

Zeit und Ort (auch bei den folgenden):
Jederzeit nach Belieben und allerorten, am besten am gewohnten (Meditations-)Platz.

In der Antike bezeichnete die *Tabula rasa* eine wachsüberzogene Schreibtafel, deren Schrift vollständig gelöscht werden konnte. Im übertragenen Sinne steht der Ausdruck „Tabula rasa machen" für: sich so verhalten, dass ein Neubeginn möglich ist. Vielen Mystikern zufolge gehört das „innere Leerwerden" zur ersten Stufe auf dem Weg zum Aufstieg. Es ist eine Reinigung (griech. *katharsis*, lat. *purgatio*), in der sich der Mensch vor allem durch Buße und Bewährung im sittlichen Leben vorbereitet – am besten durch vollkommene Askese – für das Einströmen der göttlichen Gnade. Folgt man dem häufig anzutreffenden mystischen Dreistufen-Schema, so folgt auf die Reinigung die Erleuchtung (griech. *photismos*, lat. *illumination*), die durch religiös gestimmte Beschauung des Geschaffenen, körperlicher wie unkörperlicher, irdischer wie überirdischer Sachverhalte immer näher an das Ziel heranführt, und schließlich die Vollendung (griech. *teleiosis*, lat. *perfectio*).

Vom Ledigsein aller Bilder, von einem inneren Ikonoklasmus, wenn man so will, spricht auch Johannes Tauler (in seiner 6. Predigt *Lugum enim ineum suave*). Die Spiegel-Metaphorik dort erinnert sehr an das Tabula-rasa-Gleichnis: „Wie edel und lauter auch die irdischen Bilder sind, alle sind sie ein Hindernis dem Bild bar jeder Form, das Gott ist. Die Seele, in der sich die Sonne spiegeln soll, die muss frei sein und ledig aller Bilder; denn wo irgendein Bild sich in dem Spiegel zeigt, da vermag sie Gottes Bild nicht aufzunehmen ... Wärest du der Bilder und deines Eigenwillens ledig, so könntest du ein Königreich besitzen, es schadete dir nicht. Sei frei von der Gewöhnung an die Dinge und ledig (irdischer) Bilder, und du kannst besitzen, wessen du immer an allen Dingen bedarfst."[200]

Loslassen der Bilder und Vorstellungen und Leerwerden für Gott nach Johannes vom Kreuz

Über die Notwendigkeit, Einbildungskraft und Fantasie in Zaum zu halten, ja sich ihrer sogar völlig zu entledigen, um am Ende des Weges zur *Unio mystica* zu gelangen, spricht rund dreihundert Jahre nach Meister Eckhart wiederholt Johannes von Kreuz. Juan de la

Cruz war einer der einflussreichsten Mystiker, Kirchenlehrer und Dichter seiner Zeit. Unter dem Einfluss Teresas von Avila schloss er sich der strengen Richtung der unbeschuhten Karmeliter an. Seine Schriften stellen das wohl bedeutendste System neuzeitlicher Mystik dar, wobei seine schweren Leiden unter der Verfolgung der offiziellen Kirche seiner Theologie der „dunklen Nacht" ihr Gepräge gaben. Die folgende Übung ist seinem zwischen 1578 und 1583 entstandenen Buch *La subida al monte Carmelo* (dt. Aufstieg auf den Berg Karmel) entnommen.

ÜBUNG:

„Deshalb sage ich, dass sich das Erkenntnisvermögen mit all diesen imaginativen Wahrnehmungen und Visionen und irgendwelchen anderen Formen und Erscheinungen, wie sie sich als Form oder Bild oder irgendein Gewahrwerden im Einzelnen anbieten mögen, mag es sich nun um falsche von Seiten des Bösen, oder um als wahr erkannte von Seiten Gottes handeln, nicht belasten noch davon nähren soll, noch soll sie der Mensch zulassen noch haben wollen, um losgelöst, freigemacht, lauter und einfach dastehen zu können, ohne irgendwelche Art und Weise, wie es für die Einung erforderlich ist ... Daher muss die Seele ihre Augen von all diesen Wahrnehmungen, die sie im Einzelnen sehen und verstehen kann, also von dem, was im Sinnenbereich mitgeteilt wird und weder Fundament noch Sicherheit im Glauben schafft, immer abwenden und sie auf das richten, was sie nicht sieht und was nicht zum Bereich des Sinnes, sondern des Geistes gehört, der nicht mit einer Gestalt des Sinnenbereichs zusammenfällt, und dasjenige ist, das den Menschen zur (Gott)einung im Glauben führt; dieser ist das eigentliche Mittel, wie bereits gesagt wurde. Und wenn der Mensch es gut versteht, das Fühlbare und Verständliche an diesen Visionen durch deren Zurückweisung zurückstellen und sie zu dem Zweck, den Gott bei ihrer Gewährung an die Menschenseele hat, gut gebraucht, dann werden sie den Menschen im Wesenskern des Glaubens weiterbringen." [201]

Zweck und Ziel der Übung:
Eindämmung aller Einbildungskraft und Fantasie als Voraussetzung für die Unio mystica.

An einer anderen Stelle seines Werkes, nämlich in der berühmten *Noche oscura del alma*, der *Dunklen Nacht der Seele*, die zwischen 1583 und 1585 entstand, gibt der Mystiker und Poet Folgendes zu bedenken:

ÜBUNG:

„Die Verhaltensweise, die sie in dieser Nacht des Sinnenbereichs annehmen sollen, ist, dass sie sich aus Gedankengängen und der Meditation nichts machen, da das jetzt nicht dran ist. Sie sollen vielmehr die Seele ruhig sein und ausruhen lassen, auch wenn sie deutlich den Eindruck haben, dass sie nichts tun und ihre Zeit verlieren, ja selbst wenn ihnen scheint, sie hätten nur wegen ihrer Nachlässigkeit keine Lust, über etwas nachzudenken. Sie tun nämlich bereits sehr viel, wenn sie geduldig im Gebet ausharren, ohne dabei etwas zu tun. Das Einzige, was sie hier zu tun haben, ist, ihre Seele von allen Erkenntnissen und Gedanken frei und ledig geruhsam zu lassen, ohne sich Sorgen zu machen, worüber sie nachdenken und meditieren sollten. Sie sollen sich einzig mit einem liebevollen und ruhigen Aufmerken (*advertencia*) auf Gott zufrieden geben und unbesorgt und ohne Leistungsdruck sein und ohne ihn verspüren oder verschmecken zu wollen, denn all diese Ansprüche beunruhigen die Seele und lenken sie von dieser ruhigen Stille und dem sanften Untätigsein der Kontemplation ab, die ihr jetzt geschenkt wird."[202]

Zweck und Ziel der Übung:
Freiwerden von Wahrnehmungen und Überlegungen des Verstandes als Voraussetzung für die Unio mystica.

Johannes vom Kreuz' mystische Lehre zeugt von einer Radikalität, die angesichts seines unermüdlichen Einsatzes im äußeren Leben (etwa in

Form seiner Reformtätigkeiten) zunächst in eklatantem Widerspruch zu stehen scheint. Er sah jedoch in der Vita activa keine Alternative zur Vita contemplativa, vielmehr deren logische Konsequenz. Papst Pius XI. nahm Johannes vom Kreuz 1926 in die Reihe der Kirchenlehrer auf. Eine späte Wiedergutmachung für den Mann, dessen Schriften in Spanien besonders im 17. Jahrhundert angefeindet wurden.

Den Geist leeren nach Simone Weil

Auch die französische Philosophin Simone Weil (1909–1943) spricht vom „Geist leeren". Einer jüdischen Familie entstammend, arbeitete die „Schutzpatronin der Außenseiter" und „postmodernste unter den Heiligen" (Laurence Freeman) im Befreiungskomitee Charles de Gaulles und setzte sich sozialpolitisch für die Humanisierung der Arbeit ein.

ÜBUNG:

„Die Aufmerksamkeit besteht darin, das Denken auszusetzen, den Geist verfügbar, leer und für den Gegenstand offen zu halten, die verschiedenen bereits erworbenen Kenntnisse, die man zu benutzen genötigt ist, in sich dem Geist zwar nahe und erreichbar, doch auf einer tieferen Stufe zu erhalten, ohne dass sie ihn berührten. Der Geist soll hinsichtlich aller besonderen und schon ausgeformten Gedanken einem Menschen auf einem Berge gleichen, der vor sich hinblickt und gleichzeitig unter sich, doch ohne hinzublicken, viele Wälder und Ebenen bemerkt. Und vor allem soll der Geist leer sein, wartend, nichts suchend, aber bereit, den Gegenstand, der in ihn eingehen wird, in seiner nackten Wahrheit aufzunehmen. Jeder Irrtum (...) kommt nur daher, dass der Geist sich voller Hast auf etwas stürzte und, so vorzeitig angefüllt, der Wahrheit nicht mehr zur Verfügung stand. Die Ursache ist immer, dass man aktiv sein wollte; dass man suchen wollte. Dies lässt sich jedes Mal, für jeden Fehler, nachprüfen, wenn man auf seine Wurzel zurückgeht. Es gibt keine bessere Übung als diese Nachprüfung. Denn die hierbei festgestellte Wahrheit gehört zu denen, die man nur glauben kann, wenn man hundert- und tausendmal erfahren hat. Das gilt von allen wesentlichen Wahrheiten. Die kostbarsten Güter soll man nicht suchen, sondern erwarten."[203]

Zweck und Ziel der Übung:
Leeren und Öffnen des vorschnell urteilenden Geistes für die nackte Wahrheit.

Dass man den eigenen Geist erst leeren, ihn gleichsam zur *Tabula rasa* überführen muss – in seinen Zustand bei der Geburt des Menschen, in dem er noch keine Eindrücke von außen empfangen und keine eigenen Vorstellungen entwickeln konnte –, um das Absolute gleichsam einströmen lassen zu können, hat seinen Grund nicht zuletzt in der allgemeinen Verblendung und dem Verhaftetsein des Menschen. Simone Weil formuliert diese Einsicht in Begriffen, die an buddhistisches Denken erinnern: „Wir erzeugen die Wirklichkeit der Welt aus unserer Verhaftung. Es ist die Wirklichkeit des Ich, die wir in die Dinge hineinverlegen. Es ist keineswegs die äußere Wirklichkeit. Diese lässt sich nur durch gänzliche Ablösung erfahren. Bleibt auch nur ein einziger Faden, so sind wir immer noch verhaftet.[204] Wie nahe Simone Weil in ihrem Denken dem Buddhismus kam, zeigt auch ein anderes Zitat, in dem es um die Leere als Erlösung geht: „Entleerung der Begierde, des Zielstrebens von jedem Inhalt, entleertes, wunschloses Verlangen. Unser Begehren von allen Gütern ablösen und warten. Die Erfahrung beweist, dass dieses Warten Erfüllung findet. Dann berührt man das absolute Gut. In allem, über jedes Besondere, was es auch sein mag, hinaus, entleerten Willens sein, die Leere wollen (. . .) Aber dieses Leere ist voller als jegliche Fülle."[205] Nach dem Vorbild des Buddhismus strebte Weil nicht nur die Auslöschung der Begierde an, sondern auch die Abwehr aller Versuchungen, die Leere zu verdrängen. „Einzige Realität ist", wie Heinz Abosch in seiner Weil-Monografie kommentiert, „das Nichts, die vordringliche Aufgabe ist es, sich dessen bewusst zu werden, das Nichts zu lieben, selber nichts zu sein."[206]

20. Die ankommende Göttlichkeit: Meditation, Kontemplation und Eins-Erleben

> *„Wer hat dich heilig gemacht, Bruder?*
> *– Das tat mein Stillsitzen und meine hohen Gedanken*
> *und meine Vereinigung mit Gott,*
> *– das hat mich in den Himmel emporgezogen;*
> *denn ich konnte nie bei irgendetwas Ruhe finden,*
> *das weniger war als Gott."*

(Meister Eckhart)

Der Eckhart-Fachmann Jürgen Linnewedel hat versucht, den geistlichen Weg des großen, mitunter schwer verständlichen Mystikers in ganz praktischen, für den Alltag gestalteten Übungen nachzuzeichnen. Ausgangspunkt bildet Meister Eckharts berühmtes *Gebet aus ledigem Gemüt:* „Das kräftigste Gebet . . . ist jenes, das hervorgeht aus dem ledigen Gemüt. Je lediger dies ist, umso kräftiger, würdiger, nützer, löblicher und vollkommener ist das Gebet. . . . Das ist ein lediges Gemüt, das durch nichts beirrt und an nichts gebunden ist, das sein Bestes an keine Weise gebunden hat und nichts auf das Seine sieht, vielmehr völlig in den . . . Willen Gottes versunken ist und sich des Seinigen entäußerst hat . . . So kraftvoll soll man beten, dass man wünschte, alle Glieder und Kräfte des Menschen, Augen wie Ohren, Herz und alle Sinne sollten darauf gerichtet sein; und nicht soll man aufhören, ehe man empfinde, dass man sich mit dem zu vereinen im Begriffe stehe, den man gegenwärtig hat und zu dem man betet, das ist: Gott." (Aus Rede 2, S. 54f) Meister Eckharts Gebet findet sich gleich zu Beginn seines Frühwerks *Reden der Unterweisung* und reiht sich in die Tradition des inneren, kontemplativen und damit mystischen Gebetes ein.

Gebet aus ledigem Gemüt als Versenkungsübung nach Meister Eckhart

Für die konkrete Durchführung einer Versenkungsübung mit Hilfe von Meister Eckharts *Gebet aus ledigem Gemüt* schlägt Jürgen Linnewedel (in einer Kurzfassung) folgende Schritte vor:

ÜBUNG:

I. Vorbereitung, Sich-Bereiten
1. Aufrecht und unverspannt sitzen; Hände ineinander gelegt (Lot, Mitte).
2. Augen schließen (oder halb geöffnet).
3. Atem beobachten: Dem Atem folgen, wie er kommt und geht – von selbst, ohne dass ich etwas dazu tun muss. Dabei zur Ruhe kommen.
4. Wer möchte, das heißt, wer das Gefühl hat, dass es ihm zu stärkerer Ruhe verhelfen könnte, kann so verfahren: „Störquellen" und „Unruhestellen" direkt ansprechen und dann „fallen" lassen: „Ich lasse einmal alles das, was gewöhnlich mein Bewusstsein beherrscht, was mich im Alltag beschäftigt und umtreibt (Beruf, Familie, Hobbys, Freunde, Verwandte, Bekannte usw.). Alles das braucht mein Bewusstsein nicht zu erfüllen, es kann an den Rand treten. Meine Bewusstseinsmitte kann von all dem einmal frei und ledig sein. Ich werde still. Ich halte mich offen für Stille."

II. Meditation („Frage")
Und in dieser Stille frage ich: „Wer bin ich? Was ist mein Grund? Was trägt mich und hält mich? *Gott*, lass es mich erfahren!" Einstellung dabei: Ich fordere nichts, warte nur ab und halte mich offen und wach für jede Art von „Antwort", für jede Art von als Antwort empfundenem Erleben. Es geschieht nichts aus mir, aus meiner Kraft, sondern es wird „geschenkt", „gegeben", „als Gnade gewährt". Die Meditationsfrage ab und zu wiederholen – immer wenn Ablenkungen und Störungen auftreten. Hilfreiche ergänzende Sätze und Vorstellungen: Alles fallen lassen (was

mich beschäftigt und ablenkt). Nicht wie ich will, sondern wie Du willst. Dein Wille geschehe.
Gib mir Frieden.

III. Kontemplation („Antwort", Erleben einer „Antwort")
Kein aktives Lenken und Mitbestimmen mehr. Geschehenlassendes Betrachten und Erleben.
Wahrnehmungen (als Beispiele): Ruhe, Kraft, Helligkeit, Licht, eine „Seins-Schicht" o. ä., die sich ausdehnen und den Meditierenden immer stärker ergreifen und in sich hineinnehmen. Zunächst als undeutlich-vage und fremd empfunden, dann als zunehmend klarer und schließlich deutlich als etwas Nahes, Allgegenwärtiges, Unendliches – als von Gott kommend, als Ausdruck göttlicher Nähe und Gegenwart. Fortschreitend zu der Empfindung: Eingebettet-Sein, Hineingenommensein, Sein-in-Gott.

IV. Eins-Erleben („Vertiefte Antwort")
(Erfahrungen, die in der Regel erst nach intensivem, langem Üben gemacht werden)
Das gewohnte Ich-Bewusstsein wird hineingenommen und eingeschmolzen in jenes immer machtvoller sich dehnende und alles erfassende „ankommende Göttliche". Das Ich-Bewusstsein geht auf in einer grenzenlos-unendlichen Macht, Lichtfülle, Seinsfülle o. ä. Die Erfahrung ist: Nur dies, diese göttliche Macht *ist*. Sie ist das Einzige, was existiert – unendlich und weiselos. Sie ist das einzige „ich". Alles Sondersein ist darin vergangen. Verbunden mit diesem Erleben: ein Überschwang von Glück, Freude, „Seligkeit", von Sinn, Fülle und Frieden.[207]

Wenn für Martin Luther die „wahre Theologie" nichts anderes als eine „Praxis" bedeutete, so gilt dies erst recht für die Mystik, die alle Theorie letzten Endes transzendiert und nicht müde wird, den Vorrang der eigenen Erfahrung *(experientia)* vor der Lehre oder Belehrung *(doctrina)*, die Unhintergehbarkeit des persönlichen Erlebnisses zu betonen: Die innere Erfahrung ist die Quelle aller Mystik – die Lehre aller Mystik betrifft immer nur die Wege, auf denen wir zu solcher Erfahrung gelangen können! Eigenerfahrung tut Not, denn: „Bloßes Wissenwollen, wer oder was Gott sei, führt nicht zum Wesentlichen. Auch bloßes Sichabgeben mit der mystischen Überlieferung um der Information willen führt den ‚Interessierten' am Eigentlichen vorbei. Wahres Inter-Esse meint – ganz wörtlich verstanden – ‚dabei sein', es meint lebendige Teilhabe. Es meint sich berühren, ja in ganzer Person sich ergreifen lassen, will man die dürftigen Bezirke der ‚*words, words*', das heißt der bloßen Wörter und Meinungen, hinter sich lassen . . ."[208]

Desgleichen darf Eines nicht vergessen werden, wie der in Amerika lebende Benediktiner David Steindl-Rast herausstreicht: „Die Männer und Frauen, die wir Mystiker nennen, unterscheiden sich vom Rest von uns lediglich dadurch, dass sie jenen Erfahrungen den Raum geben, der ihnen in unser aller Leben zusteht. Was zählt, ist nicht die Häufigkeit oder Intensität mystischer Erfahrungen, sondern der Einfluss, den wir ihnen auf unser Leben einräumen. Indem wir unsere mystischen Momente mit allem, was sie bieten und verlangen, zulassen, werden wir die Mystiker, die wir sein sollen. Schließlich ist der Mystiker keine besondere Art Mensch, sondern jeder Mensch eine besondere Art Mystiker."[209] In diesem Sinne – und damit kommen wir ans Ende unseres Streifzugs durch zwei Jahrtausende christliche Mystopraxis – formulierte Angelus Silesius: „Freund, es ist auch genug! Im Fall du mehr willst lesen, so geh und werde selbst die Schrift und selbst das Wesen."

Statt eines Schlusswortes:
Der Sperling und der Ozean.
Eine indische Legende

Einer altindischen Weisheitsgeschichte zufolge legte ein Sperlingsweibchen seine Eier am Ufer des Ozeans ab. Doch der Ozean dehnte sich aus, und seine Wellen trugen die Eier mit sich davon. Als er seine Eier verloren sah, wurde der kleine Vogel sehr aufgeregt und traurig, und er bat den Ozean, ihm die Eier wieder zurückzubringen. Der Ozean war jedoch vollständig in seine eigene Größe vertieft und nahm weder den kleinen Vogel noch sein Flehen ernst. Ja, er beachtete ihn nicht einmal. Das Sperlingsweibchen fasste darauf den Entschluss, den Ozean mit seinem Schnabel leer zu schöpfen und auszutrocknen. Ohne sich von dem Gedanken bremsen zu lassen, sein Bemühen könnte aussichtslos sein, begann es Schnabel um Schnabel Wasser aus dem Ozean zu tragen. Als die anderen Lebewesen dieses Tun beobachteten, lachten sie über die unmögliche Entschlossenheit des Sperlings. Doch der kleine Vogel ließ sich nicht beirren, und so verbreitete sich seine Geschichte rasch. Schließlich kam sie auch dem König der Vögel, Garuda, zu Ohren, dem gefiederten Reittier Sri Vishnus und späteren Symbol Buddhas. Um sich selbst ein Bild von der Angelegenheit zu machen, begab er sich persönlich zum Ufer des Ozeans und sah dort seine kleine Vogelschwester beim Versuch, den Ozean mit ihrem kleinen Schnabel auszutrocknen, um ihre Eier wieder zu erhalten. Dieses Bild berührte sein Herz und auch die Entschlossenheit des kleinen Vogels beeindruckten ihn sehr. Er entschloss sich, dem Sperling beizustehen und befahl dem Ozean, die Eier zurückzugeben. Falls der Ozean sich weigern würde, so drohte Garuda, würde er selbst mit seinem ungeheuren Schnabel die Arbeit des Sperlings übernehmen und den Ozean binnen kurzem austrocknen. Da erschrak der Ozean und erfüllte ohne Zögern dem kleinen Sperling seinen drängendsten Wunsch.

ANHANG

Anmerkungen

1. Wehr, Gerhard, Die deutsche Mystik, Anaconda Verlag, Köln 2006, S. 9.
2. Grosser, Dirk, Christliche Mystik – Den Schatz der eigenen Tradition wieder entdecken, in: Christliche Mystik, Zeitung im Aurum Verlag, Bielefeld 2004, S. 2.
3. Freeman, Laurence, Jesus. Der Lehrer in dir, Aurum Verlag, Bielefeld 2005, S. 202.
4. Panikkar, Raimundo, zitiert nach: Monika und Udo Tworuschka, Denkerinnen und Denker der Weltreligionen im 20. Jahrhundert, Gütersloher Verlagshaus, Gütersloh, 1994, S. 69.
5. Zweites Vatikanisches Konzil, Erklärung über das Verhältnis der Kirche zu den nichtchristlichen Religionen, „Nostra Aetate", 2. Kap., offizielle Internetversion 2005.
6. Sölle, Dorothee, Mystik und Widerstand, Hoffmann und Campe Verlag, Hamburg 1999, S. 36.
7. Rahner, Karl, Christsein in der Kirche der Zukunft, Orientierung, 31. März 1980, S. 66.
8. Cioran, E. M., Dasein als Versuchung, Klett-Cotta, Stuttgart 1983, S. 169 f.
9. Guigo, Scala claustralium oder Scala paradisi, 1193, Internet-Eintrag.
10. Jäger, Willigis, Die Welle ist das Meer, Mystische Spiritualität, Verlag Herder, Freiburg i. Br. 2000, S. 117 f.
11. Weil, Simone, Entscheidung zur Distanz, Kösel Verlag, München 1988, S. 53.
12. Jäger, Willigis, Die Welle ist das Meer, Mystische Spiritualität, Verlag Herder, Freiburg i. Br. 2000, S. 119.
13. Jäger, Willigis, Die Welle ist das Meer, S. 119.
14. Pater Gonzales, Ignatius von Loyola, zitiert nach: Walter Tritsch, Einführung in die Mystik, Pattloch Verlag, Augsburg 1990, S. 240 f.
15. Die Wolke des Nichtwissens, übertragen u. m. einer Einl. versehen von Wolfgang Riehle, Johannes Verlag Einsiedeln, Freiburg[7] 2004, S. 109.
16. Wehr, Gerhard, Die deutsche Mystik, Anaconda Verlag, Köln 2006, S. 23.
17. Wulf, F., Mystik, in: Handbuch theologischer Grundbegriffe, Herausgegeben von Heinrich Fries, Kösel-Verlag, München 1963, Bd. II, S. 102.
18. Wendel, Saskia, Christliche Mystik, Topos Verlagsgemeinschaft, Kevelaer 2004, S. 120.
19. Musil, Robert, Der Mann ohne Eigenschaften, Rowohlt Verlag, Hamburg 1952, S. 1143.
20. Proust, Marcel, Auf der Suche nach der verlorenen Zeit, In Swanns Welt I, Deutsch von Eva Rechel-Mertens, Suhrkamp Verlag, Frankfurt a. M. 1976, S. 63 f.
21. James, William, Die Vielfalt religiöser Erfahrung, Insel Verlag, Frankfurt a. M. 1997, S. 384.
22. James, William, Die Vielfalt religiöser Erfahrung, S. 384.

[23] James, William, Die Vielfalt religiöser Erfahrung, S. 385.
[24] James, William, Die Vielfalt religiöser Erfahrung, S. 418.
[25] Teresa von Avila, Aus der Lebensbeschreibung, zitiert nach: Walther Tritsch, Einführung in die Mystik, Pattloch Verlag, Augsburg 1990, S. 255.
[26] James, William, Die Vielfalt religiöser Erfahrung, Insel Verlag, Frankfurt a. M. 1997, S. 419.
[27] Steggink, Otger, Mystik, in: Christian Schütz (Hg.), Praktisches Lexikon der Spiritualität, Verlag Herder, Freiburg i. Br. 1988, S. 907.
[28] Steggink, Otger, Mystik, in: Christian Schütz (Hg.), Praktisches Lexikon der Spiritualität, Verlag Herder, Freiburg i. Br. 1988, S. 908.
[29] Mechthild von Magdeburg, zitiert nach: Martin Buber, Ekstatische Konfessionen, Berlin o.J., S. 74.
[30] Ernst Fuchs, in: Guido Ceronetti, Das Schweigen des Körpers, Suhrkamp Verlag, Frankfurt a. M. 1983, S. 144.
[31] Brockhusen, Gerda von, Sprache der Mystik, in: Peter Dinzelbacher (Hg.), Wörterbuch der Mystik, Alfred Kröner Verlag, Stuttgart 1998, S. 467.
[32] Teresa von Avila, Das Buch meines Lebens, Vollständige Neuübertragung, hg., übers. u. eingel. v. Ulrich Dobhan OC, Elisabeth Peeters OCD, Verlag Herder, Freiburg 2001, Kap. 28, Absch. 5, S. 403.
[33] Steggink, Otger, Mystik, in: Christian Schütz (Hg.), Praktisches Lexikon der Spiritualität, Verlag Herder, Freiburg i. Br. 1988, S. 909.
[34] Ruusbroec, Jan van, zitiert nach: Steggink, Otger, Mystik, in: Christian Schütz (Hg.), Praktisches Lexikon der Spiritualität, Verlag Herder, Freiburg i. Br. 1988, S. 910.
[35] Cioran, E. M., Dasein als Versuchung, Verlag Klett-Cotta, Stuttgart 1983, S. 166 f.
[36] Bernhard von Clairvaux, Die Botschaft der Freude, Benziger Verlag, Zürich 1977, S. 97 f.
[37] Dahme, Klaus (Hg.), Die Evangelische Perle, Das geistliche Begleitbuch einer flämischen Mystikerin des 16. Jahrhunderts, Otto Müller Verlag, Salzburg 1990, S. 181 f.
[38] Jungclaussen, Emmanuel, Schritte in die innere Welt, Geistliche Übungen, Verlag Herder, Freiburg i. Br. 1991, S. 11 ff.
[39] Hammarskjöld, Dag, Zeichen am Weg, Droemersche Verlagsanstalt, München 1965, S. 37.
[40] Zitiert nach: Hans J. Störig, Kleine Weltgeschichte der Philosophie, Fischer Verlag, Frankfurt a. M. 1971, Abs. Albert Einstein.
[41] Sölle, Dorothee, Mystik und Widerstand, Hoffmann und Campe Verlag, Hamburg 1999, S. 124 ff, Copyright © 1997 by Hoffmann und Campe Verlag GmbH, Hamburg.
[42] Lang, Odo, Loben/Lob Gottes, in: Christian Schütz (Hg.), Praktisches Lexikon der Spiritualität, Verlag Herder, Freiburg i. Br. 1988, S. 807 f.
[43] Jungclaussen, Emmanuel, Schritte in die innere Welt, Geistliche Übungen, Verlag Herder, Freiburg i. Br. 1991, S. 202 ff.
[44] Luis de Granada, Interneteintrag.
[45] Teilhard de Chardin, Pierre, Das göttliche Milieu, Ein Entwurf des Inneren Lebens, Benziger Verlag, Düsseldorf 2000, S. 153 ff.

46 Teilhard de Chardin, Pierre, Hymne an die Materie, Auszug, 1919, in: Lobgesang des Alls, Walter Verlag, Olten 1961, S. 88–90, © Patmos Verlag GmbH & Co. KG, Düsseldorf.
47 Sudbrack, Josef, Trunken vom hell-lichten Dunkel des Absoluten, Dionysios der Areopagite und die Poesie der Gotteserfahrung, Johannes Verlag, Einsiedeln 2001, S. 209.
48 Arp, Hans, Singendes Blau, 1946–1948, in: ders., Gesammelte Gedichte, Bd II, © 1974 by Limes Verlag, Wiesbaden, genehmigt durch die F. A. Herbig Verlagsbuchhandlung, München.
49 Sudbrack, Josef, Was heißt christlich meditieren?, Verlag Herder, Freiburg i. Br. 1990, S. 118.
50 Ionesco, Eugène, Tagebuch, Luchterland Verlag, Berlin 1967, S. 111 f.
51 Anonymus, Briefliche Mitteilung an den Verfasser, R. R., 2005.
52 Augustinus, Aurelius, Retractationes I, VIII, 3, in dt. Sprache von Carl Johann Perl, Schoenigh, Paderborn 1976.
53 Clemens von Alexandrien, der Erzieher III, 1, zitiert nach: Grün, Anselm, Gebet und Selbsterkenntnis, Vier-Türme-Verlag, Münsterschwarzach 2002, S. 11.
54 Patrologia Graeca 40, 1267, zitiert nach: Grün, Anselm, Gebet und Selbsterkenntnis, Vier-Türme-Verlag, Münsterschwarzach 2002, S. 11.
55 Patrologia Graeca 79, 536C, zitiert nach: Grün, Anselm, Gebet und Selbsterkenntnis, Vier-Türme-Verlag, Münsterschwarzach 2002, S. 11.
56 Grün, Anselm, Gebet und Selbsterkenntnis, Vier-Türme-Verlag, Münsterschwarzach 2002, S. 10.
57 Le Saux, Henri, Wege der Glückseligkeit, Begegnung indischer und christlicher Mystik, Kösel-Verlag, München 1995, S. 58 f.
58 von St. Viktor, Richard, Beniamin minor, in: Die Viktoriner, Mystische Schriften, Wien 1936, S. 174 ff.
59 von St. Viktor, Richard, Beniamin maior = BM, in: Die Viktoriner, Mystische Schriften, Wien 1936, BM III, 3 und BM III, 6, zitiert nach: Heinrich Dumoulin, Östliche Meditation und christliche Mystik, Verlag Karl Alber, Freiburg 1966, S. 182.
60 Bernhard von Clairvaux, Gotteserfahrung und Weg in die Welt, Walter Verlag, Olten, 1982, S. 77 f.
61 Vetter, Ferdinand (Hg.), Die Predigten Taulers, Berlin 1910, auch online im Digitalen Mittelhochdeutschen Textarchiv.
62 Tilmann, Klemens, Die Führung zur Meditation, Johannes Verlag, Einsiedeln 1972, S. 334 ff.
63 Wehr, Gerhard, Die deutsche Mystik, Anaconda Verlag, Köln 2006, S. 162.
64 Thomas a Kempis, Das Buch von der Nachfolge Christi, Herausgegeben von J. M. Sailer, Reclam Verlag, Stuttgart 1980, S. 45 ff.
65 Körner, Reinhard, Dunkle Nacht, Mystische Glaubenserfahrung nach Johannes vom Kreuz, Vier-Türme GmbH, Verlag, Münsterschwarzach 2005, S. 78 f.
66 Weil, Simone, Im Bann der Wahrheit, Hundert Worte von Simone Weil, Herausgegeben von Emanuela Gazzotti, Verlag Neue Stadt, München 2000, S. 2 ff, sowie Weil, Simone, Cahiers, 1–4, Aufzeichnungen, 4 Bde., Herausgegeben und aus dem Französischen von Elisabeth Edl und Wolfgang Matz, Carl Hanser Verlag, München 1998, Bd. 2, S. 15, Bd. 3, S. 141 und S. 148.

67 Therese von Lisieux, zitiert nach: Hans Urs von Balthasar, Geschichte einer Sendung, in: Walther Tritsch, Einführung in die Mystik, Pattloch Verlag, Augsburg 1990, S. 330.
68 Pascal, Blaise, Pensées, Über die Religion und einige andere Gegenstände, Verlag Lambert Schneider, Heidelberg 1994, S. 93 f.
69 Weil, Simone, Cahiers 1–4, Aufzeichnungen, 4 Bde., herausgegeben und aus dem Französischen von Elisabeth Edl und Wolfgang Matz, Carl Hanser Verlag, München 1991 ff, Bd. 2, S. 24.
70 Meister Eckehart, Deutsche Predigten und Traktate, herausgegeben und übersetzt von Josef Quint, Diogenes Verlag, Zürich 1979, S. 62 ff., © 1977 Carl Hanser Verlag, München – Wien.
71 Caussade, Jean-Pierre, Ewigkeit im Augenblick, Verlag Herder, Freiburg i. Br. 1947, S. 34 ff.
72 Guardini, Romano, in: Caussade, Jean-Pierre, Ewigkeit im Augenblick, Verlag Herder, Freiburg i. Br. 1947, S. 13 f.
73 Rohr, Richard, zus. m. John Bookser Feister, Hoffnung und Achtsamkeit, Spirituell leben in unserer Zeit, Verlag Herder, Freiburg i.Br. 2001, S. 181.
74 Brunner, August, Der Schritt über die Grenzen, Wesen und Sinn der Mystik, Echter Verlag, Würzburg 1972, S. 55.
75 Thich Nhat Hanh, zitiert nach: Worte von Thich Nhat Hanh, Herausgegeben und übersetzt von Richard Reschika, Diederichs/Hugendubel Verlag, Kreuzlingen 2005, S. 60.
76 Tolle, Eckhart, Jetzt! Die Kraft der Gegenwart, Ein Leitfaden zum spirituellen Erwachen, J. Kamphausen Verlag, Bielefeld 2003, S. 61.
77 Meister Eckehart, Von der Abgeschiedenheit, zitiert nach: Walther Tritsch (Hg.), Einführung in die Mystik, Pattloch Verlag, Augsburg 1990, S. 161 f.
78 Seuse, Heinrich, Deutsche mystische Schriften, Düsseldorf 1966, S. 294.
79 Nietzsche, Friedrich, Also sprach Zarathustra I, Vorrede 4. Kritische Studienausgabe, hg. v. Giorgio Lolli und Mazzino Montinari, KSA 4, Deutscher Taschenbuch Verlag, München, und Walter de Gruyter, Berlin/New York 1988, S. 17.
80 Bonaventura, Lenkung der Seele, in: Walther Tritsch (Hg.), Einführung in die Mystik, Pattloch Verlag, Augsburg 1990, S. 120.
81 Bonaventura, Itinerarium mentis in deum – Pilgerbuch der Seele zu Gott, herausgegeben von J. Keup, Kösel Verlag, München 1961, S. 153.
82 Mechthild von Hackeborn, Das Buch vom strömenden Lob, Auswahl, Übersetzung und Einführung von Hans Urs von Balthasar, Verlag Herder, Freiburg i. Br. 2001, S. 63 f.
83 Nikolaus von Flüe, Meditationsgebet, zitiert nach: Rosenberg, Alfons, Der Mystiker Niklaus von Flüe, in: Mystische Erfahrung, Die Grenzen menschlichen Erlebens, Verlag Herder, Freiburg i. Br. 1976, S. 19.
84 Die Wolke des Nichtwissens, übertragen u. m. einer Einl. versehen von Wolfgang Riehle, Johannes Verlag Einsiedeln, Freiburg^7 2004, S. 36 f.
85 Brunner, August, Der Schritt über die Grenzen, Wesen und Sinn der Mystik, Echter Verlag, Würzburg 1972, S. 178.
86 Brunner, August, Der Schritt über die Grenzen, S. 18.

[87] Die Wolke des Nichtwissens, übertragen u. m. einer Einl. versehen von Wolfgang Riehle, Johannes Verlag Einsiedeln, Freiburg⁷ 2004, S. 60.
[88] Dobhan, Ulrich, Demut, in: Christian Schütz (Hg.), Praktisches Lexikon der Spiritualität, Verlag Herder, Freiburg i. Br. 1988, S. 213 ff.
[89] Bernhard von Clairvaux, Gotteserfahrung und Weg in die Welt, übersetzt von Bernardin Schellenberger, Walter Verlag, Olten 1982, S. 80.
[90] Hammarskjöld, Dag, Zeichen am Weg, für die dt. Ausgabe © 1965 Droemersche Verlagsanstalt Th. Knaur Nachf. GmbH & CoKG, München, S. 150.
[91] Fraling, Bernhard, in: Peter Dinzelbacher (Hg.), Wörterbuch der Mystik, Alfred Kröner Verlag, Stuttgart 1998, S. 325 f.
[92] Wendel, Saskia, Christliche Mystik, Eine Einführung, Verlagsgemeinschaft Topos plus, Kevelaer 2004, S. 107.
[93] Sölle, Dorothee, Mystik und Widerstand, Hoffmann und Campe Verlag, Hamburg 1999, S. 244 f.
[94] Sölle, Dorothee, Die Hinreise, Zur religiösen Erfahrung, Kreuz Verlag, Stuttgart 1988, S. 1.
[95] Lanczkowski, Johanna, Wilhelm von Saint-Thierry, in: Peter Dinzelbacher (Hg.), Wörterbuch der Mystik, Alfred Krnöner Verlag, Stuttgart 1998, S. 522.
[96] Wilhelm von Saint-Thierry, in: Bernardin Schellenberger (Hg.), Ein Lied, das nur die Liebe lehrt, Texte der frühen Zisterzienser, Verlag Herder, Freiburg i. Br./Basel/Wien 1984, S. 40 f.
[97] Tauler, Johannes, Predigten, Band II, übertragen von Georg Hofmann, Einleitung von A. M. Haas, Johannes Verlag Einsiedeln, Freiburg⁴ 2007, S. 583.
[98] Biberach, Rudolf, Die sieben Wege zu Gott, zitiert nach: Schmidt, Margot (Hg.), Rudolf von Biberach – Die siben strassen zu got, Stuttgart 1985, (Mystik in Geschichte und Gegenwart I,2), S. 341.
[99] Brunner, August, Der Schritt über die Grenzen, Wesen und Sinn der Mystik, Echter Verlag, Würzburg 1972, S. 113.
[100] Seuse, Heinrich, Deutsche mystische Schriften, herausgegeben und aus dem Mittelhochdeutschen übertragen von Georg Hofmann, Benziger Verlag, Düsseldorf 1966, S. 294.
[101] Seuse, Heinrich, Deutsche mystische Schriften, S. 339 f.
[102] Johne, Karin, Einübung in christliche Mystik, Ein Kursus mit Meister Eckehart, Verlag Styria, Graz 1991, S. 84.
[103] Johne, Karin, Einübung in christliche Mystik, Ein Kursus mit Meister Eckehart, Verlag Styria, Graz 1991, S. 85.
[104] Brief von Jeanne de Chantal an Noel Brulart, in: Gordon Mursell (Hg.), Die Geschichte der christlichen Spiritualität, Zweitausend Jahre in Ost und West, Kreuz Verlag, Stuttgart 2002, S. 226.
[105] Sölle, Dorothee, Gelassenheit, in: Christian Schütz (Hg.), Praktisches Lexikon der Spiritualität, Verlag Herder, Freiburg i. Br. 1988, S. 490 f.
[106] Sölle, Dorothee, Mystik und Widerstand, Hoffmann und Campe Verlag, Hamburg 1999, S. 126 f, Copyright © Hoffmann und Campe Verlag GmbH, Hamburg.
[107] Meister Ekkehart, Von der Abgeschiedenheit, zitiert nach: Walther Tritsch (Hg.), Einführung in die Mystik, Pattloch Verlag, Augsburg 1990, S. 153.

[108] Meister Ekkehart, zitiert nach: August Brunner, Der Schritt über die Grenzen. Wesen und Sinn der Mystik, Echter Verlag, Würzburg 1972, S. 70.
[109] Tauler, Johannes, Predigten, Band II, übertragen von Georg Hofmann, Einleitung von A. M. Haas, Johannes Verlag Einsiedeln, Freiburg⁴ 2007, S. 273.
[110] Johannes Tauler, Der Weg der Meister 2, zitiert nach: Jäger, Willigis (Hg.), Geh den inneren Weg, Texte der Achtsamkeit und Kontemplation, Verlag Herder, Freiburg i. Br. 1999, S. 101.
[111] Das Buch von der geistigen Armut, Eine mittelalterliche Unterweisung zum vollkommenen Leben, in: Haas, Alois M., Unbekanntes Christentum, aus dem Mittelhochdeutschen übertragen und mit einem Nachwort und Anmerkungen von Niklaus Largier, Artemis Verlag, Zürich 1989, S. 221 ff.
[112] Gregor der Sinait, in: Matthias Dietz, Kleine Philokalie, Benziger Verlag, Zürich 1976, S. 159, © Patmos Verlag GmbH & Co. KG, Düsseldorf.
[113] Gregor der Sinait, in: Matthias Dietz, Kleine Philokalie, Benziger Verlag, Zürich 1976, S. 148, © Patmos Verlag GmbH & Co. KG, Düsseldorf.
[114] Gregor von Thessalonich, in: Matthias Dietz, Kleine Philokalie, Benziger Verlag, Zürich 1976, S. 181 und 148, © Patmos Verlag GmbH & Co. KG, Düsseldorf.
[115] Jungclaussen, Emmanuel, Hesychiasmus, in: Christian Schütz (Hg.), Praktisches Lexikon der Spiritualität, Verlag Herder, Freiburg i. Br. 1988, S. 626.
[116] Dodel, Franz, Das Sitzen der Wüstenväter, Eine Untersuchung anhand der Apophthegmata Patrum, Universitätsverlag Freiburg/Schweiz, 1997, S. 149.
[117] Evagrius Ponticus, The practicos – Chapters on Prayer, zitiert nach: Needleman, Jacob, Die Sanfte Revolution des Glaubens, Die Wiederentdeckung der spirituellen Praxis im Christentum, Wolfgang Krüger Verlag, Frankfurt a. M. 1980, S. 191.
[118] Jungclaussen, Emmanuel, Jesusgebet, in: Christian Schütz (Hg.), Praktisches Lexikon der Spiritualität, Verlag Herder, Freiburg i. Br. 1988, S. 673 f.
[119] Ignatius von Loyola, Geistliche Übungen, Verlag Herder, Freiburg i. Br. 1999, S. 84.
[120] Guardini, Romano, Wille und Wahrheit. Geistliche Übungen, 6. Aufl. 1991, S. 54 ff. Verlagsgemeinschaft Matthias Grünewald, Mainz/Ferdinand Schöningh, Paderborn. Alle Autorenrechte liegen bei der katholischen Akademie in Bayern.
[121] Hammarskjöld, Dag, Zeichen am Weg, Knaur Verlag, München 1965.
[122] Rupp, Joyce, Der Becher des Lebens, Exerzitien im Alltag, Verlag Herder, Freiburg i. Br. 2002, S. 14 ff.
[123] Dyckhoff, Peter, Atme auf, Interneteintrag, http://www.einfach-beten.de/gebet/meditation.html.
[124] In: Gordon Mursell (Hg.), Die Geschichte der christlichen Spiritualität, Zweitausend Jahre in Ost und West, Kreuz Verlag, Stuttgart 2002, S. 204 f.
[125] In: Gordon Mursell (Hg.), Die Geschichte der christlichen Spiritualität, Zweitausend Jahre in Ost und West, Kreuz Verlag, Stuttgart 2002, S. 211 f.
[126] In: Gordon Mursell (Hg.), Die Geschichte der christlichen Spiritualität, Zweitausend Jahre in Ost und West, Kreuz Verlag, Stuttgart 2002, S. 225.
[127] Bossuet, Jaques Benigne, zitiert nach: Walther Tritsch, Einführung in die Mystik, Pattloch Verlag, Augsburg 1990, S. 286.

[128] Olier, Jean-Jacques, zitiert nach Gordon Mursell (Hg.), Die Geschichte der christlichen Spiritualität, Zweitausend Jahre in Ost und West, Kreuz Verlag, Stuttgart 2002, S. 230.

[129] In: Gordon Mursell (Hg.), Die Geschichte der christlichen Spiritualität, Zweitausend Jahre in Ost und West, Kreuz Verlag, Stuttgart 2002, S. 230.

[130] Betz, Otto, Religiöse Erfahrung, Wege zur Sensibilität, Verlag J. Pfeiffer, München 1977, S. 98.

[131] Rosenberg, Alfons, Die christliche Bildmeditation, Barth Verlag, München-Planegg 1955, S. 180.

[132] Betz, Otto, Religiöse Erfahrung, Wege zur Sensibilität, Verlag J. Pfeiffer, München 1977, S. 103.

[133] Jung, Carl Gustav, Welt der Psyche, Rascher Verlag, Zürich 1954, S. 114.

[134] Benz, Ernst, Meditation, Musik und Tanz, Über den „Handpsalter", eine spätmittelalterliche Meditationsform aus dem Rosetum des Mauburnus, in Kommission bei Franz Steiner Verlag GmbH, Wiesbaden 1976, S. 17 f.

[135] Benz, Ernst, Meditation, Musik und Tanz, S. 8.

[136] Benz, Ernst, Meditation, Musik und Tanz, S. 16 und 26 f.

[137] Donndorf, Johannes, Das Rosetum des Johannes Mauburnus, Ein Beitrag zur Geschichte der Frömmigkeit in den Windesheimer Klöstern, Inaugural-Dissertation, Halle (Saale) 1929, S. 40.

[138] Thich Nhat Hanh, Der Geruch von frisch geschnittenem Gras, Anleitung zur Gehmeditation, Theseus Verlag, Berlin 2002, S. 13 und 59.

[139] zitiert nach: Worte von Thich Nhat Hanh, Herausgegeben und übersetzt von Richard Reschika, Diederichs/Hugendubel Verlag, Kreuzlingen/München 2005, Spruch einer Weisheitskarte.

[140] Lonegren, Sig, Labyrinthe, Antike Mythen & moderne Nutzungsmöglichkeiten, Zweitausendeins, Frankfurt a. M. 1993, S. 43 und 135 ff.

[141] Kern, Hermann, Labyrinthe, Prestel-Verlag, München, S. 210.

[142] In: Gordon Mursell (Hg.), Die Geschichte der christlichen Spiritualität, Zweitausend Jahre in Ost und West, Kreuz Verlag, Stuttgart 2002, S. 338.

[143] Rohr, Richard, zus. m. John Bookser Feister, Hoffnung und Achtsamkeit, Spirituell leben in unserer Zeit, Verlag Herder, Freiburg i.Br. 2001, S. 155.

[144] Anleitung zur Gehmeditation des Kreuzwegs in Lippoldsberg, anonym, Interneteintrag: www.Klosterkirche.de.

[145] Benz, Ernst, Meditation, Musik und Tanz, Über den „Handpsalter", eine spätmittelalterliche Meditationsform aus dem Rosetum des Mauburnus, in Kommission bei Franz Steiner Verlag GmbH, Wiesbaden 1976, S. 25.

[146] Mauburnus, Rosetum, zitiert nach: Benz, Ernst, Meditation, Musik und Tanz, S. 27.

[147] Jungclaussen, Emmanuel (Hg.), Aufrichtige Erzählungen eines russischen Pilgers, Verlag Herder, Freiburg i. Br. 1978, S. 38 f.

[148] Jungclaussen, Emmanuel (Hg.), Aufrichtige Erzählungen eines russischen Pilgers, S. 31.

[149] Wunderle, Georg, Zur Psychologie des hesychastischen Gebets, Augustinus-Verlag, Würzburg 1947, S. 21 f.

[150] Johannes Chrysostomos, zitiert nach: Blofeld, John, Die Macht des heiligen

Lautes, Die geheime Tradition des Mantra, Goldmann Verlag, München 1978, S. 131.
151 Diadochus von Photike, Gespür für Gott, Hundert Kapitel über die geistliche Vollkommenheit, eingeleitet und übersetzt von K. Suso Frank, Johannes Verlag Einsiedeln 1982, S. 80 f.
152 Vgl. I. Smolitsch, Leben und Lehre der Starzen, Wien 1936, S. 242 f.
153 Pohlmann, Gott spricht im Schweigen, Wege zum inneren Gebet, Verlag Herder, Freiburg i. Br. 1990, S. 56.
154 Modler, Peter, Gottes Rosen, Hinführung zu einem alten Gebet, Vier-Türme-Verlag, Münsterschwarzach 2005, S. 9.
155 Jungclaussen, Emmanuel, Jesusgebet, in: Christian Schütz (Hg.), Praktisches Lexikon der Spiritualität, Verlag Herder, Freiburg i. Br. 1988, S. 676 f.
156 Plotzki, Mariya, Die Stille des eigenen Herzens – Meditation & Kontemplation im Christentum, in: Christliche Mystik, Zeitschrift im Aurum Verlag, Bielefeld, Juni 2004, S. 7 f.
157 Main, John, Das Herz der Stille, Anleitungen zum Meditieren, Verlag Herder, Freiburg i. Br. 2000, S. 19.
158 Main, John, Das Herz der Stille, S. 41 f.
159 Keating, Thomas, Das Gebet der Sammlung, Vier-Türme GmbH, Verlag, Münsterschwarzach 1998, S. 174.
160 Hansen, Olav, Dein Wille geschehe, Vier-Türme GmbH, Verlag, Münsterschwarzach 2006, S. 15 f.
161 Hedyden, Katharina, Einführung: Ein Herzensgebet für den modernen Menschen, in: Hansen, Olav, Dein Wille geschehe, Vier-Türme GmbH, Verlag, Münsterschwarzach 2006, S. 9.
162 Vgl. Lorenz, Erika, Wort im Schweigen, Vom Wesen christlicher Kontemplation, Verlag Herder, Freiburg i. Br. 1993.
163 Diadochus von Photike, Gespür für Gott, Hundert Kapitel über die christliche Vollkommenheit, eingeleitet und übersetzt von K. Suso Frank, Johannes Verlag Einsiedeln 1982, S. 93.
164 Körner, Reinhard, Was ist Inneres Beten? © Vier-Türme GmbH, Verlag, Münsterschwarzach 2002, S. 59 f.
165 Splett, Jörg, Person, in: Christian Schütz (Hg.), Praktisches Lexikon der Spiritualität, Verlag Herder, Freiburg i. Br. 1988, S. 982 f.
166 Lorenz von der Auferstehung, Gesammelte Werke, Verlag Christliche Innerlichkeit, Wien 1994, S. 6 ff.
167 Lorenz von der Auferstehung, Gesammelte Werke, Verlag Christliche Innerlichkeit, Wien 1994, S. 6 ff.
168 Nouwen, Henri J. M., Was mir am Herzen liegt, Meditationen, Freiburg i. Br./Basel/Wien 1995, S. 17–18.
169 Caterina von Siena, Gespräch von Gottes Vorsehung, aus dem Ital. übertragen von E. Sommer-von Seckendorff und Cornelia Capri, eingel. von E. Sommer-von Seckendorff u. Hans Urs von Balthasar, Johannes Verlag Einsiedeln, Freiburg^4 1993, S. 80–83.
170 Elisabeth von der Dreifaltigkeit OCD, Der Himmel ist in mir, Gesammelte Werke, Band 1, Verlag Christliche Innerlichkeit, Wien 1994, S. 252.

[171] Soeur Elisabeth de la Trinité, Ecrits spirituels: lettres, retraites, inédits, Herausgegeben von M.-M. Philipon, Paris 1949.

[172] Teresa von Avila, Weg der Vollkommenheit, vollständige Neuübertragung, Gesammelte Werke Band 2, hg., übersetzt und eingeleitet von Ulrich Dobhan OCD, Elisabeth Peeters OCD, Herder Verlag, Freiburg 2003, S. 225, 247.

[173] Blei, Franz, in: Teresa von Avila, Die innere Burg, Herausgegeben und übersetzt von Fritz Vogelsang, Diogenes Verlag, Zürich 1979, Cover-Text.

[174] Schütz, Christian, Gebet, in: ders. (Hg.), Praktisches Lexikon der Spiritualität, Verlag Herder, Freiburg i. Br. 1988, S. 443.

[175] Merton, Thomas, Im Einklang mit sich und der Welt, aus dem Amerik. von Georg Tepe, Copyright © 1986 Diogenes Verlag Zürich, S. 240 f.

[176] Kapleau, Philip, zitiert nach: Farrer-Halls, Gill, Die Welt des Buddhismus, Urania Verlag, Neuhausen/Schweiz 2001, S. 143.

[177] D. Savramis, zitiert nach: Schütz, Christian (Hg.), Praktisches Lexikon der Spiritualität, darin: Schweigen/Stille, Verlag Herder, Freiburg i. Br. 1988, S. 1108 f.

[178] Heiler, Friedrich, Erscheinungsformen und Wesen der Religion, Verlag W. Kohlhammer, Stuttgart 1979, S. 339.

[179] Augustinus, Confessiones IX, 10, zitiert nach: Friedrich Heiler, Erscheinungsformen und Wesen der Religion, S. 337; © Kösel Verlag, München 1955 in der Verlagsgruppe Random House.

[180] Sören Kierkegaard, Stille, zitiert nach: Pohlmann, Constantin, Gott spricht im Schweigen, Wege zum inneren Gebet, Verlag Herder, Freiburg i. Br. 1990, S. 83.

[181] Merton, Thomas, Ein Tor zum Himmel ist überall, Verlag Herder, Freiburg i. Br. 1999, S. 24.

[182] Zink, Jörg, Dornen können Rosen tragen, Mystik – die Zukunft des Christentums, Kreuz Verlag, Stuttgart 1997, S. 372 ff.

[183] Rosenberg, Alfons, Die Meditation des Schweigens, in: R. Bleistein, H.-G. Lubkoll und R. Pfützner (Hg.), Türen nach innen, Wege zur Meditation, Verlag für Gemeindepädagogik, München 1974, S. 113.

[184] Dyckhoff, Peter, Einfach beten, Interneteintrag: http://www.einfach-beten.de/gebet/ruhe.html.

[185] Dionysius, Mystische Theologie, zitiert nach: Peter Dyckhoff, Finde den Weg, Geistliche Wegweisung nach Miguel de Molinos, Don Bosco Verlag, München 1999, S. 28.

[186] Dyckhoff, Peter, Finde den Weg, Geistliche Wegweisung nach Miguel de Molinos, Don Bosco Verlag, München 1999, S. 26 f.

[187] Dyckhoff, Peter, Finde den Weg, S. 36 ff.

[188] Kardinal Caraccioli, Brief an Papst Innozenz XI., zitiert nach: Walther Tritsch, Einführung in die Mystik, Pattloch Verlag, Augsburg 1990, S. 299.

[189] Jeanne Marie Guyon, Kurzer und sehr leichter Weg zum Inneren Gebet, in: Emmanuel Jungclaussen, Suche Gott in dir, Freiburg i. Br. 1986, S. 80.

[190] Sr. Teresia Renata de Spiritu Sancto, Edith Stein – eine große Frau unseres Jahrhunderts, Freiburg i. Br. 1963, S. 84 ff.

[191] Jäger, Willigis (Hg.), Geh den inneren Weg, Texte der Achtsamkeit und Kontemplation, Verlag Herder, Freiburg i. Br. 1999, S. 14.

192 Meister Eckehart, Deutsche Predigten und Traktate, herausgegeben und übersetzt von Josef Quint, Diogenes Verlag 1979, S. 433, © 1977 Carl Hanser Verlag, München – Wien.
193 Theologia Teutsch, zitiert nach: Walther, Tritsch, Einführung in die Mystik, Pattloch Verlag, Augsburg 1990, S. 273.
194 Massa, Willi (Hg.), Der Weg des Schweigens, Verlag Butzon & Berger, Kevelaer 1974, S. 79 ff.
195 Massa, Willi (Hg.), Der Weg des Schweigens, S. 107 f.
196 Das Buch von der geistigen Armut, Eine mittelalterliche Unterweisung zum vollkommenen Leben, in: Haas, Alois M., Unbekanntes Christentum, aus dem Mittelhochdeutschen übertragen und mit einem Nachwort und Anmerkungen von Niklaus Largier, Artemis Verlag, Zürich 1989, S. 249.
197 Das Buch von der geistigen Armut, Eine mittelalterliche Unterweisung zum vollkommenen Leben, in: Haas, Alois M., Unbekanntes Christentum, aus dem Mittelhochdeutschen übertragen und mit einem Nachwort und Anmerkungen von Niklaus Largier, Artemis Verlag, Zürich 1989, S. 129 ff.
198 Lusseyran, Jacques, Vortrag, zitiert nach: Stachel, Günter, Gebet – Meditation – Schweigen, Schritte spiritueller Praxis, Verlag Herder, Freiburg i. Br. 1993, S. 153 ff; vgl. auch: Jaques Lusseyran, Ein neues Sehen der Welt, Gegen die Verschmutzung des Ich, Verlag Freies Geistesleben, Stuttgart 2002.
199 Meister Eckhart, aus: Im Ewigen Jetzt, Meditationstexte nach Meister Eckehart, Auswahl und Neufassung von Theodor Scheufele, Bernsteiner Hefte 1979, S. 8.
200 Tauler, Johannes, Predigten, Band II, übertragen von Georg Hofmann, Einleitung von A. M. Haas, Johannes Verlag Einsiedeln, Freiburg[4] 2007, S. 41 f.
201 Johannes vom Kreuz, Aufstieg auf den Berg Karmel, Vollständige Neuübersetzung, Sämtliche Werke Bd 4, herausgegeben, übersetzt und eingeleitet von Ulrich Dobhan OCD, Elisabeth Hense und Elisabeth Peeters OCD, Verlag Herder, Freiburg i.Br. 1999, S. 210 und 214 ff.
202 Johannes vom Kreuz, Die Dunkle Nacht, Vollständige Neuübersetzung, Sämtliche Werke Bd 1, herausgegeben und übersetzt von Ulrich Dobhan OCD, Elisabeth Hense und Elisabeth Peeters OCD, Verlag Herder, Freiburg i.Br. 1995, S. 69 f.
203 Weil, Simone, Zeugnis für das Gute, Traktate, Briefe, Aufzeichnungen, übersetzt und herausgegeben von Friedhelm Kemp, Deutscher Taschenbuch Verlag, München, 1990, S. 50, in Simone Weil, Das Unglück und die Gottesliebe, Kösel Verlag, München 1961.
204 Weil, Simone, Schwerkraft und Gnade, übersetzt von Friedhelm Kemp, Piper Verlag, München 1989, S. 25.
205 Weil, Simone, Schwerkraft und Gnade, S. 24.
206 Abosch, Heinz, Simone Weil, Eine Einführung, Panorama Verlag, Wiesbaden o.J., S. 124.
207 Linnewedel, Jürgen, Meister Eckharts Mystik, Zugang und Praxis für heute, Quell Verlag, Stuttgart 1983, S. 164 ff.
208 Wehr, Gerhard, Die deutsche Mystik, Anaconda Verlag, Köln 2006, S. 150.
209 Steindl-Rast, David, Fülle und Nichts, Verlag Herder, Freiburg i.Br. 1999, S. 181 f.

Weiterführende Literatur

Abosch, Heinz, Simone Weil. Eine Einführung, Panorama Verlag, Wiesbaden o.J.
Ammann S. J., A. M., Die Gottesschau im palamitischen Hesychasmus, Ein Handbuch der spätbyzantinischen Mystik, Augustinus-Verlag, Würzburg 1948.
Amthor, Wiebke/Brittnacher, Hans R./Hallacker, Anja (Hg.), Profane Mystik? Andacht und Ekstase in Literatur und Philosophie des 20. Jahrhunderts, Weidler Buchverlag, Berlin 2002.
Augustinus, Aurelius, Confessiones/Bekenntnisse, eingeleitet, übersetzt und erläutert von Joseph Bernhart, Kösel Verlag, München 1955.
Baßler-Schipperges, Judith, Gebet aus dem Schweigen, Peter Lang Verlag, Frankfurt a. M. 1997.
Benedikt von Nursia, Worte der Weisung, Die Regel des heiligen Benedikt als Einführung ins geistliche Leben, hg. v. Emmanuel Jungclaussen, Verlag Herder, Freiburg i. Br. 1999.
Benz, Ernst, Meditation, Musik und Tanz, Über den „Handpsalter", eine spätmittelalterliche Meditationsform aus dem Rosetum des Mauburnus, in Kommission bei Franz Steiner Verlag GmbH, Wiesbaden 1976.
Bernhard von Clairvaux, Gotteserfahrung und Weg in die Welt, übersetzt von Bernardin Schellenberger, Walter Verlag, Olten, 1982.
Betz, Otto, Religiöse Erfahrung, Wege zur Sensibilisierung, Verlag J. Pfeiffer, München 1977.
Blofeld, John, Die Macht des heiligen Lautes, Die geheime Tradition des Mantra, Goldmann Verlag, München 1978.
Bock, Eleonore, Meine Augen haben dich geschaut, Mystik in den Religionen der Welt, Benziger Verlag, Zürich 1991.
Boff, Leonardo, Die Logik des Herzens, Wege zu neuer Achtsamkeit, Patmos Verlag, Düsseldorf 1999.
Böhme, Jacob, Vom übersinnlichen Leben, Ogham Verlag, Stuttgart 1986.
Böhme, Wolfgang (Hg.), Mystik ohne Gott? Tendenzen des 20. Jahrhunderts, Evang. Akad. Baden, Reihe Herrenalber Texte, Karlsruhe 1982.
Böhme, Wolfgang (Hg.), Mystische Erfahrung Gottes, Evang. Akad. Baden, Reihe Herrenalber Texte, Karlsruhe 1979.
Böhme, Wolfgang (Hg.), Von Eckhart bis Luther, Über mystischen Glauben, Evang. Akad. Baden, Reihe Herrenalber Texte, Karlsruhe 1981.
Böhme, Wolfgang, Da geschieht eine selige Stille, Annäherungen an Mystik, Patmos Verlag, Düsseldorf 2000.
Bonaventura, Itinerarium mentis in deum – Pilgerbuch der Seele zu Gott, herausgegeben von J. Keup, Kösel Verlag, München 1961.
Bossis, Gabrielle, Er und ich, Geistliches Tagebuch, Matthias-Grünewald-Verlag, Mainz 1976.
Bruder Lorenz, Allzeit in Gottes Gegenwart, Briefe, Gespräche, Schriften, Deutsche Neuausgabe, Franz Verlag, Metzingen 1984.

Brunner, August, Der Schritt über die Grenzen, Wesen und Sinn der Mystik, Echter Verlag, Würzburg 1972.
Buber, Martin, Ekstatische Konfessionen, mit einem Nachwort herausgegeben von Paul Mendes-Flohr, Verlag Lambert Schneider, Heidelberg 1984.
Bütler, René, Die Mystik der Welt, Quellen und Zeugnisse aus vier Jahrtausenden, Ein Lesebuch der mystischen Wahrheiten aus Ost und West, Otto Wilhelm Barth Verlag, München 1992.
Caffarel, Henri, Weil Du Gott bist, Hinführung zum inneren Gebet, Johannes Verlag, Einsiedeln 2000.
Caussade, Jean-Pierre, Ewigkeit im Augenblick, Von der Hingabe an die göttliche Vorsehung, Verlag Herder, Freiburg i. Br. 1947.
Dahme, Klaus (Hg.), Die Evangelische Perle, Das geistliche Begleitbuch einer flämischen Mystikerin des 16. Jahrhunderts, Otto Müller Verlag, Salzburg 1990.
Deppe, Klaus, Der wahre Christ, Eine Untersuchung zum Frömmigkeitsverständnis Symeons des Neuen Theologen und zugleich ein Beitrag zum Verständnis des Messalianismus und Hesychasmus, Dissertation, Göttingen 1971.
Diadochus von Photike, Gespür für Gott, Hundert Kapitel über die geistliche Vollkommenheit, eingeleitet und übersetzt von K. Suso Frank, Johannes Verlag Einsiedeln 1982.
Diers, Michaela (Hg.), Mystik, Ein Lesebuch für Nachdenkliche, Deutscher Taschenbuch Verlag, München 2003.
Diers, Michaela (Hg.), Sich öffnen für den Augenblick, Mystik im Alltag, Verlag Herder, Freiburg i. Br. 2005.
Dietz, Matthias, Kleine Philokalie, darin: Gregor von Thessalonich, Benziger Verlag, Zürich 1976.
Dinzelbacher, Peter (Hg.), Wörterbuch der Mystik, Alfred Kröner Verlag, Stuttgart 1998.
Dinzelbacher, Peter, Christliche Mystik im Abendland, Ihre Geschichte von den Anfängen bis zum Ende des Mittelalters, Verlag Ferdinand Schöningh, Paderborn 1994.
Dodel, Franz, Das Sitzen der Wüstenväter, Eine Untersuchung anhand der Apophtegmata Patrum, Dissertation, Universitätsverlag Freiburg/Schweiz 1997.
Donndorf, Johannes, Das Rosetum des Johannes Mauburnus, Inaugural-Dissertation, Halle (Saale) 1929.
Dumoulin, Heinrich, Östliche Meditation und christliche Mystik, Verlag Karl Alber, Freiburg i. Br. 1966.
Dupré, Louis, Ein tieferes Leben, Die mystische Erfahrung des Glaubens, Verlag Herder, Freiburg i. Br. 2003.
Dyckhoff, Peter, Das Kosmische Gebet – Einübung nach Origines, Kösel-Verlag, München 1994.
Dyckhoff, Peter, Finde den Weg, Geistliche Wegweisung nach Miguel de Molinos, Don Bosco Verlag, München 1999.
Dyckhoff, Peter, Mit Leib und Seele beten, Die neun Gebetsweisen des Dominikus, Verlag Herder, Freiburg i. Br. 2003.
Enomiya-Lassalle, Hugo M., Der Versenkungsweg, Zen-Meditation und christliche Mystik, Verlag Herder, Freiburg i. Br. 1992.

Franz von Sales, Philothea, Einführung in das Leben aus christlichem Glauben, übersetzt von Franz Reisinger, Eichstätt/Wien 1990.

Gertrud die Große, Gesandter der göttlichen Liebe, Verlag Herder, Freiburg i. Br. 2001.

Gnädinger, Louise, Johannes Tauler, Lebenswelt und mystische Lehre, Verlag C. H. Beck, München 1993.

Großklaus, Norbert W., Rendezvous mit der Stille, Christliche Meditationsorte in Deutschland, Österreich und der Schweiz, Königsfurt Verlag, Krummwisch bei Kiel 2002.

Grün, Anselm, Der Anspruch des Schweigens, Vier-Türme-Verlag, Münsterschwarzach 2003.

Grün, Anselm, Gebet und Selbsterkenntnis, Vier-Türme-Verlag, Münsterschwarzach 2002.

Haag, Walter, Christliche Mystik am Beispiel Jan van Ruusbroek und Ungegenständliche Meditation (Zen), Versuch einer kritischen Erörterung im Hinblick auf eine im christlichen Rahmen geübte Meditationsform, Dissertation, München 1991.

Haas, Alois M., Unbekanntes Christentum, darin: Das Buch von der geistigen Armut, Eine mittelalterliche Unterweisung zum vollkommenen Leben, Aus dem Mittelhochdeutschen übertragen und mit einem Nachwort und Anmerkungen von Niklaus Largier, Artemis Verlag, Zürich 1989.

Hammarskjöld, Dag, Zeichen am Weg, übertragen und eingeleitet von Anton Graf Knyphausen, Knaur Verlag, München 1965.

Heiler, Friedrich, Das Gebet, Eine religionsgeschichtliche und religionspsychologische Untersuchung, Ernst Reinhardt Verlag, München 1969.

Heiler, Friedrich, Erscheinungsformen und Wesen der Religion, Verlag W. Kohlhammer, Stuttgart 1979.

Herbstrith, Waltraud, Verweilen vor Gott, Mit Teresa von Avila, Johannes vom Kreuz und Edith Stein, Matthias-Grünewald-Verlag, Mainz 2001.

Holl, Adolf, Mystik für Anfänger, Deutsche Verlags-Anstalt, Stuttgart 1977.

Hügel, Friedrich von, The Life of Prayer, London 1927.

Ignatius von Loyola, Geistliche Übungen, Verlag Herder, Freiburg i. Br. 1999.

Jäger, Willigis (Hg.), Geh den inneren Weg, Texte der Achtsamkeit und Kontemplation, Verlag Herder, Freiburg i. Br. 1999.

Jäger, Willigis, Die Welle ist das Meer, Mystische Spiritualität, Verlag Herder, Freiburg i. Br. 2000.

Jäger, Willigis, Kontemplation, Gott begegnen – heute, Verlag Herder, Freiburg i. Br. 2003.

James, William, Die Vielfalt religiöser Erfahrung, Eine Studie über die menschliche Natur, Insel Verlag, Frankfurt a. M. 1997.

Johannes vom Kreuz, Aufstieg auf den Berg Karmel, Vollständige Neuübersetzung, Gesammelte Werke Band 4, herausgegeben und übersetzt von Ulrich Dobhan OCD, Elisabeth Hense, Elisabeth Peeters OCD, Verlag Herder, Freiburg i. Br. 1999.

Johannes vom Kreuz, Lebendige Liebesflamme, Gesammelte Werke Band 5, herausgegeben und übersetzt von Ulrich Dobhan OCD, Elisabeth Hense, Elisabeth Peeters OCD, Verlag Herder, Freiburg i. Br. 1999.

Johne, Karin, Einübung in christliche Mystik, Ein Kursus mit Meister Eckhart, Verlag Styria, Graz 1991.

Johnston, William, Der ruhende Punkt, Zen und christliche Mystik, Verlag Herder, Freiburg i. Br. 1974.

Jungclaussen, Emmanuel (Hg.), Aufrichtige Erzählungen eines russischen Pilgers, Erste vollständige deutsche Ausgabe, Verlag Herder, Freiburg i. Br. 1978.

Jungclaussen, Emmanuel, Schritte in die innere Welt, Geistliche Übungen, Verlag Herder, Freiburg i. Br. 1991.

Karrer, Otto, Der mystische Strom, Von Paulus bis Thomas von Aquin, Verlag Ars sacra Josef Müller, München 1977.

Keating, Thomas, Das Gebet der Sammlung, Eine Einführung und Begleitung des Kontemplativen Gebetes, Vier-Türme GmbH, Verlag, Münsterschwarzach 1998.

Körner, Reinhard, Was ist Inneres Beten? Vier-Türme GmbH, Verlag, Münsterschwarzach 2002.

Krusche, Roland, Die Übung des Schweigens in der Mystik, Überlegungen zur Hermeneutik des Schweigens, Peter Lang, Europäischer Verlag der Wissenschaften, Frankfurt a. M. 1996.

Kürzinger, Reinhard/Sill, Bernhard, Das große Buch der Gebete, Pattloch Verlag, München 2003.

Lengsfeld, Peter (Hg.), Mystik – Spiritualität der Zukunft, Erfahrung des Ewigen, Verlag Herder, Freiburg 2005.

Linnewedel, Jürgen, Meister Eckharts Mystik, Zugang und Praxis für heute, Quell Verlag, Stuttgart 1983.

Lonegren, Sig, Labyrinthe, Antike Mythen & moderne Nutzungsmöglichkeiten, Aus dem Amerikanischen von Andreas Jonda, Zweitausendeins, Frankfurt a. M. 1993.

Lorenz, Erika, Wort im Schweigen, Vom Wesen christlicher Kontemplation, Verlag Herder, Freiburg i. Br. 1993.

Lotz, Johannes B., Einführung in die christliche Meditation, Kyrios-Verlag GmbH Meitingen, Freising 1985.

Lusseyran, Jacques, Das wiedergefundene Licht, Klett-Cotta im Ullstein-Taschenbuch, Frankfurt a. M. 1981.

Martin, Bruno, Handbuch der spirituellen Wege, Eine Entdeckungsreise, Wilhelm Heyne Verlag, München 1997.

Marxer, Fridolin, Die mystische Erfahrung, Echter Verlag GmbH, Würzburg 2003.

Massa, Willi (Hg.), Der Weg des Schweigens, Verlagsgemeinschaft Topos plus, Kevelaer 1974.

Mechthild von Hackeborn, Das Buch vom strömenden Lob, Verlag Herder, Freiburg i. Br. 2001.

Mechthild von Magdeburg, „Ich tanze, wenn du mich führst", Verlag Herder, Freiburg i. Br. 2001.

Meister Eckehart, Deutsche Predigten und Traktate, hg. u. übers. v. Josef Quint, Carl Hanser Verlag, München 1977.

Meister Eckhart, Die Gottesgeburt im Seelengrund, Vom Adel der menschlichen Seele, herausgegeben und eingeleitet von Gerhard Wehr, Verlag Herder, Freiburg i. Br. 1999.

Merton, Thomas, Ein Tor zum Himmel ist überall, Verlag Herder, Freiburg i. Br. 1999.

Merton, Thomas, Im Einklang mit sich und der Welt, Diogenes Verlag, Zürich 1986.

Miller, Bonifaz, Weisung der Väter, Apophthegmata, auch Gerontikon oder Alphabeticum genannt, Lambertus-Verlag, Freiburg i. Br. 1965.

Moltmann, Jürgen, Gotteserfahrungen, Hoffnung, Angst, Mystik, Chr. Kaiser Verlag, München 1979.

Mommaers, Paul, Was ist Mystik?, Insel Verlag, Frankfurt a. M. 1996.

Mursell, Gordon (Hg.), Die Geschichte der christlichen Spiritualität, Zweitausend Jahre in Ost und West, Kreuz Verlag, Stuttgart 2002.

Needleman, Jacob, Die sanfte Revolution des Glaubens, Die Wiederentdeckung der spirituellen Praxis im Christentum, Wolfgang Krüger Verlag, Frankfurt a. M. 1997.

Otto, Rudolf, Das Heilige, Über das Irrationale in der Idee des Göttlichen und sein Verhältnis zum Rationalen, Verlag C. H. Beck, München 1979.

Pascal, Blaise, Pensées, Über die Religion und einige andere Gegenstände. Vollständige Ausgabe. Übertragen und herausgegeben von Ewald Wasmuth, Verlag Lambert Schneider, Heidelberg 1994.

Pohlmann, Constantin, Gott spricht im Schweigen, Wege zum inneren Gebet, Verlag Herder, Freiburg i. Br. 1990.

Reiter, Peter, Geh den Weg der Mystiker, Meister Eckharts Lehren für die spirituelle Praxis im Alltag, Verlag Via Nova, Petersberg 2003.

Röhlin, Karl-Heinz und Ruth, Dag Hammarskjöld – Mystiker und Politiker, Kösel Verlag, München 2005.

Rohr, Richard, zus. m. John Bookser Feister, Hoffnung und Achtsamkeit, Verlag Herder, Freiburg i. Br. 2001.

Rohr, Wulfing von/Weltzien, Diane von (Hg.), Das große Buch der Mystiker, Goldmann Verlag, München 2005.

Rosenberg, Alfons u. a., Mystische Erfahrung, Die Grenze menschlichen Erlebens, Verlag Herder, Freiburg i. Br. 1976.

Rosenberg, Alfons, Die Meditation des Schweigens, in: Türen nach innen, Wege zur Meditation, München 1974.

Rupp, Joyce, Der Becher des Lebens, Exerzitien im Alltag, Verlag Herder, Freiburg i. Br. 2002.

Sales, Franz von, Philothea, Anleitung zum religiösen Leben, Herausgegeben von Otto Karrer, Paulusverlag, Freiburg/Schweiz 2000.

Sartory, Thomas/Sartory, Gertrude (Hg.), Franz von Assisi, Geliebte Armut, Verlag Herder, Freiburg i. Br. 1977.

Scaramelli, Giovanni Battista, Wegbegleitung in der mystischen Erfahrung, Echter Verlag, Würzburg 2001.

Schellenberger, Bernardin (Hg.), Ein Lied, das nur die Liebe lehrt, darin: Wilhelm von Saint-Thierry, Texte der frühen Zisterzienser, Verlag Herder, Freiburg i. Br. 1984.

Schlegel, Helmut, Der Sonnengesang, Exerzitien im Alltag mit Franz und Clara von Assisi, Echter Verlag, Würzburg 2001.

Schönfeld, Andreas, Meister Eckhart, Geistliche Übungen, Matthias-Grünewald-Verlag, Mainz 2003.

Schumacher, Karl, Ein Vergleich der buddhistischen Versenkung mit den jesuitischen Exerzitien, Verlag von W. Kohlhammer, Stuttgart 1928.
Schütz, Christian (Hg.), Praktisches Lexikon der Spiritualität, Verlag Herder, Freiburg i. Br. 1988.
Seuse, Heinrich, Deutsche mystische Schriften, herausgegeben und aus dem Mittelhochdeutschen übertragen von Georg Hofmann, Benziger Verlag, Düsseldorf 1966.
Seuse, Heinrich, Deutsche mystische Schriften, Aus dem Mittelhochdeutschen übertragen und herausgegeben von Georg Hofmann, Benziger Verlag, Zürich 1999.
Sölle, Dorothee, Die Hinreise, Kreuz Verlag, Stuttgart 1988.
Sölle, Dorothee, Mystik und Widerstand, Hoffmann und Campe Verlag, Hamburg 1999.
Stachel, Günter, Gebet – Meditation – Schweigen, Schritte spiritueller Praxis, Verlag Herder, Freiburg i. Br. 1993.
Steindl-Rast, David, Fülle und Nichts, Verlag Herder, Freiburg i. Br. 1999
Steiner, Rudolf, Die Mystik im Aufgange des neuzeitlichen Geisteslebens und ihr Verhältnis zur modernen Weltanschauung, Rudolf Steiner Verlag, Dornach/Schweiz 1977.
Sudbrack, Josef, Die vergessene Mystik und die Herausforderung des Christentums durch New Age, Echter Verlag, Würzburg 1988.
Sudbrack, Josef, Gottes Geist ist konkret, Spiritualität im christlichen Kontext, Echter Verlag, Würzburg 1999.
Sudbrack, Josef, Herausgefordert zur Meditation, Christliche Erfahrung im Gespräch mit dem Osten, Verlag Herder, Freiburg i. Br. 1977.
Sudbrack, Josef, Mystik im Dialog, Christliche Tradition, Ostasiatische Tradition, Vergessene Tradition, Echter Verlag, Würzburg 1992.
Sudbrack, Josef, Mystik, Sinnsuche und die Erfahrung des Absoluten, Primus Verlag/Wissenschaftliche Buchgesellschaft, Darmstadt 2002.
Sudbrack, Josef, Trunken vom hell-lichten Dunkel des Absoluten, Dionysios der Areopagite und die Poesie der Gotteserfahrung, Johannes Verlag, Einsiedeln 2001.
Sudbrack, Josef, Was heißt christlich meditieren? Verlag Herder, Freiburg i. Br. 1990.
Suzuki, Daisetz Taitaro, Der westliche und der östliche Weg, Essays über christliche und buddhistische Mystik, Ullstein Verlag, Frankfurt a. M. 1982.
Tauler, Johannes, Der Meister in dir, Verlag Herder, Freiburg i. Br. 1999.
Teilhard de Chardin, Pierre, Hymne an die Materie, in: Lobgesang des Alls, Kapitel: Die geistige Potenz der Materie, Walter Verlag, Olten 1961.
Teresa von Avila, Wohnungen der Inneren Burg, vollständige Neuübertragung, Gesammelte Werke Bd 4, Hg. v. Ulrich Dobhan und Elisabeth Peeters, Verlag Herder, Freiburg i.Br. 2005.
Thich Nhat Hanh, Der Geruch von frisch geschnittenem Gras, Anleitung zur Gehmeditation, Theseus Verlag, Berlin 2002.
Thomas von Kempen, Nachfolge Christi, Benziger Verlag, Düsseldorf 1995.
Tilmann, Klemens, Die Führung zur Meditation, Johannes Verlag, Einsiedeln 1972.
Tilmann, Klemens, Übungsbuch zur Meditation, Stoffe, Anleitungen, Weiterführungen, Benziger Verlag, Zürich 1973.

Tritsch, Walther (Hg.), Einführung in die Mystik, In Quellen und Zeugnissen, Pattloch Verlag, Augsburg 1990.

Tworuschka, Monika und Udo, Denkerinnen und Denker der Weltreligionen im 20. Jahrhundert, Gütersloher Verlagshaus, Gütersloh 1994.

Ulrich, Ingeborg, Hildegard von Bingen, Mystikerin, Heilerin, Gefährtin der Engel, Kösel-Verlag, München 1990.

Völker, Walther, Praxis und Theoria bei Symeon, dem Neuen Theologen, Franz Steiner Verlag GmbH, Wiesbaden 1974.

Wehr, Gerhard, Die deutsche Mystik, Leben und Inspiration gottentflammter Menschen in Mittelalter und Neuzeit, Anaconda Verlag, Köln 2006.

Weil, Simone, Cahiers 1 – 4, Aufzeichnungen, 4 Bde., herausgegeben und aus dem Französischen von Elisabeth Edl und Wolfgang Matz, Carl Hanser Verlag, München 1991 ff.

Weil, Simone, Im Bann der Wahrheit, Hundert Worte von Simone Weil, herausgegeben von Emanuela Gazzotti, Verlag Neue Stadt, München 2000.

Weil, Simone, Zeugnis für das Gute, Spiritualität einer Philosophin, Benziger Verlag, Zürich 1998.

Weil, Simone, Zeugnis für das Gute, Traktate, Briefe, Aufzeichnungen, übersetzt und herausgegeben von Friedhelm Kemp, Deutscher Taschenbuch Verlag, München, 1990.

Wendel, Saskia, Christliche Mystik, Eine Einführung, Verlag Friedrich Pustet, Regensburg 2004.

Wunderle, Georg, Zur Psychologie des hesychastischen Gebets, Augustinus-Verlag, Würzburg 1947.

Zekorn, Stefan, Gelassenheit und Einkehr, Zu Grundlage und Gestalt geistlichen Lebens bei Johannes Tauler, Echter Verlag, Würzburg 1993.

Zensho W. Kopp, Zen und die Wiedergeburt der christlichen Mystik, Ein Wegführer zum wahren Selbst, Schirner Verlag, Darmstadt 2004.

Zimmermann, Hans Dieter (Hg.), Rationalität und Mystik, Insel Verlag, Frankfurt a. M. 1991.

Zink, Jörg, Dornen können Rosen tragen, Mystik – die Zukunft des Christentums, Kreuz Verlag, Stuttgart 1997.

Anmerkung des Verlages:

Wir danken den Verlagen und Rechteinhabern für die Erteilung der Abdruckgenehmigungen. Bei einigen Texten war es trotz gründlicher Recherchen nicht möglich, die Inhaber der Rechte ausfindig zu machen. Honoraransprüche bleiben bestehen.

Adressen christlicher Meditationsorte in Deutschland, Österreich und der Schweiz

Deutschland

Abtei Maria Frieden
Ursprungstraße 40
D-53949 Dahlem
Fon + 49 (0) 24 47/14 74
Fax + 49 (0) 24 47/4 79

Abtei Neuburg
Stiftweg 2
D-69188 Heidelberg
Fon +49 (0) 62 21/8 95–0
Fax + 49 (0) 6221/895–116
E-Mail: Abtei.Neuburg@t-online.de
Internet: www.abtei-neuburg.de

Benediktinerabtei
D-73450 Neresheim
Fon + 49 (0) 73 26/85 01
Fax + 49 (0) 73 26/8 51 29

Benediktinerabtei
Kaiser-Ludwig-Platz 1
D-82488 Ettal
Fon + 49 (0) 88 22/7 40
Fax + 49 (0) 88 22/7 42 28
E-Mail: verwaltung@kloster-ettal.de
Internet: www.kloster-ettal.de

Benediktinerabtei
Mauritiushof 1
D-94557 Niederaltaich
Fon + 49 (0) 99 01/20 80
Fax + 49 (0) 99 01/20 81 41

Benediktinerabtei Engelthal
D-63674 Altenstadt
Fon + 49 (0) 60 47/9 63 60
Fax + 49 (0) 60 47/6 88 08

Benediktinerabtei Grüssau
Lindenplatz 7
D-74206 Bad Wimpfen
Fon + 49 (0) 70 63/9 70 40
Fax + 49 (0) 70 63/97 04 24
E-Mail: abtei@abtei-gruessau.de
Internet. www.abtei-gruessau.de

Benediktinerabtei Königsmünster
Klosterberg 11
D-59872 Meschede
Fon + 49 (0) 2 91/2 99 50
Fax + 49 (0) 2 91/2 99 51 00
E-Mail: abtei@koenigsmuenster.de
Internet: www.koenigsmuenster.de

Benediktinerabtei Münsterschwarzach
D-97359 Münsterschwarzach
Fon + 49 (0) 93 24/2 01
Fax + 49 (0) 93 24/2 02 11
E-Mail: abtei.muensterschwarzach@t-online.de
Internet: www.abtei-muensterschwarzach.de

Benediktinerabtei St. Martin
D-88631 Beuron
Fon + 49 (0) 74 66/71 70
Fax + 49 (0) 74 66/1 73 30
Internet: www.erzabtei-beuron.de

Benediktinerinnenabtei St. Gertrud
D-15806 Alexanderdorf
Fon +49 (0) 3 37 03/91 60
Fax +49 (0) 3 37 03/9 16 14

Benediktinerinnenabtei Varensell
Hauptstraße 35
D-33397 Rietberg
Fon +49 (0) 52 44/52 97
Fax + 49 (0) 52 44/18 76
E-Mail: abtei.varensell@t-online.de

Benediktinerkloster Andechs
Bergstraße 2
D-82346 Andechs
Fon + 49 (0) 81 52/37 60
Fax + 49 (0) 81 52/37 62 67
Internet: www.andechs.de

Berneuchener Haus Kloster Kirchberg
D-72172 Sulz a.N.
Fon + 49 (0) 74 54/88 30
Fax + 49 (0) 74 54/88 32 50
E-Mail: klosterkirchberg@t-online.de
Internet: www.klosterkirchberg.de

Bildungshaus Kloster Schwarzenberg
D-91443 Scheinfeld
Fon + 49 (0) 91 62/92 88 90
Fax + 49 (0) 91 62/4 48

Cistercienserinnenabtei Lichtenthal
Hauptstraße 40
D-76534 Baden-Baden
Fon + 49 (0) 72 21/50 49 10
Fax + 49 (0) 72 21/5 04 91 66

Claretiner-Missionshaus
Dreifaltigkeitsberg
D-78549 Spaichingen
Fon + 49 (0) 74 24/95 83 50
Fax + 49 (0) 74 24/9 58 35 29

Christusbruderschaft
Krankenhausstraße 26
D-93167 Falkenstein
Fon + 49 (0) 94 62/9 40 00
Fax + 49 (0) 94 62/94 00 10

Communität Christusbruderschaft
Haus der Begegnung und Einkehr
Wildenberg 33
Postfach 1260
D-95147 Selbitz
Fon + 49 (0) 92 80/68 50
Fax + 49 (0) 92 80/68 68
E-Mail: gaestehaus@christusbruderschaft.org
Internet: www.christusbruderschaft.org

Dominikanerinnenkloster
Kirchstr. 9
D-82444 Schlehdorf
Fon + 49 (0) 88 51/18 10 u. 73 77
Fax + 49 (0) 88 51/18 11 01

Evangelisches Zentrum
Kloster Drübeck
Klostergarten 6
D-38871 Drübeck
Fon + 49 (0) 3 94 52/94–3 00
Fax + 49 (0) 3 94 52/94–3 11
E-Mail: service@Kloster-Druebeck.de
Internet: www.kloster-druebeck.de

Evangelisch-Lutherische
Tagungsstätte
Ansverus-Haus
Vor den Hegen 20
D-21521 Aumühle
Fon + 49 (0) 41 04/07 06 20
Fax + 49 (0) 41 04/9 70 63
E-Mail: servoce@ansverus-haus.de

Franziskanerkloster
Klostergasse 8
D-92345 Dietfurt
Fon + 49 (0) 84 64/65 20

Franziskanerkloster Marienthal
Marienthal 1
D-65366 Geisenheim
Fon + 49 (0) 67 22/9 95 80
Fax + 49 (0) 67 22/99 58 13
E-Mail: franziskaner-marienthal@
t-online.de

Geistliches Zentrum Schwanberg
D-97348 Rödelsee/Schwanberg
Fon + 49 (0) 93 23/3 20
Fax + 49 (0) 93 23/3 21 16
E-Mail: info@schwanberg.de oder
ccr@schwanberg.de
Internet: www.schwanberg.de

Haus der Stille
Am Kleinen Wannsee 9
D-14109 Berlin
Fon/Fax + 49 (0) 30/8 05 30 64
Internet: www.haus-der-stille.de

Haus der Stille
Waldhof Elgershausen
D-35753 Greifenstein
Fon + 49 (0) 64 49/67 98
Fax + 49 (0) 64 49/67 97

Haus der Stille
Melsbacher Hohl 5
D-56579 Rengsdorf
Fon + 49 (09 26 34/92 05 10
Fax + 49 (0) 26 34/92 05 17
E-Mail: anmeldunghds@ekir.de
Internet: www.ekir.de/haus-der-stille

Haus der Stille
Am oberen Bach 6
D-01723 Grumbach
Fon + 49 (0) 3 52 04/4 86 12
Fax + 49 (0) 3 52 04/3 96 66
E-Mail: hausderstille@ngi.de

Haus der St. Jakobus-Bruderschaft
Gichenbacher Straße 9
D-36129 Gersfeld
Fon + 49 (0) 66 56/85 66

Jesus-Bruderschaft Gnadenthal e. V.
Gästepforte
D-65597 Hünfelden
Fon + 49 (0) 64 38/81–3 30
Fax + 49 (0) 64 38/81–3 10

Karmeliterkloster
Karmeliterstraße 2
D-54538 Bengel
Fon + 49 (0) 65 32/9 39 50
Fax + 49 (0) 65 32/93 95 80
E. Mail: karmel.springiersbach@
t-online.de
Internet: www.karmeliten.orden.de/
klosterspringiersbach.html

Kloster Benediktbeuern
Don-Bosco-Straße 1
D-83671 Benediktbeuern
Fon + 49 (0) 88 57/8 80
Fax + 49 (0) 88 57/8 81 99
E-Mail: direktion.bb@t-online.de
Internet: www.kloster-
benediktbeuern.de

Kloster Birkenwerder
Schützenstraße 12
D-16547 Birkenwerder
Fon + 49 (0) 33 03/50 34 19
Fax + 49 (0) 33 03/40 25 74
E-Mail: karmel.bkw@fast4net.de
Internet: www.fast4net.de/
karmel.bkw

Kloster Bursfelde
D-34346 Hannoversch Münden
Fon + 49 (0) 55 44/16 88
Fax + 49 (0) 55 44/17 58
E-Mail: kloster.bursfelde@t-online.de

Kloster St. Dominikus
Am Jägerberg 2
D-93426 Roding
Fon + 49 (0) 94 61/21 65 u. 43 65
Fax + 49 (0) 94 61/46 75

Klosterstift St. Marienstern
Cisinskistraße 35
D-01920 Panschwitz-Kuckau
Fon + 49 (0) 3 57 96/99 30
Fax + 49 (0) 3 57 96/9 94 55

Konvent St. Albert
Georg-Schumann-Straße 336
D-04159 Leipzig
Fon +49 (0) 3 41/4 67 66–0
Fax + 49 (0) 3 41/4 67 66–1 13

Liebfrauenkirche
Schärfengässchen
D-60311 Frankfurt a. M.
Fon + 49 (0) 69/2 97 29 60
E-Mail: pfarrei@liebfrauen.net
Internet: www.liebfrauen.net

Mutterhaus der Barmherzigen
Schwestern
Margarita-Linder-Straße 8
D-89617 Untermarchtal
Fon + 49 (0) 73 93/3 00
Fax + 49 (0) 73 93/3 05 60

Mutterhaus der St.-Franziskus-
Schwestern
Vierzehnheiligen 8
D-96231 Staffelstein
Fon + 49 (0) 95 71/9 56 00
Fax + 49 80) 95 71/9 56 01 60

Prämonstratenserabtei St. Martin
Pfarrplatz 22
D-94336 Windberg
Fon + 49 (0) 94 22/82 40
Fax + 49 (0) 94 22/82 41 23
E-Mail: kloster-windber@t-online.de
Internet: www.straubing.baynet.de/
p.abtei/abtintro.htm

Prämonstratenserkloster St. Johann
An der Abtei 4
D-47166 Duisburg
Fon + 49 (0) 2 03/55 42 81
Fax + 49 (0) 2 03/55 17 13

Provinzhaus Hegne
Konradistraße 4
D-78476 Allensbach
Fon + 49 (0) 75 33/80 70
Fax + 49 (0) 75 33/80 71 23

Provinzhaus Marienhain
Landwehrstraße 2
D-49377 Vechta
Fon + 49 (0) 44 41/94 70
Fax + 49 (0) 44 41/75 62
E-Mail: marienhain.drees@nwn.de

Schloss Craheim, Begegnungstätte
D-97488 Wetzhausen/Stadtlauringen
Fon + 49 (0) 97 24/91 00 20
Fax + 49 (0) 97 24/91 00 55
E-Mail: craheim@cc-online.de

Steyler Missionare
Arnold-Jannsen-Str. 30
D-53754 St. Augustin
Fon + 49 (0) 22 41/23 72 01
Fax + 49 (0) 22 41/2 84 50

Trappistenabtei
D-52396 Heimbach/Eifel
Fon + 49 (0) 24 46/9 50 60

Zisterzienserinnenabtei St. Josef
Abteistr. 1
D-94136 Thyrnau
Fon + 49 (0) 85 01/2 86
Fax + 49 (0) 85 01/13 26

Zisterzienserkloster Stiepel
Am Varenholt 9
D-44797 Bochum
Fon + 49 (0) 2 34/77 70 50
Fax + 49 (0) 2 34 77 77 05 18
Internet: www.bistum-essen.de/
bochum/zisterzienser/index.htm

Österreich

Benediktinerstift
Benediktinerabtei 1
A-3591 Altenburg/Niederösterreich
Fon + 43 (0) 29 82/34 51
Fax + 43 (0) 20 82/34 51 13
E-Mail: kultur.tourismus@stift-altenburg.at
Internet: www.stift-altenburg.at

Europakloster Gut Aich
Winkl 2
A-5340 St. Gilgen am Wolfgangsee
Fon + 43 (0) 62 27/23 18
Fax + 43 (0) 6 22 77 23 18–33
Internet: www.kirchen.net/gut_aich/

Exerzitienhaus Maria Hilf
Lindenallee 13
A-6330 Kufstein/Tirol
Fon + 43 (0) 53 72/6 26 20
Fax + 43 (0) 53 72/6 42 20

Kardinal König Haus
Lainzer Straße 138
A-1130 Wien
Fon + 43 (0) 1/8 04 75 93
Fax + 43 (0) 1/8 04 97 43
E-Mail: bnh-lainz@ping.at
Internet: www.members.ping.at/bh-lainz/

Kloster Maria Schnee
Grabenstraße 144
A-8010 Graz/Steiermark
Fon + 43 (0) 3 16/68 22 06
Fax + 43 (0) 3 16/68 22 06 12
E-Mail: p.ivan@ocd.at

Kloster St. Josef
Bundesstraße 38
A-6923 Lauterach
E-Mail: ossr.lauterach@aonn.at
Internet: www.cssr.at/ossr

Prämonstratenser-Chorherrenstift
Hauptstarße 1
A-2093 Geras/Waldviertel
Fon + 43 (0) 29 12/3 42 00
Fax + 43 (0) 29 12/34 52 99
E-Mail: stiftgeras@netway.at

Zisterzienserstift
A-3910 Stift Zwettl/Niederösterreich
Fon + 43 (0) 18 22/5 50 57
Fax + 43 (0) 18 22/5 50 50
E-Mail. info@stift-zwettl.co.at
Internet: www.stift-zwettl.co.at

Schweiz

Allerheiligenkloster der Kapuziner
CH-6460 Altdorf/Uri
Fon + 41 (0) 41/87 47 30
Fax + 41 (0) 41/8 74 07 39

Franziskanerkloster Mariaburg
CH-8752 Näfels/Glarus
Fon + 41 (0) 55/6 12 28 18
Fax + 41 (0) 55/6 12 28 27
E-Mail: franziskaner@datacomm.ch

Haus Sonnenhof der Schwestern von Grandchamp
CH-4460 Gelterkinden/Baselland
Fon +41 (0) 61/9 81 11 12

Kloster der Dominikanerinnen
CH-6066 St. Niklausen/Obwalden
Fon + 41 (0) 41/6 60 53 66
Fax + 41 80) 41/6 60 83 36

L'Abbayae de Fontaine André
Case Postale
Chemin de l'Abbaye
CH-2009 Neuchâtel
E-Mail: fontaine-andre@bluewin.ch

Lassalle-Haus
Bad Schönbrunn
CH-61313 Edlibach/Zug
Fon + 41 (0) 41/7 57 14 14
Fax + 41 (0) 41/7 57 13 13
E-Mail: info@lassalle-haus.org
Internet. www.lassalle-haus.org

Mutterhaus der Barmherzigen
Schwestern
Klosterstraße 10
CH-6440 Brunnen/Schwyz
Fon + 41 (0) 43/8 25 20 00
Fax + 41 (0) 43 78 25 22 66
E-Mail: kloster.ingenbohl@kath.ch
Internet: www.kath.ch./
kloster-ingenbohl

Weitere und vertiefende Informationen bietet die Broschüre:

„Atem holen. Stille, Nachdenken, Gemeinschaft im Kloster. Angebote der Frauen- und Männerorden in Deutschland."

Haus der Orden
Wittelsbacherring 9
53115 Bonn
Tel. 02 28/6 84 49-0
Fax 02 28/6 84 49-44
E-Mail: pressestelle@orden.de
Internet: http://orden.de

Links zum Thema Christliche Mystik

www.wccm.de

www.willigis-jaeger.de

www.taenze-ndl.de/abwun/index.html

www.benediktushof-holzkirchen.de

www.mediomedia.com

www.gfcm.de

www.kontemplative-meditation.de

www.wsdk.de

www.gratefulness.org

www.creationspirituality.com

www.members.aol.com/jphilipwell/index.html

Spirituelles Leben

Daniel Hell
Die Sprache der Seele verstehen
Die Wüstenväter als Therapeuten
Band 5191

Jahrtausendealtes Wissen neu erschlossen für die Gegenwart.
Anregungen zu einer Kunst des Lebens.

Willigis Jäger
Die Welle ist das Meer
Mystische Spiritualität
Band 5046

Mystik, was ist das – ganz praktisch? Eine Sicht, die enge Grenzen sprengt und den tiefen Reichtum auch anderer religiöser Kulturen erschließt.

Eine Mystik, viele Stimmen
Leben aus der Spiritualität des Herzens
Hg. von Christoph Quarch
Band 5456

Stimmen konfessionsübergreifender Mystik, die je auf ihre Weise spirituelle Praxis und Lebenszugewandtheit miteinander verbinden.

Raimon Panikkar
Lebendiges Schweigen
Herz der Mystik, Weg der Erlösung
Band 5434

Verständigung und Verstehen brauchen mehr als Wort und Text: die Kraft des Schweigens, die im Hinhören und in der Stille konkret wird.
Meditative und kontemplative Wege.

Sich öffnen für den Augenblick
Mystik im Alltag
Hg. von Michaela Diers
Band 5594

Es gibt Momente, in denen ein besonderes Licht auf den Alltag fällt.
Ein Buch voller außergewöhnlicher Texte – Autoren: Thomas Merton, Robert Lax, Dorothee Sölle, Thich Nhat Hanh, David Steindl-Rast u. a.

HERDER spektrum

Igor Smolitsch
Leben und Lehre der Starzen
Die spirituellen Meister der russisch-orthodoxen Kirche
Band 5475
Die Weisheit der Starzen, ihre Mystik sind Anregung zu Lebenssinn und innerer Erfülltheit. Die erste umfassende Darstellung einer reichen geistlichen Tradition.

Dorothee Sölle
Den Rhythmus des Lebens spüren
Inspirierter Alltag
Band 5413
Dorothee Sölle geht es um glaubwürdige Antworten auf Sinnfragen der Existenz – auch im Alltag unseres Lebens. Eindringlich, unerschrocken, bewegend.

Spirituell leben
Haltungen – Übungen – Inspirationen
Hg. von Gabriele Hartlieb
Band 5699
„Spirituell leben" lädt dazu ein, achtsam zu sein für Haltungen und Einstellungen. Übungen und Impulse für den Alltag helfen, die Sinne zu schärfen, Sinn zu finden, innezuhalten. Für alle, die auf der Suche nach Orientierung und gelebter Spiritualität sind.

David Steindl-Rast
Fülle und Nichts
Von innen her zum Leben erwachen
Band 5653
Der inspirierende Klassiker des weltbekannten Autors. Über Liebe, Hoffnung, Vertrauen, Dankbarkeit, Muße und Kontemplation. Befruchtend und erhellend.

Pierre Stutz
Meditationen zum Gelassenwerden
Band 4975
Konkrete Übungen und Rituale, die helfen, mitten im Stress die Aufmerksamkeit für das Wesentliche zurückzugewinnen.

HERDER spektrum